격동기의 경세가
의암 손병희 평전

지은이 김삼웅

독립운동사 및 친일반민족사 연구가로, 현재 신흥무관학교 기념사업회 공동대표를 맡고 있다.
『대한매일신보』(현 『서울신문』) 주필을 거쳐 성균관대학교에서 정치문화론을 가르쳤으며,
4년여 동안 독립기념관장을 지냈다. 민주화운동관련자 명예회복 및 보상심의위원회 위원,
제주 4·3사건 희생자 진상규명 및 명예회복위원회 위원, 백범학술원 운영위원 등을 역임하고
친일반민족행위진상규명위원회 위원, 친일파재산환수위원회 자문위원 등을 맡아 바른 역사
찾기에 부단히 노력하고 있다.
역사·언론 바로잡기와 민주화·통일운동에 큰 관심을 두고, 독립운동가와 민주화운동에 헌신
한 인물의 평전 등 이 분야의 많은 저서를 집필했다.

격동기의 경세가
의암 손병희 평전

1판 1쇄 펴낸날 2017년 2월 22일

지은이 김삼웅

펴낸이 서채윤 펴낸곳 채륜
책만듦이 김미정 책꾸밈이 이현진

등록 2007년 6월 25일(제2009-11호)
주소 서울시 광진구 자양로 214, 2층(구의동)
대표전화 02-465-4650 팩스 02-6080-0707
E-mail book@chaeryun.com Homepage www.chaeryun.com

© 김삼웅. 2017
© 채륜. 2017. published in Korea

책값은 뒤표지에 있습니다.
ISBN 979-11-86096-44-4 03910

이 도서의 국립중앙도서관 출판예정도서목록(CIP)은 서지정보유통지원시스템 홈페이지(http://seoji.nl.go.
kr)와 국가자료공동목록시스템(http://www.nl.go.kr/kolisnet)에서 이용하실 수 있습니다. (CIP제어번호 :
CIP2017002339)

채륜서(인문), 앤길(사회), 띠움(예술)은 채륜(학술)에 뿌리를 두고 자란 가지입니다.
물과 햇빛이 되어주시면 편하게 쉴 수 있는 그늘을 만들어 드리겠습니다.

격동기의 경세가

의암 손병희 평전

김삼웅

채륜

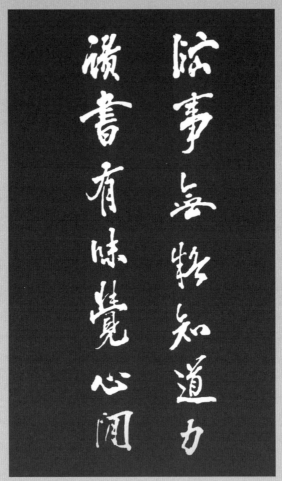

손병희의 글씨로 하루라도 독서를 하지 않으면 심신이 개운치 않다는 뜻

의암 손병희 선생을 찾아서

손병희, 근현대사 핵심변혁의 중심인물

포덕천하·광제창생·보국안민 등의 목적을 달할 것을 하늘에 염원하는 한편, 일반교인에게 국권회복 사상을 항상 뇌리에 주입시켜 시기가 오기만 하면 행동을 개시하기로 했다.

그러나 세계대전이 종식되고 파리에서 강화회의가 개최되면서 미국 대통령이 민족자결을 주창함에 호응하여 부하 중 가장 신임하는 최린·권동진·오세창 등과 협의하고 독립운동을 착착 준비하며 독립운동비를 각 교인에게 분배하여 모집할 때 표면으로는 교당 신축을 빙자하여 시내 경운동에 큰 건물 신축에 착수했으며 한편으로는 독립운동에 대하여 천도교인뿐만 아니라 각 종교단체와 구한국 원로 기타 유수한 인사를 망라하고자 추진중 기독교와 손을 잡기 위하여 이승훈에게는 최남선을 중간 역할을 하게 하여 최 린으로 하여금 서로 협의케하고 비용까지 지불하였다.

또 불교의 한용운과도 연락을 취하여 동지로 규합한 후 동지자로 33인을 구성하고 독립선언서를 작성하여 비밀히 천도교의 인쇄소 보성사에서 인쇄하여 각처에 배포하고 3월 1일 명월관 지점에서 동지 30인이 회합하여 독립선언서 발표식을 거행했다.

1919년 기미 3·1독립혁명을 주도한 의암 손병희 선생에 대한 총독부 검사의 논고 일부이다. 이 짧은 논고장에서 3·1혁명과 의암 손병희의 관계를 알 수 있다.

신분적인 한계를 극복하면서 걸출한 지도자로 성장한 의암 선생은 우리나라 근현대사에서 가장 중요한 세 가지 역사적 변혁을 주도한 중심인물이다.

첫째는 동학군 북접 통령으로 임명되어 보국안민·광제창생·척왜척양의 기치 아래 북접의 10만 혁명군을 이끌고 관군·왜군과 싸운 치열한 혁명가이다.

둘째는 개벽·개화·제세구민·인내천·만인평등을 내세우며 창도한 동학의 3세 교조로서 서세동점의 격동기에 시대를 광정, 백성을 위로하고 동학을 천도교로 개칭하여 민족종교의 발판을 만든 신실한 종교지도자이다.

셋째는 일제강점기에 국권회복을 위해 민족대표들을 결집,

민족대연합을 통해 세계만방에 대한의 자주독립을 선포한 기미 3·1독립혁명을 주도한 독립운동의 선각자이다.

동학혁명이 반봉건·반외세투쟁의 근대적 분기점이라면, 천도교 창설은 민족적 정체성을 지키려는 종교개혁의 시발점이고 3·1혁명은 반제·자주독립과 민주공화주의를 연 현대사의 출발점이라 할 수 있다. 그 중심에 의암 손병희 선생이 존재하는 것이다.

우리 근현대사의 빛나는 성좌 중에 이 세 가지 역사적 과제에 참여하거나 주도한 인물은 의암 선생이 유일하다. 더불어 그는 이미 110여 년 전에 교육·문화의 도전론道戰論, 정치·외교의 언전론言戰論, 경제·산업의 재전론財戰論을 정립한 절세의 경륜가이다. 한말 주자학이 경학經學으로 자리 잡은 시대에 동학을 수용하고 3전론을 제시할 만큼 앞을 내다보는 큰 학자였다. 비록 왜적 치하여서 제민濟民의 기회를 갖지 못했지만 경세제민의 보기 드문 경륜가라고 할 수 있으며, 민족사의 격변기 때마다 시대정신을 제시하고 이를 실천한 입체형 지도자였다.

일본 망명 시절에는 교육의 중요성을 절감하고 유능한 인재들을 불러 선진 교육을 시키고, 귀국한 뒤에는 학교를 세우거나 재정이 어려운 수많은 학교에 찬조금을 지원했다. 또한 누구보다 언론의 중요성을 인식하고 『만세보』와 『천도교월보』를 창간했으며, 국민의 민지 계발을 위해 보성사를 차려 출판을 시작한 인물이기도 하다.

천도교를 발판 삼아 매국행위를 한 이용구 일당을 출교 처분하였으며, 매국집단 일진회에 가담한 교인·간부들을 가차 없이 출교시킴으로써 동학의 혼과 천도교의 맥을 지켰다.

기미년 3·1혁명이 의암의 존재가 아니었으면 과연 성사가 가능했을까 할 만큼 선생은 인격·신앙심·리더십·인력동원과 자금지원에서 큰 역할을 하였다. 권위와 명예를 중시하는 종교계의 지도자들이 독립선언서 첫 서명자를 의암 선생으로 추대할 정도로 헌신적이었고 출중한 인격을 가졌다. 보성사에서 독립선언서를 인쇄할 때 낌새를 맡고 들어온 조선인 형사가 의암의 독립정신과 인격에 감화되어 끝내 입을 다물었다는 비화 등에서 우리는 선생의 고결한 인품을 알 수 있다.

3·1혁명은 그동안 일제의 관제용어인 3·1운동으로 불리면서 선열들의 고귀한 희생정신과, 세계혁명사에서 어디다 내놔도 손색이 없는 사회과학적인 혁명의 정명을 회복하지 못한 채 100주년을 앞두고 있다.

기미년 3~4월 한민족의 거족적인 자주독립투쟁은 비록 '운동'의 측면에서는 좌절되거나 실패했을지 모르지만, '혁명'의 역사로 보면 대한민국임시정부의 수립에 이어 1948년 대한민국정부수립으로서 훌륭하게 성공한 것이다.

1789년 프랑스혁명이나 1911년 중국의 신해혁명, 1776년 미국의 독립선언이 수십 년에 걸쳐 줄기찬 투쟁 끝에 성공한 것처럼 우리의 3·1혁명도 마찬가지이고, 남북통일이 되는 날 3·1혁명은 완성될 것이다.

3·1혁명의 핵심에 의암 선생이 있었고 천도교가 중심이 되었음에도 이 부문에 조명이 덜 되었으며, 평가에 있어서도 인색한

면이 없지 않다. 또한 동학혁명 과정에서 그리고 천도교 역사에서 의암의 역할이 묻힌 경우가 적지 않다. 100주년을 앞두고 의암 선생과 천도교의 역할에 대한 재조명, 재평가 작업이 필요한 이유는 공적을 되찾자는 것이 아니라, 3·1혁명이야말로 우리나라 민주공화제의 출발점이며, 국민통합과 남북평화통일을 위해서 민족공동체의 키워드가 될 수 있기 때문에, '역사정의'를 바로잡자는 의미이다.

동학 2세 교조 해월 최시형에게서 의암義菴이란 호를 받으면서 평생토록 의롭게 사셨던 손병희 선생의 생애는 곧 오늘 우리 시대의 사표이고 겨레의 스승으로 삼아 모자람이 없을 것이다.

의암 선생이 1919년 4월 10일 경성지방법원에서 예심판사가 "피고는 앞으로도 독립운동을 할 것인가?"라고 심문하자 거침없이 "기회만 있으면 독립운동을 하려는 내 뜻을 관철하고자 한다."라는 말씀을 다시 한 번 상기하면서, 글을 시작하고자 한다.

마지막으로 여러 일로 바쁘신 중에 추천의 말을 보내주신 손윤 이사장과 임형진 원장에게 감사한 마음을 전한다. 더불어 책의 마지막에는 이 두 분과 함께 의암의 일본 체류 행적을 찾아나선 지난 10월의 답사 기록이 함께 실려 있다. 의암의 작은 흔적이라도 발견하길 바라는 간절한 마음으로 곳곳을 답사한 그날의 노정과 감정을 소상하게 기록한 글을 보내 주신 임형진 원장에게 다시 한 번 깊은 감사를 드린다.

의암 손병희 선생의 뜻을
오롯이 담아낸 평전

사람이 한울이라는 것은 바른 뜻을 품고 정성을 들이면 한울에 이른다는 것으로 '천시와 지리가 인화人和만 못하다'고 했다.

동학혁명의 무장투쟁이 일제의 무력에 좌절되었음을 깨닫고 비폭력 방식만이 빼앗긴 조선의 독립과 민주정부 수립을 도모할 수 있음을 자각한 후, 주변 참모들의 간곡한 무장세력 배양 건의를 거부하고, 평화적인 천도교 수호를 가장 큰 목표로 둔 의암 손병희 선생은 법문을 지었다.

너는 반드시 한울이 한울된 것이니, 어찌 영성이 없겠느냐. 영은 반드시 영이 영된 것이니, 한울은 어디 있으며 너는 어디 있는가. 구하면 이것이요 생각하면 이것이니, 항상 있어 둘이 아니니라.

1914년 4월 2일

오천 년 역사의 조선을 지키기 위해서는 서구 침략세력에 대항하는 개벽사상인 동학, 즉 천도교의 수호가 보국안민輔國安民의 제1방편임을 천명하고, 인내천과 자주독립이 둘이 아니고 하나라는 것을 깨닫고 구체적인 실천방안을 모색한다.

1903년 일본 망명 중에 펴낸 「명리전」에서, "지금 우리 동양사람들은 긴 밤에 취한 꿈을 언제 깰 런지 기약이 없는지라, 세계 각국이 죽은 송장으로 대하니 이것이 통탄할 일이 아니냐. 지금 우리 동양사람 가운데도 반드시 뜻있는 훌륭한 사람이 없지 않으리니, 큰 꿈을 누가 먼저 깰 것인가. 아직 꿈 깬 이를 보지 못하겠으니 심히 두렵도다. 만일 먼저 깬 사람이 있으면 깨어난 정력을 다 써서 억만 생령의 아득한 꿈을 깨쳐주기를 이에 바라는 바로다."라고 설파했다.

동양평화를 위하여 동양인의 자각과 성찰을 '꿈을 깨침'으로 이루고자 한 의지를 10년 이상 닦아 스스로 깨친 자각이 법문法文이며, 의암성사님의 뜻이라고 생각한다.

청년에게, "산아 비야, 한울의 때를 알고 그런 것이냐 무이이화로써 그런 것이냐. 분명하도다! 저 남산의 비온 뒤 정신이여, 다시 새로워진 세계로다."(雨後靑山, 의암법설)

풍전등화의 19세기 조선조 말, 동학혁명 당시 통령의 이름으로 20세기 초 3·1혁명을 기초하여 3·1운동의 주역으로 최초로 대한민국임시정부 대통령에 추대되었음에도, 나라를 위하여 자진해서 순국의 길에 앞장 선 동치의 의암리더십이 120년이 지난 백척간두의 오늘의 대한민국에 필요한 때이다.

위태로운 시국. 역사를 바르게 세워 과거를 성찰하고 미래를 찾아야 하는 중요한 이때, 『의암 손병희 평전』이 출간되었다. 깊은 연구와 통찰로 저평가된 많은 역사인물을 재조명한 김삼웅 선생의 글이다. 인품이나 업적에 비해 제대로 평가받지 못한 의암성사님의 정신이, 3·1혁명을 100주년 앞둔 지금, 김삼웅 선생의 날카로운 문장을 통해 되살아났다.

대한민국의 오늘을 있게 한 민족의 영웅 중의 한 분인 의암 손병희 선생의 3·1정신과 우후청산의 기상이 우리에게 평화통일과 번영의 꿈을 깨쳐주실 것으로 믿는다.

격동의 시대에 조선을 민주공화국의 대한민국으로 창조한 손병희 선생의 경세철학이 장구한 대한민국을 굳게 지켜줄 명약이다. 그리고 이 책이 바로 그를 만나러 가는 길이다.

(사)의암손병희선생기념사업회 이사장 손 윤

이 시국의 해결 단초를 가진
손병희, 그를 만나다

평소 존경하는 김삼웅 선생께서 의암 손병희의 평전을 준비하신다는 소식을 듣고 너무나 반가웠다. 특히 현재 의암 성사님께서 주도하신 천도교의 정신을 교육시키는 종학대학원을 맡은 입장에서 이보다 더 반가운 소식이 있을 리가 만무했다. 의암 성사님을 바라다 뵈면 늘 부끄럽고 죄스러운 마음이었다. 특히 그의 업적에 비하여 나무나 초라한 평가에 이르면 쥐구멍이라도 들어가고 싶은 심정이었다. 여전히 우리는 동학혁명을 이야기하면서 의암이 북접의 최고 지도자로 참여했다는 사실을 간과한다. 더욱이 3·1혁명하면은 아이들에서부터 어른들까지 한결같이 먼저 떠올리는 사람은 '유관순 누나'이다. 3·1혁명을 위한 의암의 노고는 모두 잊혀진 이야기가 되고 심지어는 친일의 흔적이 있다는 둥 기생과 놀아났다는 둥의 차마 귀를 닫고 싶은 소리까지 들릴 때는 참담함에 이른다.

우리는 기억해야 한다. 해방된 그해 백범 김구가 환국해서 가장 먼저 찾은 곳이 우이동 봉황각에 묻혀 있는 의암 손병희의 무덤이었다는 사실을. 그는 의암 성사의 무덤에 무릎 꿇고 선생님 "이제사 돌아왔습니다."라고 고했다. 왜 백범이 가장 먼저 의암의 무덤을 찾았을까. 그가 없었다면 임시정부도 없었고 그가 없었다면 3·1혁명도 없었고 그가 없었다면 조선의 개화혁신도 없었고 그가 없었다면 동학혁명도 호남지방에 국한한 민란으로 그쳤을 것이기 때문이다. 백범은 성사님의 무덤에 엎드려 "선생님 덕분에 우리가 오늘 해방을 맞이하였습니다."를 보고한 것이다. 이처럼 위대한 스승님에 대한 올바른 평가가 자꾸만 뒤쳐져 가는 이 시점에서 김삼웅 선생이 의암 평전을 저술하셨다. 정말 고맙고 감사하다. 더욱이 그 필력을 익히 알기에 '이제 비로소 제대로 평가가 되려나' 하는 생각에 설레기까지 한다.

이탈리아의 철학자 크로체가 "모든 역사는 현대사다."라고 했다. 오늘 우리가 의암 손병희에 대한 제대로 된 평가가 필요한 이유는 수많은 오늘의 난제의 해결 단초를 그에게서 찾을 수 있기 때문이다. 그를 경세가라고 명명한 김삼웅 선생의 이유를 책을 읽다보면 저절로 깨닫게 한다. 그게 이 책을 읽어야 하는 이유이다.

천도교종학대학원 원장 임형진

차례

1장

격변기에 서자로 출생

한말 격동기 청원군에서 태어나

손병희孫秉熙는 1861년 4월 8일 충청북도 청원군 북이면 대
주리에서 아버지 손두흥孫斗興과 둘째 부인 어머니 경주최씨 사
이에서 태어났다. 본관은 밀양손씨로서, 아버지는 청주목淸州牧
에서 하급관리 아전衙前을 지냈다. 아전은 중인 출신이 맡은 관
직이다.

손두흥은 본부인과의 사이에 장남 병권秉權을, 최씨 부인에서
병희와 동생 병흠秉欽을 낳았다. 병권은 뒷날 동학의 맹장이 된
손천민孫天民의 아버지다.

손병희의 선대는 이렇다 할 인물이 보이지 않은 평범한 가문
이었다. 족보상의 이름은 상현祥鉉이며 어릴 때 이름은 응구應
九이고 한때 규동奎東이라 불렀는데, 언제부터 병희로 개명했는
지는 분명하지 않다. 아호는 소소笑笑이고 의암義菴이란 도호道
號는 동학 2세 교조인 해월 최시형이 내린 것이다. 천도교에서

복원된 손병희 생가

는 의암 성사聖師로 존칭된다. 일본 망명 시절에는 이상헌李祥憲 등의 가명을 썼다.

손병희가 태어난 대주리는 남쪽 멀리 구녀성九女城이 보이고 북쪽으로는 두치산頭峙山이 멀지 않은 곳에 자리 잡은 양지바른 마을이다. 그가 태어날 무렵에 청주목 산외면에 속하였던 것이 일제가 한국을 병탄한 후 1914년 총독부의 행정구역 통폐합에 따라 대주리와 장재리의 일부를 금암리라 부르고 북이면에 편 입하였다.

대주리에 밀양손씨가 입향한 것은 17세기 초 충남 공주에서 이주해 왔다. 이곳에는 오래전부터 터를 잡아온 달성서씨가 집 성촌을 이루고 있었다. 밀양손씨는 이들과 어울려 살게 되었다. 이곳에 정착한 밀양손씨는 족보상으로는 무과 계통의 양반이 었지만 실제적으로는 청주목에서 아전을 지내는 중인계층이었

다. 밀양손씨가 대주리에 정착한 지 5대에 이르러 손병희가 태어났다.[1]

손병희는 태어날 때부터 피할 수 없는 두 가지 질곡을 안고 출생하였다. 하나는 시대적 질곡이었다. 그가 태어난 1861년은 철종 12년으로 안으로는 바로 한 해 전 최제우가 동학을 창도하고 1862년에는 임술민란의 시발인 진주민란이 일어났다.

안동김씨 등의 세도정치로 국정이 극도로 문란해지고 봉건 지배층의 억압과 착취가 심해지면서 민중저항이 전국 각지에서 폭발하고, 천주교의 국내 포교와 보급이 일어난 데 이어 열강의 침략이 시작되는 것을 보고 최제우가 민족적 위기를 느끼면서 동학을 창도하였다. 최제우의 동학과 2세 교조 최시형은 손병희의 생애에 지대한 영향을 미치게 되고, 후일 동학의 3세 교조가 되었다.

밖으로는 1845년 6월 영국 군함이 불법으로 들어와 제주도와 전라도 해안을 측량하고, 1846년 6월에는 프랑스 해군 소장 세실이 군함 3척을 이끌고 조정의 천주교 탄압에 항의하는 국서를 전달하고 돌아갔다. 1848년 전국 여러 항구에 이양선이 출몰했으며 1854년 4월 러시아의 선박이 함경도 덕원과 영흥 해안에 나타나 백성들을 살상했다. 제국주의 열강의 이른바 서세동점으로 조선사회는 극도의 내우외환에 빠져들었다.

조선왕조 후기 민심이 동요하고 민란이 발생하는 등의 현상을 고종 정부의 우의정 조병세는 다음과 같이 그 원인으로 짚었다.

(1) 공사公事가 너무 문란하며,

(2) 왕의 근신近臣들은 직간直諫을 피하고 아부를 일삼음으로써 왕은 허위 보고만을 들을 뿐이고,

(3) 형벌이 정실에 흘러 기강이 잡히지 않고,

(4) 관리는 민정民政을 조정에 반영시키지 않으며,

(5) 관리들은 적절한 급여를 받지 못해 국민의 고혈膏血로 생계를 유지하며,

(6) 이러한 사회악은 금권과 직결되어 있어서,

(7) 매관매직賣官賣職이 성행하고,

(8) 국가의 기강紀綱이 문란해짐에 따라 왕에 대한 신하로서의 후원과 협조가 결여되어 있다.[2]

서자라는 신분적 질곡

다른 하나는 서자라는 신분적 질곡이었다. 조선시대 첩의 소생인 서자·서얼은 비록 양반의 자손이라도, 그리고 아무리 유능해도 관직에 나갈 수 없었다. '서얼금고법庶孽禁錮法'이 마련되어 서얼의 관직 진출을 막았다. 요즘 한국사회의 유행어인 '흙수저'인 셈이다.

이 제도는 조선조 태종 때에 『경국대전』을 편찬하면서 시작되었다. 정도전이 서류庶類였기에 난을 일으켰으니 서류에게 벼슬길을 막자는 상소를 받아들인 것이 계기였다. 그 뒤 역시

서류였던 유자광의 전횡이 극심하여 그가 쫓겨난 뒤에 '서얼금고'는 더욱 강화되었다.

맨 처음에는 혁신정치가 조광조, 이율곡, 특히 임진왜란 당시 영의정 유성룡이 이 제도의 폐지를 통해 온 나라의 힘을 모으고자 서얼과 천민까지도 고루 등용할 것을 주청했으나 수용되지 않았다.

서얼금고는 조선조 초에 맨 처음 생긴 신분 차별 제도이다. 정도전의 난을 가라앉히고 힘겹게 왕위에 오른 태종은 아무 뒷 걱정 거리도 생각하지 않고, 정도전이 서류였기에 난을 일으켰으니 서류에게 벼슬길을 막자고 상소한 서선의 말을 기꺼이 받아들였다.

그 뒤에 성종 때 『경국대전』을 새로 펴낼 적에 강희맹이 '자손'이라는 말을 '자자손손'으로 고쳐 끼어넣음으로써 서얼의 아들과 손자만이 아니라 자손 대대로 벼슬길을 막았다. 그 뒤에 서류인 유자광의 횡포가 심하여 그를 내쫓고 난 뒤에 이 금고는 더욱 가혹해졌다.

그리하여 세월이 지남에 따라 서류의 수효는 점차로 불어갔고 서류 중에 훌륭한 인재들이 많이 나오자 몇몇 사람들은 이를 없앨 것을 건의하고, 또 서류 자신들이 상소를 올려 서얼금고를 없앨 것을 건의했으나 정치적인 이해와 명분과 선인의 법을 앞세운 고루한 벼슬아치와 선비들 때문에 번번이 좌절되었다.[3]

임진왜란 후 서얼 출신들이 집단적으로 벼슬길을 열어 줄 것을 상소했으나 거부당하자 무장봉기를 통해 신분해방을 이루고자 했던 허균 등의 '칠서지옥' 사건이 있었다. 이 사건으로 서얼 차별이 더욱 강화되었다가 개혁군주 정조가 규장각에 검시관 제도를 두어 유득공·이덕무·박제가·서이수 등 유능한 서얼 출신들을 등용하면서 어느 정도 완화되었으나 이 제도가 폐지되기까지는 더 많은 시간이 지나야 했다.

손병희가 태어나고 3년 뒤인 1894년(고종 31) 갑오개혁에서 적·첩 양쪽에 모두 아들이 없을 경우 양자를 허용하고 과부의 재가도 허용하는 한편 공사노비제도를 혁파함으로써 서얼 차별이 제도적으로는 철폐되었으나 현실적으로는 여전히 위력을 갖고 존치되었다.

1894년 전봉준 등이 주도한 동학농민혁명이 「폐정개혁 12개조」에서 노비문서 소각과 7종의 천민에 대한 차별개선을 주창한 것이 갑오개혁으로 이어졌다.

손병희의 아버지 손두흥은 첫 부인 전주이씨가 첫 아들을 낳고 33세에 사망하자 경주최씨와 재혼하여 손병희를 출산하였다. 그래서 손병희는 엄격한 의미로 첩의 자식인 서자가 아니라 재가녀再嫁女의 자식인 셈이다. 조선시대에는 '재가녀자손금고법'도 '서얼금고법'과 유사하게 차별대우를 받았다.

역사상의 비범한 인물이 태어날 때이면 신이神異한 탄생신화 또는 설화가 전하듯이, 손병희 어머니도 그랬다. 어머니가 마을 아낙네들과 뒷산 망월산으로 달마중을 갔는데 어머니가 제일 먼저 달이 아닌 해가 떠오르는 것을 보고 소리쳤는데, 해가 어머니 품 안으로 들어왔다는 태몽을 꾸고 손병희를 낳았다고 전한다.

정의감이 남달랐던 소년시절

성장하면서 손병희는 남달리 눈빛이 초롱초롱하고 덩치가 컸다고 한다. 점점 기골이 장대하고 호걸 소년으로 자라났다. 그러나 양반과 상놈, 적자와 서자라는 신분의 굴레는 어린 손병희를 좌절시켰다. 아버지를 아버지라 부르지 못하고 큰어머니가 낳은 형을 형이라고 부르지 못하였다. 나이가 들면서 아무리 열심히 공부해도 관직에 들어갈 수 없는 서자 출신임을 비관하면서 글공부보다는 악동들과 어울려 술을 마시거나 노름을 하는 날이 많았다.

요즘 식으로 '비행청소년'이었다. 하지만 그에게는 바탕이 착한 마음씨와 남다른 용기가 있었다. 이것은 훗날 그가 현실에 굴하지 않고 큰 인물로 성장하는 원동력이 되었다. 이와 관련해 젊은 날의 몇 가지 일화가 전한다.

어느 날 친구가 걱정스러운 표정으로 찾아온다. 아버지가 관가의 돈 100냥을 축내어 감옥에 갇히게 되었다는 것이다. 손병희는 친구에게 한 가지 방법을 알려주었다. 자기 집에 100냥의 돈이 있으니 몰래 가져가라는 것이다. 친구는 일러 준대로 하였다.

덕분에 친구의 아버지는 풀려나지만 손병희의 집에서는 난리가 났다. 결국 손병희가 사실을 털어놓자 아버지는 친구가 어려울 때 돕는 것이 사람의 도리라며 오히려 칭찬을 하였다.

다음과 같은 일화도 전한다. 어느 날 손병희는 청주지방의 관리로 있는 형의 심부름으로 공금 40냥을 가지고 관가로 간다. 그런데 도중에 이웃 마을 입구에서 정신을 잃고 눈길 위에 쓰러져 있는 사람을 만났다. 손병희는 망설임 없이 이 사람을 둘러업고 근방의 주막으로 가서 주인에게 이 사람을 맡아 달라 부탁한다.

생판 낯선 사람을 누가 쉽게 맡아 주겠는가. 손병희는 30냥을 꺼내주면서, 이 돈으로 음식을 먹이고 치료해 줄 것을 당부했다. 그리곤 남은 10냥만을 관가에 갖다 주었다. 저녁에 퇴근한 형에게 자초지종을 얘기하니 형이 크게 노한다. 그러나 한편으로는 동생의 착한 마음씨에 감동한다.

손병희는 결혼 과정에도 의외의 사연이 있었다. 청주 북면 청하리에 사는 곽씨가 혼사 일로 손병희 집을 찾아왔다. 그런데 막상 사위 될 사람이 서자라는 것을 알게 되자 그냥 돌아간다. 길목을 지키던 손병희가 곽씨를 가로막고 사람을 보고 인륜대사를 치러야지 출생 신분을 보고 딸을 맡기려 하느냐고 따졌다. 하지만 곽씨는 서자에게는 귀한 딸을 맡기지는 못하겠다고 완강히 거부했다.

손병희는 얌전하면서도 단호하게 요구했다. "선 본 값을 내든지, 혼인을 승낙하시든지, 그것도 아니면 내 주먹맛이라도 한 번 보고 가셔야 합니다." 황당했지만 곽씨는 손병희의 용기와 의기를 높이 사서, 혼인을 승낙을 하게 되었다. 혼인 허락을 받은 손병희는 결연히 무릎을 꿇고 자신의 무례함을 용서해 달라고 빌었다. 이런 우여곡절 끝에 손병희는 15세가 되던 1875년 12월 24일 현풍곽씨의 딸과 결혼하였다. 신부는 3년 연상이었다.

소년 손병희는 부당한 차별에 대항했다. 어느 날 문중에서 제사를 지낼 때도 그랬다. 혼인한 성년이 되었기에 당연히 제례에 참석하려는 그에게 문중의 어른들이, 감히 서자가 묘역에 올라왔다면서 쫓아내려 했다.

손병희는 물러서지 않았다. '나도 손씨 가문의 뼈를 받아서 태어났는데, 조상에게 참배도 하지 못하게 하면, 부득이 나한테 뼈를 주신 조상의 뼈라도 파가서 별도로 산소를 모시고 참배를 하겠다'면서 곡괭이를 들어 산소의 한쪽을 파헤치려고 했다.

이를 지켜본 문중 어른들은 결국 참배를 허락하면서, 당돌하고 그렇지만 논리가 정연한 손병희의 언행에 혀를 내둘렀다고 한다.

의기와 패기 넘치는 비화

손병희가 17세 되던 어느 봄날 충북 괴산 삼거리를 지나고 있을 때 일이다. 어떤 양반이 타고 가는 말꼬리에 사람을 묶어 끌고 가던 중 주막에 머물고 있었다. 이 사람의 몸은 피투성이로 금방 숨이 넘어갈 듯 위태해 보였다. 많은 주막 객인들은 구경만 하고 있었을 뿐 누구 하나 나서려 하지 않았다.

손병희는 이 참사를 보고 주막집의 낫을 들고 달려가 단번에 말꼬리를 잘라버렸다. 양반의 마부가 제지하려고 하자, 손병희는 몽둥이를 들고 마부를 후려치면서, "사람이 어찌 사람을 이렇게 함부로 대할 수가 있느냐. 양반은 나오시오." 하고 소리쳤다.

밖의 소란에 마시던 술잔을 놓고 양반이 문 밖으로 나왔다. 손병희가 거침없이 "네 놈이 양반이냐? 이 무도한 놈아, 양반이면 사람을 저 지경으로 만들어도 좋단 말이냐! 눈이 있거든 저 처참한 모습을 봐라." 하고 소리쳤다. 그리고 비호 같이 달려들어 머리로 양반을 들이받아 버렸다. 봉변을 당한 양반은 줄행랑치고 말았다.

많은 사람이 보는 앞에서 양반을 폭행한 것은 이유야 어쨌든 큰 죄가 되는 시대였다. 의기가 남다르고 호방했던 손병희는 불의를 보면 참지 못했다.

손병희 21세 때의 7월 보름날이다. 그가 사는 대주리에서 40리가량 떨어져 있는 내수읍 초정리에 유명한 약수터가 있었다. 지금까지도 유명한 초정약수로 불리는 이 약수는 지하 100미터의 석회암층에서 솟아나며, 무균의 단순 탄산천으로 인체에 유익한 각종 광물질이 포함되어 있다고 한다.

이 약수는 톡 쏘는 맛이 나는데, 초정椒井이란 지명도 '후추처럼 톡 쏘는 물이 나오는 우물'이라는 뜻이 담겼다. 이 때문에 많은 사람들이 초정약수를 찾았다.

하루는 강원도 영월군수를 지낸 송월령과 평남 숙천군수를 지낸 변씨가 약수터를 독차지하고 앉아서 피서를 즐기는 동안 백성들이 약수를 마시지 못하게 하인들을 시켜 막았다. 초정약수를 마시러 온 인근 백성들의 원성이 나오는 것은 당연한 일이다.

마침 약수를 마시러 왔다가 이를 본 손병희는 두 양반을 향해 "약수터에도 양반 상놈의 차별이 있느냐"고 소리를 쳤다. 이어서 "아무리 양반이라도 이리도 염치가 없단 말인가"라며, 하인들을 물리치고 약수를 떠서 마신 후 백성들에게 약수를 돌렸다. 송월령과 변씨는 무슨 봉변을 당할까 두려워하면서 자리를 뜨려고 하였다.

손병희는 일부러 약수를 떠서 송월령과 변씨에게 내밀었다. 마지못해 약수를 받은 그들은 손병희에게 양반행세를 하고 있다고 적당히 부추기면서 위기를 모면하려고 하였다. 손병희는 두 양반에게 "나는 청주에서 온 상놈"이라고 신분을 밝히면서 다음과 같은 즉흥 시 한 수를 지어 이들을 농락하였다.

비록 가시나무라 이를지라도 꽃이 피면 아름답고
더러운 곳에서 피어난 연꽃이라도 향기는 더욱 좋더라
옛날과 지금 양반과 상놈이 무엇이 다를 것이 있으랴

초정약수에서 마음만 씻으면 평등한 사람인 것을.

1880년은 손병희가 20세 되던 해였다. 늦은 봄 충북 음성군 원남면 마송이라는 마을을 지나가게 되었다. 그런데 길가에 많은 장정들이 모여 웅성거렸다. 분위기가 심상치 않았다. 사람들이 이야기하는 소리를 들으니 전염병이 돌아 집집마다 환자가 넘쳐나고 어떤 집은 일가족 모두가 전염병으로 죽었다는 것이다.

사연인 즉 죽음을 당한 일가족을 그냥 두어 송장 썩는 냄새가 마을에 진동하는데도 전염이 두려워 마을 청년들이 시신을 처리하지 못하고 있었다.

의협심이 강한 손병희는 두려움 없이 망자의 집으로 들어가 썩은 송장을 처리하여 장사를 지내주었다.[4]

2장

암담한 시대,
동학에 입도하다

최제우의 동학 소문을 듣고

의협심이 강하고 총명한 청년 손병희에게 한말의 시국은 그야말로 암담한 '헬조선'이었다. 하잘 것 없는 중인 가계에서 서자 출신으로는 어디에서도 활로를 찾기 어려웠다. 그 무렵 철종이 후사가 없이 죽자 고종이 즉위하고 흥선대원군이 집정하여 일대 개혁정책을 폈다. 무엇보다 국가재정을 좀먹고 당쟁의 소굴이 되고 있던 서원을 47개만 남겨놓고 모두 철폐시켰다.

대원군은 경복궁을 중건하면서 원납전을 발행하여 민생을 어렵게 만들었으며, 천주교도를 무자비하게 탄압하고 외국 선교사를 죽임으로써 병인양요를 불러온 데 이어 국제정세에 눈이 어두운 나머지 쇄국정책을 고집하여 신미양요의 화근을 만들었다.

정부는 1864년 3월 동학 교주 최제우를 혹세무민, 사도난정 邪道亂正의 죄목으로 대구감영에서 처형하였다. 최제우崔濟愚는

동학의 교조, 수운 최제우

'어리석은 백성을 구제한다'는 뜻으로 스스로 이름을 '제우'라
짓고 동학을 창도하여 포교 4년 만에 신도가 3천여 명에 이르는
등 점차 세력이 커졌다. 이에 불안을 느낀 정부가 체포하여 죽인
것이다.

손병희의 이복형 아들 손천민이 26세인 1882년 겨울에 동학
에 입도한다.[1] 이것으로 보아 손병희도 어려서부터 최제우와 동
학 관련 소문을 익히 들으면서 성장하였을 것이다.

손병희보다 15세 연상인 백범 김구가 부패한 과거에서 낙방
하고 방황하고 있을 즈음 남쪽에서 이인異人이 나타나 풍운조
화를 부린다는 소문을 들었고, 이어서 동학과 최제우에 관한 이

야기를 듣고, 20리 떨어진 마을에 사는 한 동학도를 찾아갔다.

"동학은 용담龍潭 최수운 선생이 천명하였으나 이미 순교하
셨고, 지금은 그 조카 최해월 선생이 대도주大道主가 되어 포
교중입니다. 동학의 종지로 말하면 말세의 사악한 인간들로
하여금 개과천선하여 새 백성이 되어 장래 참주인眞主을 모시
고 계룡산에 신국가를 건설하는 것입니다." 설명을 듣고 나는
매우 마음이 흡족하였다.
　　과거에 낙방하고 난 뒤 관상공부에서 마음 좋은 사람이 되
기로 결심한 나에게 하늘님을 모시고 도를 행한다는 말이 가
장 마음에 와 닿았다.
　　또한 상놈된 원한이 골수에 사무친 나에게 동학에 입도만
하면 차별 대우를 철폐한다는 말이나 이조李朝의 운수가 다
하여 장래 새 국가를 건설한다는 말에서는 작년 과거장에서
품은 비관이 연상되었다. 나는 동학에 입도할 마음이 불길같
이 일어났다.[2]

　한말 최제우의 동학창도는 민중들에게 한 줄기 희망이었다.
시대가 인물을 낳고 인물이 시대를 이끈다는 말 그대로였다. 정
치적으로나 정신사적으로 기존 질서가 무너지고 있을 때 홀연
히 최제우가 나타났다.

　　동학의 창시자인 수운 최제우는 서세동점의 위기의식 속에

서 우리 민족의 정통성과 사상이 위협을 받고 있을 때 민족자주의 기치를 높이 들어 한국적인 가치체계를 제시함으로써 갈팡질팡하는 민중의 가슴속에 그들 중심의 새로운 세계관과 자부심을 심어주었다.

특히 수운이 주목한 것은 민족운동의 주체로 민중을 설정해 그들의 자각을 유도하는 것이었다.

민중들로 하여금 역사의 전면에 나서 보국안민과 나아가 광제창생의 지상천국 건설의 주역이 될 것을 요구한 것이다. 동학혁명은 이 같은 초기 동학운동의 혁명적 성격과 노선을 명확히 들어낸 사건이었다.

그것은 수운의 이념과 이상이 구체적 사건의 형태로 표출된 것이다. 동학혁명을 통해 나타난 민중중심의 민족주의는 당대 저항민족주의를 대표한다. 그리고 수운의 민족주의는 나아가 인류 공동체주의를 목표함으로써 올바른 민족주의의 방향성을 지향하고 있다는 역사적 의의를 가지고 있다.[3]

손병희는 7년 연상의 조카 손천민과 동학접주 서택순의 안내로 1882년 10월 5일 동학에 입도하였다. 21세 때의 일이다.

1882년 10월 5일, 손병희는 이날 동학에 입도하였다. 송암 손천민·영암 최종묵·반암 최동석·김상일 등이 서택순의 집에 모인 가운데 서택순의 집례로 김삼일을 전교인으로 하여 입도식을 마쳤다. 이후 손병희는 일생동안 자신이 동학

에 입도한 사실을 후회하지 않고 진정한 동학의 길을 변함
없이 걸어갔다.[4]

인내천 사상에 새사람이 되다

손병희는 동학입도와 함께 완전히 새 사람이 되었다. 무엇보
다 동학의 신분의 벽을 뛰어넘는 평등사상이 맘에 들었다. 양반
아닌 평민, 그것도 서자 출신이라는 멍에를 벗어버리는 동학의
'사람이 곧 하늘이다'라는 인내천人乃天 사상은 손병희나 김구
에게 구원의 손길이었다.

손병희는 그동안 어울렸던 마을의 무뢰배들과 교제를 끊고
술과 도박을 멀리하면서 열심히 동학 주문을 외우고 교리를 공
부하였다.

시천주조화정 영세불망만사지侍天主造化定 永世不忘萬事知.

하늘님을 모시면 조화의 경지가 이루어지고, 영원히 잊혀
지지 않고 만물의 이치를 알 수 있다.

손병희는 동학의 13자 주문과 거기 담긴 깊은 뜻을 새기면서
마음과 몸을 수련하였다. 수련을 할수록 새로운 세상이 보이는
듯하였다. 수도 생활을 하면서 매일 주문을 3만 번씩 암송하고

짚신 두 켤레씩 삼는 것을 일과로 하였다. 그리고 한 달에 여섯 번 5일 만에 열리는 청주 장터에 나가 삼은 신을 내다 팔았다. 자활정신과 시중의 민심을 알기 위해서였다.

손병희는 최제우가 몰락한 양반의 서출 출신이라는 데서 동병상련의 정서적 동질성을 느껴서인지, 동학과 최제우 그리고 2세 교조 최시형을 더욱 흠모하기에 이르렀다. 경전을 읽고 공부할수록 동학의 심오한 철학에 빠져들고, 동학이야말로 사회적 모순을 척결하는 시대정신임을 체득하게 되었다.

동학의 사상 내용에는 유儒·불佛·선仙 3교가 종합되어 있다고 하나, 그것을 통일하는 사상은 우리 민족의 구제를 위한 민족적 염원이며, 민간신앙적 요소가 널리 서민들에게 동학의 신봉자를 얻게 하여주었다. 동학은 기성종교인 불교와 유교에 대하여 "유도·불도 수천년에 운이 역시 다하여던가."라고 하여 유교와 불교의 쇠운설을 주장하였다.

그리고 사대부 양반계층의 종교였던 유교의 사상 내용을 비판적으로 흡수하여, 무학의 서민들이 10여 년의 수학기간을 거치지 않고도 입도할 수 있고 입도한 그날부터 군자가 될 수 있다고 하여, 서민에게도 군자의 인격을 갖출 수 있는 길을 열었다.

한편, 서학에 대하여서는 천시를 알고 천명을 받은 도이므로 막강한 힘을 가졌음을 인정하였다. 그러나 최제우는 동학이 서교와 다르다는 것을 뚜렷이 밝힐 필요를 느껴, 서교와는 차이점을 다음과 같이 지적하였다. 즉, 서교에서는 빌어도 효험이 없다고 하여 주술적 요소의 결여를 들고, 서교의 조상숭배 배격과 제사관을 비판하여 '죽어서 천당간다.'는 내세관에 대하여, 오직 일찍 죽기를 바라는 것이 기이하다고 하였다.

그러나 서교에 대한 가장 기본적인 동학의 관점은, 서양의 세력이 우리나라를 침략하는 위험한 존재로 파악하고 있다는 점이다. 서양문명과 서양군함의 내습은 곧 천하분란의 문명적 위기이기도 하였다. 그러므로 동학은 내 나라를 단위로 한 '보국保國'의 종교이고, 안으로 '안민安民'의 새 사상이었다는 점에서, 민족주의적 종교의 성격을 지니고 있었다.[5]

최시형 만나 스승으로 모셔

손병희는 동학에 관해 어느 정도 학습과 수련이 지나면서 최제우가 처형된 후 교통을 이어받은 해월 최시형 선사를 뵙고자 하였다. 1880년 당시 해월은 강원도 인재군 갑둔리에서 처음으로 동학의 경전 『동경대전東經大全』을 간행한 데 이어 다시 이를 더 간행하기 위해 충남 천안군 목천에 머물고 있었다.

손병희는 동학에 입도한 지 2년이 되는 1884년 10월 5일 목천에서 해월 선사를 만났다.

최시형은 1827년 경주의 가난한 집에서 태어나 어려서 부모를 잃고 한때 종이를 만드는 공장에서 일하다가 1861년 34세에 동학에 들어가 열심히 포교하고 최제우 선생을 보필하여 그가 순도하기 8개월 전에 제2세 교조로 임명되었다.

해월은 정부의 탄압으로 태백산 등지로 피해 다니면서 포교에 힘쓰는 한편 『용담유사龍潭遺詞』와 『동경대전』 등 경전을 간행하고 교의를 체계화하면서 교단조직을 강화하여 동학의 완성에 노력하고 있었다.

해월은 손병희를 처음 만나 금방 그의 인물됨을 알아봤다. 비범함을 보고 기뻐하면서, "내 도道에 드는 사람이 많으나 도를 알고 도를 통할 만한 사람이 적은 것을 한탄하였는데, 그대는 열심히 공부하여 대도大道의 일군이 되기를 스스로 결심하라."[6]고 당부하였다.

이에 손병희는 즉석에서 시 한 수를 지어 자신의 마음을 표시하였다.

> 천지일월이 가슴 가운데 들어오니天地日月入胸中
> 천지가 큰 것이 아니라 내 마음이 큰 것이요天地比大我心大
> 사나이의 말과 행동이 하늘과 땅을 움직일 것이니男兒言行動天地
> 천지조화도 나의 뜻이로다天地造化吾任意.[7]

해월은 날이 갈수록 손병희가 사람됨이나 행동이 뛰어남을 보고 그를 각별히 아꼈다. 곁에 두고 심부름을 시키면서 수행하도록 지도하였다. 어느 날 해월이 손병희에게 부엌에 가서 커다란 솥을 화덕에 걸게 하였다. 해월은 사소한 이유를 들어 일곱 차례나 다시 걸도록 지시하고, 그때마다 불평 한마디 없이 따르는 손병희의 성실함에 스승은 감동하여 더욱 신뢰하게 되었다고 한다.

해월은 1883년 10월 충남 공주 가섭사迦葉寺에서 49일 동안에 기도와 공부를 끝낸 다음 친필 강서降書를 발표하고 이어서 강서로써 육임제도六任制度를 마련하였다. 육임직은 대도소大都所와 각 포 도소에 두었다.

> 첫째, 교장은 질실質實이 망후한 사람으로 하고,
> 둘째, 교수는 성심으로 수도하여 전수할 수 있는 사람으로 하고,
> 셋째, 도집都執은 풍력이 있어서 기강을 밝게 하고 경계經界를 아는 사람으로 하며,
> 넷째, 집강執綱은 시비를 명백히 하여 가히 기강을 세울만한 사람으로 하고,
> 다섯째, 대정大正은 공평을 갖는 근후한 사람으로 하고,
> 여섯째, 중정中正은 직언을 능히 하는 강직한 사람으로 하도록 하였다.[8]

여기서 교장·교수·도집·집강·대정·중정은 모두 동학의 위계를 의미한다.

손병희가 해월을 모시면서 동학 공부에 열중일 때의 모습을 김구는 『백범일지』에서 다음과 같이 썼다.

다른 사람들도 같은 생각이었겠지만 내가 천리를 멀다 않고 보은에 간 것은 선생이 무슨 조화주머니나 주지 않나 하는 기대와 선생의 도골도풍道骨道風은 어떠한가 살펴보려는 생각이 간절하였기 때문이다. 선생은 나이가 예순 가까이 되어 보이는데, 수염은 길며 색은 보기 좋을 정도로 약간 검은 가닥이 있었다. 선생의 얼굴은 맑고 여위었으며, 머리에 큰 검은 갓을 쓰고, 저고리만 입고 앉아서 일을 보셨다. 방문 앞의 무쇠 화로의 약탕관에서는 독삼탕獨蔘湯 달이는 김과 냄새가 나는데, 선생이 잡수신다고 하였다.

선생의 방 안팎에는 많은 제자들이 옹위하고 있는데 그중 측근에서 모시는 자는 손병희·김연국 등 선생의 사위 두 사람이고, 그 외에도 유명한 박인호 등 많은 제자들이 있었다. 나의 인상으로는, 김씨는 나이 사십 가까운 순박한 농군 같았고 손씨는 젊은 청년으로 지식도 있어 보이고 부적에 '천을천수天乙天水'라 쓴 것으로 보아 필재도 있어 보였다.[9]

김구가 지켜 본 대로 "젊은 청년으로 지식도 있어 보이고 (…) 필재도 있어 보였다"고 할 만큼, 손병희는 청소년 시절 다소 난잡했던 생활을 청산하고 동학 입교 후 다방면의 책을 읽고 서도를 읽혔다. 현재 남아 있는 그의 글씨는 상당한 수준이라는 평을 받는다.

동학탄압에 맞서 의로움을 취하다

손병희가 입도하여 해월의 막하에서 수련과 포교활동을 벌일 때는 임오군란·갑신정변 등으로 정부의 동학교도에 대한 탄압이 다소 느슨해졌다. 느슨했다기보다 당시 상황을 개괄할 때 예전처럼 탄압할 여력이 없었다고 할 것이다. 1880년 12월 정부 조직이 개편되어 개화정책을 추진하기 위한 특별 기구로 통리기무아문이 설치되고, 이해 최시형이 『동경대전』을 간행하였다. 1881년 4월 신사유람단이 일본에 파견되고, 6월에는 최시형이 동학경전을 한글의 가사체로 대중들이 읽기 쉽도록 하는 『용담유사』를 편찬하였다.

1882년 6월 9일 임오군란이 일어나고 7월 12일 대원군이 청나라 군대에 납치되었다. 7월 17일에는 제물포조약이 체결되고, 1883년 1월 인천항 개항, 5월 동래민란, 1884년 10월 17일 갑신정변, 10월 18일 개화파 새 내각조직, 10월 24일 김옥균을 비롯한 갑신정변 주모자들 일본 망명, 11월 24일 일본과 한성조약 체결 등, 정세가 급변하고 정국이 변전을 거듭하였다.

이와 같은 급변 상황에서 정부가 동학교도를 탄압할 여력이 없었고, 이런 틈새를 이용해 최시형과 동학의 지도부는 포교와 조직 강화에 집중하였다. 하지만 여전히 지방관청에서는 동학교도를 체포하거나 재물을 약탈하는 일이 다반사로 일어났다.

손병희가 동학에 입교한 지 7년이 지난 1889년 어느 날의 일이다. 청주감영에서 포졸 세 사람이 손천민을 체포하고자 그의 집을 수색하였다. 포졸들은 손천민이 집에 없으니까 부인을 연행하려고 하였다. 때마침 이를 지켜 본 손병희가 함부로 여인을 잡아가느냐고 포졸들에게 야단쳤다. 그리고 자신도 동학도이니 대신 체포하라고 말하였다.

손병희는 포졸들이 포박하려들자 도망하지 않을 터이니 그냥 갈 것을 요구하여 관청으로 가는 길에 주막에 이르러 포졸들에게 술을 권하고 자신도 거나하게 마셨다. 취기가 오르자 더 이상 걷기 어렵다면서 포졸들에게 업고 갈 것을 제의, 포졸 셋이 거구의 손병희를 업고 끙끙거리면서 청주관청에 이르렀다. 이때 청주영장이 큰 감나무 밑에서 쉬고 있었다.

포졸들이 전후 사정을 보고하자 영장이 "왜 자수했느냐?" 물었다. 손병희는 큰 목소리로 "동학을 믿는 사람을 무슨 죄로 관가에서 체포하느냐"고 되물었다.

영장이 다시 최시형의 거처를 대라고 문초하자, 손병희는 마침 율곡 이이가 청주군수 재임 시에 심었다는 소나무와 선정비를 가리키며 당당하게 설명했다. "율곡 선생은 임진왜란 때 10만 양병을 주장하고 임진강가에는 화석정까지 지어놓았지만 당시 우매한 사람들이 선생의 뜻을 헤아리지 못하고 변을 당하였다. 그때와 지금이 무엇이 다른가. 머지않아 동학의 진리를 아는 날이 있을 것이다."라고 일갈하였다.

화가 오른 영장이 "동학은 역적의 도가 아니냐, 빨리 최시형의 거처를 대라."라고 다그쳤다. 손병희가 "조카를 대신해서 내가 붙들려 왔는데, 스승의 거처를 댈 것 같으냐?"고 결연한 태도를 보이자, 영장은 더 이상 문초해 봐야 얻을 것이 없다고 판단한 것인지, "잡으라는 놈은 안 잡고 엉뚱한 놈만 붙들어 왔다"고 포졸들에게 화풀이하면서 청사 안으로 들어가 버렸다는 일화가 전한다.[10]

어느 시대를 막론하고 중앙권력이 부패타락하면 관리들이 더욱 설치게 된다. 정부는 여전히 동학을 탄압하고 관헌들은 이를 빙자로 이권을 챙기는 수단으로 삼았다. 1891년 3월 동학교도 한영석이 청주병사 권용철에게 돈 3천 냥과 황소 1마리를 빼앗겼다. 오직 동학을 믿는다는 이유였다.

이같은 사실을 안 손병희가 권용철을 찾아갔다. "당신이 불의로서 양민의 재산을 갈취한다면 나도 당신을 불의로 대하겠다"면서 덤비려하자 그는 지레 겁을 먹고 갈취한 재산을 돌려주었다.

비슷한 시기 전 포도대장 신정희의 아들 신일균이 아비의 권력을 믿고 동학도들의 재물을 갈취한다는 악평이 자자했다. 손병희는 신일균을 찾아가 불의함을 꾸짖고 재물을 되찾아 주었다. 손병희는 관헌들의 불의를 보고는 참지 못하였다. 최시형이 '의암'이란 호를 지어 준 데는 이와 같은 의로운 행동이 있었기 때문이다.[11]

3장

동학의 조직과
교조신원운동

동학, 유불선 뛰어넘는 민족종교

　정부의 극심한 탄압에도 동학은 기층 백성들을 상대로 급속히 전파되었다. 조선의 국시인 유학(주자학)이 양반 기득세력의 이데올로기로 정착되면서 허례허식에 빠져들고, 불교가 숭유억불 정책으로 궁중이나 산중의 기복불공으로 전락하고, 간신히 명목을 유지해온 도교는 은둔사상 또는 풍수도참사상으로 변질되어 토속화되고 있었다.

　민중들은 어디에서도 희망과 구원을 기대하지 못한 채 외우내환에 직면하였다. 이럴 때 최제우에서 최시형으로 이어지는 동학은 인내천의 주인정신과 후천개벽의 희망, 평등사상에서 여느 기성종교나 신흥종교에 비해 확실히 매력적이었다.

　최제우는 유교에서는 오륜五倫을, 불교에서는 정심淨心을, 도교에서는 자연적·도덕적 정신에서 몸과 마음을 깨끗이 하는 법을 취하였다. 유불선 3교를 종합하면서 이를 뛰어 넘었다. 일본의 조선종교 연구가의 동학분석이다.

一. 오륜오상을 입立하여 인仁에 거居하고 의를 행하며 심心
을 정히 하여 기己를 수하여 세世에 반함은 유교에서 취
하고,

一. 자비평등을 주지로 삼고 신身을 사捨하여 세世를 구하
며 도장을 정결히 하고 구口 신축神呪을 송하며 수手에
염주를 지持함은 불교에서 취하고,

一. 현玄에 극히 하여 무극에 지하여 영리 명문을 탁제하고
무욕청정으로 신身을 지持하여 신수를 연마하여 종말에
승천을 희망함은 도교에서 취하였다.[1]

최제우는 동학을 창도하고 교세가 날로 창성하자 관헌에 쫓
김을 당하면서 유불선 3교를 비판하고 동학의 고유성을 다음과
같이 교시하였다.

유교는 명절名節에 얽매어 현묘玄妙의 역域을 모르고, 불교
는 적멸하여 인륜을 끊고, 도교는 자연에 유적遊適하여 치평治
平의 술術을 갖지 못했다. 그런데 동학은 원래 유도, 불도, 선
도 아니고 유불선을 합일한 것이다. 천도가 유불선에서 유래
된 것이 아니고, 유불선이 천도의 일부분이 되는 것이다.[2]

최제우는 도통道通을 최시형에게 넘기면서 한 편의 유시를 전

하였다.

> 등불이 물위에 밝아 빈틈이 없도다
> 고목은 말라 죽음으로써 힘이 넘치니
> 나는 이제 천명을 받으리
> 너는 높이 날고 멀리 뛰어라.[3]

동학은 최제우의 순교 이후 지하로 잠복하면서도 꾸준히 교세가 증가하였다. 경주를 비롯하여 삼남 지방에 널리 퍼졌다. 정부의 선전관 정운구가 1863년에 올린 장계에서 그 실상을 어느 정도 파악할 수 있다.

> 조령鳥嶺으로부터 경주에 이르기까지 4백여 리에 걸쳐 주와 군이 모두 십 수 개 처인데 동학에 관한 얘기를 듣지 않은 날이 하루도 없으며 경주를 둘러싼 이웃 마을에서는 그에 대한 얘기가 더욱 심하여 주막의 아낙으로부터 산골의 초동에 이르기까지 그 주문을 외지 않는 자가 없었다.[4]

당시 동학 교도의 수는 몇 가지 기록으로 추론할 수 있다. "무라야마 지순村山智順은 동학혁명 당시 전투에 참가한 연인원이 85개 전투에 300만 명이었다고 기록하고 있고, 신숙申肅은 자기가 입도할 당시인 1903년에 신도의 수가 무려 100만 이상이었다고 기록하고 있다. 김득황은 1911년에 신도의 수가 300만이라고 기록하고 있으며, 클라크Charles A. Clark 목사도 자신이 평양에서 목회하던 1920년대에 천도교 측이 자신의 교도들이 300~400만은 될 것이라고 말하는 것을 들었고, 당시 『서울 프레스Seoul Press』는 신도의 수를 200만으로 보도한 것을 본 적이 있으나 자기가 보기로는 가장 많았던 시기가 아마 100만 정도 였으리라고 기록하고 있다."[5]

'포·접제'로 조직유지, 김구는 '팔봉접주'

동학은 최제우가 창도할 때부터 접제接制를 조직의 근간으로 삼았다. 그리고 접주接主를 임명하여 조직을 유지하였다. 김구는 팔봉산 아래 산다고 하여 '팔봉접주'에 임명되었다.

대신사가 1861년 6월부터 포교하자 전도인傳道人과 수도인受道人의 인맥에 의한 연원조직이 자연스럽게 생겨났다. 여러 군현에 여러 개의 연원이 형성되어 활동하였다. 같은 계통의 연원에 속하는 도인들은 대소사가 생기면 서로 도와주기도 하고 수도와 교리에 대한 의견을 나누기도 했다.

시간이 지나면서 위계질서도 이루어졌고 대표자도 나타나게 되었다. 언제부터인가 이 연원 집단을 접接이라 호칭하게 됐고 대표자의 성을 따서 아무개 접이라 부르게 되었다. 접이라는 호칭은 이처럼 자연발생적으로 생겨났다. 이는 연원의 접중接中 또는 접내接內라는 말에서 비롯된 것 같다.[6]

접주제는 최제우가 동학을 창도할 때부터 시행되었다. 1863년 2월 17일 흥해 매곡동 손봉조의 집에서 최초로 접주를 임명했다고 한다. "16명의 접주가 임명된 것으로 전해지나 실지로 임명된 수는 이보다 많았을 것으로 추정된다. 그리고 대신사 수운이 체포된 1863년 12월 초순까지 접주임명은 계속됐다고 본다."[7]

원래 접接이란 '글방 학생들이나 유생들이 모여 이룬 동아리, 등짐장수들의 동아리'라 한다. 이런 식으로 풀이하면 '동학의 접도, 동학도의 동아리'라는 뜻이 된다. 그러나 동학의 접은 서당의 접과 보부상의 접과는 그 기능이 다르다. 우선 신앙공동체로서의 접이며, 동학의 신념을 사회화 시키는 단위 조직의 기능을 갖고 있다.

그리고 '접장接長'이라 하지 않고 '접주接主'라 한 것은 특별한 이유가 있다. 유생이나 서당, 그리고 보부상의 접장과 혼동하지 않도록 하기 위한 점도 있으나 어른이라는 뜻을 강조하기 위해 접주라 한 것이다. '주主'란 어른을 뜻하며 접주란 '접중의 어른'이란 말이다.[8]

동학이 빠른 시기에 혹독한 탄압을 받으면서도 민중 속에 깊숙이 뿌리를 내릴 수 있었던 것은 신앙적인 측면과 더불어 포접을 근간으로 하는 기간 조직이 있었기에 가능했다. 동학의 접은 시기에 따라 차이가 있었다. "여러 기록들을 비교해 보면 대신사 당시의 초기 접은 30호 내지 50호였고, 동학혁명이 일어난 1894년에는 70호 내외로 늘어난 것으로 보인다. 따라서 이때의 접 규모는 50호 내지 70호로 보면 무리가 없을 것 같다. 한 접의 호수가 일단 100호를 넘으면 두 접으로 독립되므로 100호 이상의 접은 있을 수가 없다."[9]

동학에 대한 정부의 탄압이 가중될수록 교세는 날로 증가되었다. 교세가 확장되면서 종교적인 '개인구원'에서 차츰 '사회 정의 구현'이라는 사회성으로 진보하였다. 다시 김구의 증언을 들어보자.

선생에게 하직 인사를 드리고 난 뒤 우리는 속리산을 구경하고 귀로에 접어들었다. 돌아오는 도중 곳곳에서 흰옷을 입고 칼 찬 동학당을 만났다. 광혜원 장場에 도착하니 수만의 동학군이 진영을 차리고 행인들을 검사하였는데, 그곳에서 볼 만한 것은 양반으로 평소 동학당을 학대하던 자들을 잡아와서 길가에서 짚신을 삼게 하는 것이었다.

동학군은 우리 일행의 증명서를 보고는 무사히 통과시켰다. 부근의 촌락에서는 밥을 짐으로 지어서 도소都所로 보내는데 그 수를 헤아릴 수 없을 정도로 많았다. 한편 동학당이 몰려와 집회하는 것을 보고 놀라 논에서 벼를 베던 농군들이 낫을 버리고 도망가는 것도 보았다. 경성을 지나는데 벌써 경군京軍이 삼남지방을 향하여 행군하는 것도 보았다.[10]

동학의 교세는 강원·충청·경기지역으로까지 확산되었다. 1862년 말경 동학의 지역 책임자는 다음과 같다.

경주: 이내겸·백사길·강원보

영덕: 오명철

영해: 박하선

청하: 이민순

연일: 김이서

안동: 이무중

단양: 민사엽

영양: 황재민

신령: 하치욱

고성: 성한서

울산: 서군효

장기: 최희중

대구: 청도·경기 : 김주서.[11]

동학의 조직은 접의 규모가 커지면서 포제包制가 실시되었다. 1882년을 전후하여 등장한 포제는 접주가 늘어나면서 보다 큰 조직 체계의 필요성에서 대접주가 나타나고 대접주가 관리하는 접들을 통틀어 포라고 불렀다.

포제는 아마 교세가 급성장하는 1882년에 나타난 것이라고 생각된다. 처음에는 접주의 주관 아래 은밀하게 잠행적으로 포교되었던 만큼 포주의 수효도 많지 않았고 접주 중심으로 운영되어 왔는데, 교세가 약진하자 같은 지역에 여러 명의 접주가 생기게 되었고 같은 지역의 교인이 때로는 복수의 접주에 속함으로써 야기되는 접주 상호간의 분쟁을 방지하고 보다 정연하고 체계적인 조직을 위하여 포라고 하는 지연적 유대가 등장하였던 것이다.

접주가 포주를 겸하는 경우도 있었지만 시대가 내려올수록 같은 지역 내에 여러 명의 접주가 있게 되어 그 중에서 가장 세력이 큰 자가 대접주가 되어 포주를 겸하였으며, 포주 아래 다수의 접주가 있게 되었다.[12]

동학의 포접제는 신앙과 함께 끈끈한 인맥으로 이어지고 사회개혁 정신은 얼마 후 동학농민혁명의 토대가 되었다.

교조신원운동에 지도력 발휘

최시형은 1890년과 1891년 동학의 근간조직을 확고히 하는 한편 교세를 더욱 확장하기 위하여 손병희를 비롯하여 그의 동생 손병흠 등 제자들과 함께 충청도 충주·공주와 강원도·양구·간성·인제, 다시 충청도 태인, 전라도 부안·전주 등 3도를 순방하면서 교도들의 사기를 진작시켰다. 가는 곳마다 교인들은 물론 일반 백성들이 찾아와 입도함으로써 교세가 크게 신장되었다.

이 무렵 손병희는 동생 병흠 그리고 동학 지도자 이종훈과

생가에 세워진 사당과 손병희 동상

함께 포교를 위해 평안도 강계·후창·위원·자성 등 압록강 일
대와 함경도 장진에 이어 원산 등지를 순방하면서 포교하였다.
여비를 마련하고자 손병희의 안경을 팔아 그 돈으로 담뱃대를
사서 상당한 이문을 남겨 노자에 쓸 만큼 이재理財에도 재주를
보였다.

　남는 돈으로 스승의 옷을 사다 드릴 때는 칭찬을 들을 것으로
기대했다가 "공부와 포교보다 돈을 버는 데 더 열중한 것이 아
니냐."는 꾸지람을 들어야 했다. 손병희는 이를 계기로 더욱 마
음을 가다듬고 수도에 정진하였다.

　동학은 최시형을 중심으로 손병희·서인주·서병학·손천민 등
이 지도부를 형성하여 이끌었다. 손병희는 그동안 의기와 덕
행, 솔선수범과 진지한 수행으로 교인들 사이에 신망이 높았고
따르는 사람도 많았다. 따라서 최시형의 신뢰는 갈수록 두터워
졌다.

최시형과 교도들의 숙원은 억울하게 죽은 교조의 신원伸寃이었다. 정부가 갖다 붙인 혹세무민과 사도난정의 죄목은 결코 수용할 수 없었다. 교조의 신원을 하지 않고는 동학도로서의 책무를 다할 수 없다는 것이 믿음의 근원이 되었다.

교도 이필제가 1871년 3월 10일 교조 순교일을 택해 경상도 영해에서 교조의 신원 등을 요구하면서 무장봉기를 감행하였다. 이필제는 동학교도 500여 명을 동원하여 영해부를 야습하며 군기고의 병기를 접수한 뒤 부사 이정을 문죄, 처단하였다. 인근 고을 수령들은 영해 봉기에 겁을 먹고 도망치고, 이필제는 이해 8월 다시 문경 봉기를 주도하다가 체포되었다. 김의환 교수는 자신의 논문에서 이필제가 최시형과 만나 영해봉기를 계획하고 동학교도를 동원한 것으로 기술하였다.[13] '이필제의 난'은 최초의 교조신원운동이고 아울러 동학의 무장봉기에 속한다.

'이필제의 난'으로 정부의 동학탄압이 더욱 심해져 최시형은 다시 쫓기는 신세가 되었다. 교도들 사이에는 '교조신원'에 대해 더욱 크게 공감대가 형성되고 있었다.

1892년 7월 동학의 리더급이던 서인주·서병학이 상주 공성면 왕실旺實에 머물던 최시형을 찾아와 교조신원의 시급성을 주장하였다. 최시형은 선사의 해원이 무엇보다 더 간절한 소원이지만 "아직은 때가 아니다. 일이 순조롭게 되기 어렵다."라고 이들을 설득하였다.

해월도 그 방법밖에 없다는 것을 잘 알고 있었다. 그러나 추수기를 앞두고 일을 벌이는 것은 농사를 망치는 일이 되므로 가을에 가서 기회를 보자는 뜻에서 시기가 아니라고 했던 것이다. "일이 순조롭게 되기 어렵다"는 말은 이런 뜻이다. 해월은 10월 중순께 지도자급을 불러서 교조신원운동을 협의하였다. 1차는 공주에서 충청감사를 상대로 하고 2차는 삼례에서 전라감사를 상대하기로 하였다.

우선 청주 솔뫼松山 손천민 접주 집에 도소都所를 설치하고 준비에 들어갔다. 당시 도차주 강시원과 손병희·김연국·손천민·임규호·서인주·서병학·황하일·조재벽·장세원 등이 해월을 도와 활동하였다.[14]

최시형은 「교조신원입의문教祖伸寃立義文」을 지어 접·포를 통해 각지의 도인들에게 보내었다.

우리 스승의 조난遭難이 이제 30년에 이른지라. 그 문도된 자들은 마땅히 성력誠力을 다함으로써 빨리 신설伸雪할 방법을 도모할 것이어늘 다만 구경만 하고 두려워하기만 하며 서로 거짓말만 하여 오로지 스승을 높이고 도를 모시는 의義에 어두워 망녕되게 조화造化가 장차 이를 것만 믿으니 진실로 슬픈 일이로다.[15]

교조신원운동은 동학이 종교에서 사회변혁운동으로 전환되

는 계기가 되었다. 서인주·서병학 등이 충청관찰사 조병식과 전라관찰사 이경직에게 '입의문'을 보내는 한편 도인들에게 격문을 통해 11월 11일 삼례역에 모일 것을 공시하였다.

이 운동이 굳이 1892년이었다는 것은 흥미 있는 일이다. 이에 대해서는 두 가지의 가능성을 생각할 수 있는데, 첫째는 이 무렵 포교의 자유가 완전히 허락된 가톨릭과 개신교의 종교 활동에서 영향을 받은 것이라고 볼 수 있고, 다른 하나는 바로 이 임진년(1892)이 『정감록』에서 서남쪽湖西으로부터 대변혁이 있으리라고 예언한 해였다는 점을 들 수 있다.[16]

삼례집회 이어 궁궐 앞 복합상소

손병희는 삼례집회의 성공을 위해 동분서주했다. 교조의 신원을 통해 동학의 합법성을 쟁취하고, 만인평등 시천주의 세상을 만들고자 함이었다. 수천 명 또는 1만여 명이 모였다는 삼례집회는 동학 최초의 대규모 군중집회였다.

삼례집회는 손천민을 상소대표자로 삼아 충청도 관찰사 조병식과 전라도 관찰사 이경직에게 두 가지를 청원하였다. 하나는 유교는 공자의 유학이 아닌 종교로 인정하고, 탄압이 심하던 천주교, 야소교(예수교)도 인정하면서 동학만 배격탄압하는가에 대한 내용, 둘째는 서리와 군졸들이 선량한 교도들을 탄압·살상하는 비인도성을 규탄하는 내용이었다. 그리고 교조의 신원과 교단의 자유를 요구하였다.

삼례집회는 정부가 '교조신원'을 받아들이지 않고 일부 선비·유생들이 '이단'으로 몰아치는 상소가 잇따랐지만, 동학 자체로서는 큰 성과를 거둔 행사가 되었다.

단순한 신원이라는 측면에서만 본다면 삼례의 모임은 아무런 결실을 얻지 못했다고 볼 수도 있다. 그러나 이것은 그 성패에 관계없이 중요한 하나의 의미를 갖는다. 그것은 다름이 아니라 이를 계기로 하여 동학운동 사상 최초의 '정치 집회'를 가능케 했다는 사실이다. 종교는 대중의 정치집단화에 중요한 역할을 하는 경우가 흔히 있는데 삼례의 신원운동은 동학의 그와 같은 정치집단화 과정의 서막에 해당된다는 점에서 중요한 의미를 갖는다.[17]

동학 내부에는 낡은 봉건체제를 타파하고 후천개벽을 이루기 위해서는 다중을 동원해서라도 창도정신을 실천해야 한다는 급진파와 평화적인 방법을 통해 먼저 교조신원을 관철하고 합법적인 신앙생활부터 보장받아야 한다는 비폭력 온건파로 갈렸다.

전자는 서인주·서병학의 계열이고 후자는 최시형을 비롯하여 김연국·손천민 등이다. 손병희는 교단의 지도부를 형성하는 최시형의 지침에 따라, 우선 교단의 전통을 보전하면서 힘을 길러 때를 기다려야 한다는 입장이었다. 그런데 삼례의 성공적인 집회와 여전히 동학을 무시한 채 이단시하는 정부의 태도에서 점차 생각이 바뀌었다.

동학 지도부는 1883년 3월 서울 광화문에서 대규모적인 집회를 통해 교조신원을 직접 정부에 건의하는 복합상소를 하기로 결정하였다. 정부가 이 무렵 왕세자 탄신일을 맞아 별시別試를 치르도록 하여 전국에서 많은 선비들이 상경할 것에 착안한 것이다. 손병희도 과거를 보러가는 선비처럼 차림하고 서울로 왔다.

상경한 동학교도 수천 명은 서울(한성) 인근에 머물고 지도부 50여 명이 3월 28일 오전부터 광화문 차가운 길바닥에 엎드려 상소문을 임금에게 올리기로 했다. 최시형은 건강이 좋지 않아 참석하지 못하였다. 서울의 3월 하순은 그때나 지금이나 추운 계절이다. 상소문 요지는 다음과 같다.

오도吾道는 동에서 받아 동에서 펴는지라. 어찌 가히 서로써 이름 하리오. 하니 이가 동학으로써 득명得名한 바요 신등臣等이 종사한 바니 두렵건대 동학을 가리켜 서학으로써 공격하지 말고, 동포를 몰아 이단으로 배격하지 않는 것이 가하거늘 도신수재道臣守宰는 민초 보기를 초개와 같이 하고 향간토호는 도인 대하기를 화천貨泉과 같이 하여… 이 도는… 과시果是 만세에 무폐無弊하고 천하에 무극无極의 잘못에 범함이니 엎드려 바라건대 천지 부모는 화육중化育中 적자赤子를 극휼亟恤하여 써 선사先師의 지원至冤을 풀게 하며 신등 사명死命을 건져 주소서.[18]

손병희와 박광호·순천민·박인호 등이 대표가 되어 올린 상소는 지극히 온건한 내용이고 방법도 관행처럼 돼 있는 복합상소인데도 조정은 여전히 이단시하고 배척하였다. 3일째 되는 날 오후에 왕실의 관리가 나타나 고종의 전교를 전했다. "너희들은 집으로 돌아가 그 업에 임하라. 그러면 소원에 따라 베풀어주리라."라는 말 한마디뿐이었다.

교도들이 이를 믿고 해산하자 조정은 약속과는 달리 동학을 더욱 거세게 탄압했다. 상경했던 교도들은 귀가할 수가 없었다. 관헌들이 체포하려고 대기하고 있었기 때문이다.

보은집회 '척왜척양' 기치 들어

비교적 온건한 입장이었던 손병희도 정부의 이같은 처사에 더 이상 참기 어려웠다. 최시형도 분개하기는 마찬가지였다. 다시 새로운 집회가 준비되었다. 1893년 4월 25일 충청북도 옥천 창성면 거포리에 있는 김연국의 집에서 수운 순도기념 제례를 지내면서 거사를 준비하기로 하였다.

최시형을 비롯하여 손병희·김연국·이관영·권재조·권병덕·임정훈·이원필·조재벽 등 청주·보은·옥천 지역에 사는 간부들이 모였다. 이 자리에서는 동학의 역사에서 대단히 중요한 결정이 이루어졌다. '척왜양창의斥倭洋倡義' 즉 '왜놈과 양놈을 물리치는 것이 정의'라는 명제가 채택되었다.[19] 그리고 보은에 8도

의 도인을 모아 서울에서 이루지 못한 교조신원운동을 재개하
기로 하고, 여기서 결정한 「통유문」을 각지에 보내어 보은 장내
리로 모이도록 하였다.

통유문

대저 우리 도는 음양으로써 곧 하늘의 체로 하고, 인의로
써 곧 사람답게 하며, 천인 합덕으로 자연스럽게 되어지게 하
는 것이다. 그러므로 자식된 자로서 힘써 어버이를 섬겨야 하
고, 신하로서 목숨을 다해 임금을 섬겨야 하니 이것이 사람으
로서 지켜야 할 큰 도리인 것이다. 우리나라가 단군·기자에서
오늘에 이르기까지 예의를 숭상하며 익혀왔음은 천하가 알
고 있다. 그런데 근자에 이르면서 안으로는 덕을 닦아 바르게
다스리는 정사가 미거하고 밖으로는 침략세력이 더욱 떨치게
되었다.

관리들은 더욱 빗나가 포악 방자해져서 멋대로 위협하여
굴종시키고, 힘센 호족들도 서로 다투어 토색해 거두어들이
니 기강이 문란해졌다. 학문에서도 경망스럽게 지리멸렬하여
제각기 문호를 세우고 있다. 백성들의 형편은 움츠리고 움츠
려들어 버틸 여력이 없다. 벗겨내 없애는 그 재앙과 거듭되는
화가 조석으로 닥치니 평안할 수가 없다. 참으로 뜻이 있는
이라면 가슴을 치며 탄식할 일이다.

우리 모두 사문의 화에서 살아남았으나 아! 스승님의 억울
함을 풀지 못한 채 그때가 오기를 기다릴 뿐이다. 우리 성상

께서는 자애롭게 각기 생업에 충실하면 큰 혜택을 베풀어 소원을 들어주려 했으나 어찌하여 지방 관속들은 임금님의 홍은을 입은 생각은 않고 여러 모로 침탈함이 전보다 더 해 간다. 우리 모두는 망해버릴 것이니 설사 편안히 살려 하여도 어찌 할 수 있으랴.

생각다 못해 다시 큰 소리로 원통한 일을 진정하고자 이제 포유하니 각 포 도인들은 기한에 맞추어 일제히 모이라. 하나는 도를 지키고 스승님을 받들자는 데 있으며, 하나는 나라를 바로도와 백성을 평안하게 하는 계책을 마련하자는 데 있다.[20]

서울의 교조신원이 정부의 속임수로 무위에 그치고, 상경했던 도인들은 귀가하지도 못한 데다 관헌들의 토색질이 더욱 심해진 상태에서 1893년 3월 중순 동학교인 2만여 명이 보은에 집결하였다.

'척왜양창의'라고 쓴 깃발을 날리면서 동학교인들은 보름 동안 농성을 유지하였다.

동학교도들은 척왜·척양이라는 큰 기를 세우고 다시 각 접을 표시하는 충의·선의·청의·경의·홍경·무경·상공 등등의 중기中旗와 함께 오색소기를 다섯 곳에 끼어서 세우며 기세를 돋구고, 밤이 되면 장내의 근처 집집에 분산하여 기숙시키는데, 숙식비에 대한 계산도 분명하게 하는 등 민폐도 조심하

였다.[21]

   손병희는 이 집회를 통해 확실한 리더십을 보여주었다. 2만
여 명에 달하는 교인(군중)들을 질서정연하게 관리하고 척왜
척양의 역사의식을 동학정신으로 접목하는 데도 큰 역할을 하
였다.

   보은에서 대규모적인 동학교인들의 집회에 놀란 정부는 보은
군수를 현지에 보내 교인들을 타일러 해산토록 종용했으나, 오
히려 교조신원과 척왜척양, 보국안민의 주장이 무엇이 잘못되
었느냐는 거센 항의를 받고 물러났다. 정부는 병력을 동원하여
강제해산하는 것과 청국에 병력을 요청하는 방안을 모색하다가
어윤중을 선무사로 보내어 동학지도부와 타협케 하였다. 동원
할 병력이 모자랐고, 청국이 파병요청을 거부하였기 때문이다.

   타협의 결과 농사철이어서 교인들은 각자 고향으로 돌아가
고, 탐관오리의 대표급으로 동학 측에서 지목한 감사 조병식과
영장 윤영기 등이 처벌되었다. 보은 집회는 당초의 목적에는 이
르지 못했으나 동학이 중앙정부를 상대로 하여 협상할 만큼 종
교적인 결집력과 정치적인 영향력을 갖기에 이르렀다. 이와 같
은 성과는 곧 동학농민혁명의 마그마로 작동하였다.

4장

동학,
농민혁명으로
불타올라

동학의 혁명정신 '후천개벽'

동학은 창도정신에서 이미 사회개혁 → 혁명성을 담고 있었다. 최수운은 "도道는 비록 천도天道이나 학學은 곧 동학東學이다."라고 말하였다. 여기서 동東은 넓은 의미로는 동양, 좁은 의미로는 동국 즉 한국을 뜻한다. 동학은 서학이 아닌 한국 사상을 말하고, 내세운 목표가 '보국안민'의 민족·민중주체 의식으로 '포덕천하布德天下'·'광제창생廣濟蒼生' 그리고 '척외척양'과 '후천개벽後天開闢'을 제시하였다.

선천先天이 기존체제라면 후천後天은 새로운 사회를 의미하며 개벽開闢은 '새로운 시대'가 열리는 것을 말한다. 최제우는 정신과 물질 현상이 근본적으로 혁신되어 새 세상이 된다는 뜻으로 '개벽운수開闢運數'를 제시하였다. 또한 천도교에서는 기미년 3·1혁명 후 『개벽』이란 제호의 종합지를 창간하여 72호까지 내다가 일제에 의해 강제 폐간된 바 있다.

동학사상을 비롯 한말의 각종 민족종교에는 '후천개벽'이 큰 자리를 차지했다. 동학의 창시자 수운 최제우, 「정역」의 창시자 일부 김환, 「증산교」의 창시자 증산 강일순, 「원불교」의 창시자 소태산 박중빈 등 신흥 민족종교의 공통적인 키워드는 우연인지 섭리인지 공교롭게도 후천개벽사상이었다.

후천은 선천先天의 대칭개념으로 풀이되었다. 인지가 열리지 못하고 모순과 불합리와 상극이 지배하던 어두운 시대와 세상이 선천이라면, 인지가 열리고 통일과 합리와 상생이 지배하는 밝고 새로운 시대와 세상이 후천이다. 민족종교에서는 선천과 후천의 교역交易에 따라 선천의 시대가 막을 내리고 후천의 신천지가 열리는 것을 후천개벽이라 한다.

19세기 말에서 20세기 초 한국은 외세의 침범과 정치의 부패, 사회지도층의 타락과 국교인 유학의 쇠락으로 나라가 위기로 치닫고 있었다. 여기에 서양의 종교인 천주교가 들어오면서 한국사회의 가치관은 근저에서부터 크게 흔들렸다. 이에 따라 당연히 말세론, 미륵불출현설, 각종 예언과 도참설이 나돌았다. 정감록과 민간신앙의 말세구원론과 메시아 신앙이 불안한 백성의 마음을 파고들었다. 이러한 결과는 홍경래 난, 삼남민란, 동학농민혁명 등으로 폭발되기도 하고, 신흥종교 창시자들의 후천개벽사상으로 나타나기도 하였다.

수운은 득도 과정에서 당시 제기된 모든 현실 문제를 일거에 해결할 수 있는 방법을 무한한 권능을 가진 하눌님으로부터 제시 받았다고 한다. 수운이 접했다고 하는 초월적 존재의 명칭인

상제는 '상제님', '상예님', '하눌님', '하날님' 등으로 표기되어 있다.

천도교에서는 시천주의 개념을 "시천주의 시侍 자는 즉 하늘을 깨닫는다는 뜻이고, 천주의 주主 자는 내 마음의 주인이라는 뜻이다. 내 마음을 깨달으면 내 마음이고, 천지도 내 마음이고, 삼라만상도 모두 내 마음의 한 물건이다."「대종정의」에서 정리하였다.

신흥민족종교들이 경쟁적으로 종지宗旨로 내세우는 후천개벽에서 '개벽'의 의미는 무엇인가. 후천개벽은 선·후천교역에 의한 후천세계의 도래를 의미한다. '개벽'의 개념에는 '교역交易'이라는 개념 이상의 의미가 내포된다. 즉 선·후천의 교역이 우주천도의 운행에 의하여 자연적이고 필연적으로 도래하는 운도적運度的인 개념이라면 개벽은 능동적이고 인간의 지적인 의미를 내포한다. 즉 선천개벽이 우주와 천지의 창조를 의미하는 것임에 비하여 후천개벽은 기존세계의 대중화와 혁신의 의미를 포함한다.

수운이 그리는 세계상은 천당이나 극락 또는 그밖의 신천지에 대한 동경이 없이 지상의 선경仙境을 염원한다. 그의 후천사상 또는 이상론은 현세적으로 도교적 선경의 이념에 바탕하여 국토·자연을 중심으로 추구되었다. 수운의 후천개벽사상은 동학으로 집대성되고, 동학사상은 전봉준·손병희 등이 주도하는 농민혁명의 이념적·사상적 지표가 되었다.[1]

전봉준, 마른풀에 혁명의 불씨 지펴

마른 풀이 쌓이면 작은 불씨에도 쉽게 불길이 솟는다. 당시 조선에서 사회변혁의 토양은 무르익었고, 주체가 될 만한 조직은 동학뿐이었다. 전국 각지에서 민란이 일어났으나 단발성으로 그친 것은 뚜렷한 이념과 조직이 없었기 때문이다. 그때마다 농민들은 혹독한 보복을 당하고 일회용으로 끝나고 말았다. 하지만 이웃 농민들의 의식을 일깨우고 저항심을 불러일으키는 데는 일정한 역할을 하였다. 동학농민혁명이 발발할 정치사회적 조건이 무르익었다.

당시 조선사회가 얼마나 부패타락하고 가렴주구에 시달렸는지는 강진 유배지에서 정약용이 지은 「애절양哀絶陽」에서 잘 드러난다.

갈밭마을 젊은 여인 울음도 서러워라
현문을 향해 통곡하고 하늘보고 울부짖네
군인 나간 남편 돌아오지 못함 혹 있으나
예부터 남절양男絶陽은 들어보지 못했네.

시아버님 삼년상은 끝난 지 오래고
갓난아이는 배냇물도 아니 가셨는데
3대의 이름이 군적에 실리다니.

누에치던 방에서 불알 까던 형벌도 지나친 일이고
민閩 땅 자식 거세함도 애달픈 일이거든
자식 낳고 낳는 건 자연의 이치거니
아들 낳고 딸 낳는건 사람 사는 도릴세라.

말·돼지 거세함도 가엾다 이르는데
하물며 뒤를 잇는 사람에 있어서랴
내 달려가 호소하재도
관가의 문지기 호랑이 같더라
이정里正 놈의 호통소리에
외양간 단벌 소만 끌려가누나.

그는 문득 식칼 갈아 방안으로 뛰어드니
시뻘건 피가 방안에 가득
어즈버 이 환난은 아이 낳은 죄로고
한알 쌀, 한치 베도 바치는 일 없다네.

다같이 나라의 백성이어나
어찌 이다지도 고르지 못하단 말인가
객창에 우두커니 서서 시구편鳲鳩篇을 내내 읊어보노라.

마침내 1894년 2월 10일, 전라도 정읍 땅 고부에서 전봉준이
김도삼·정익서·최경선 등과 함께 봉기하였다. 지역농민 수천

묘역에서 보는 전봉준의 초상

명이 고부관아를 습격하고 불법으로 수탈한 수세미水稅米를 되찾아 농민에게 돌려주었다. 고부군수 조병갑은 도망쳐서 체포하지 못하였다.

이날의 봉기는 한국역사상 초유의 농민(동학)혁명의 단초가 되고, 조선과 동아시아 질서에 엄청난 변혁을 불러일으킨 태풍의 눈이 되었다. 전봉준은 4월 26일 김기범·손화중·최경선 등 동학접주들과 함께 무장의 당산마을 앞 들판에서 봉기하면서 이번 거사는 탐관오리의 숙청과 보국안민에 있음을 천명하고 「창의문」을 발표하였다. 고부관아를 점거하고 스스로 해산한 지 80일 만의 일이다.

전봉준과 손화중·김개남의 연명으로 발표한 「창의문」 뒷부분이다.

공경부터 방백수령까지 모두 국가의 위태로움은 생각지 아니하고 한갓 자신을 살찌우는 것과 가문을 빛내는 데에만 급급하여 사람 선발하는 문을 돈벌이로 볼 뿐이며, 응시의 장소를 물건을 사고파는 시장으로 만들었다. 허다한 돈과 뇌물은 국고로 들어가지 않고 도리어 개인의 배만 채우고 있다. 국가는 누적된 빚이 있으나 갚을 생각은 아니하고 교만과 사치와 음란과 더러운 일만을 거리낌 없이 자행하니 8도는 어육이 되고 만민은 도탄에 빠졌다.

수재守宰의 탐학에 백성이 어찌 곤궁치 아니하랴. 백성은 나라의 근본이라. 근본이 쇠잔하면 나라도 망하는 것이다. 보국안민의 방책은 생각하지 아니하고 밖으로는 향제鄕第를 설치하여 오로지 제 몸만을 위하고 부질없이 국록만을 도적질하는 것이 어찌 옳은 일이라 하겠는가.

우리는 비록 초야의 유민이지만 임금의 토지를 부쳐먹고 임금의 옷을 입고 사니 어찌 국가의 존망을 앉아서 보기만 하겠는가. 8도가 마음을 합하고 수많은 백성이 뜻을 모아 이제 의로운 깃발을 들어 보국안민으로써 사생의 맹세를 하노니,

금일의 광경은 비록 놀랄 만한 일이기는 하나 경동하지 말고
각자 그 생업에 편안히 하여 함께 태평세월을 빌고 임금의 덕
화를 누리게 되면 천만다행이겠노라.[2]

전봉준은 '동학접주'였다

전봉준의 '농민혁명'을 두고 한때 학계에서는 그가 동학도인
지, 아닌지에 관해 논쟁이 있었다. 지금은 동학도임은 물론 중
견간부급인 접주였다는 것으로 집약되고 있다.

전봉준이 동학에 접하게 된 과정에는 몇 가지 설이 제기되고
있다. 이돈화는 『천도교창건사』(1933)에서 전봉준이 30세 되던
1884년에 동학에 입도했다고 썼다. 오지영은 『동학사』(1940)에
서 1888년에 손화중을 만나 동학에 참여하게 되었다고 기술하
였다. 『천도교백년약사』에는 이돈화의 주장인 1884년 설을 그
대로 인정하였다. 언론인이자 역사학자인 장도빈은 『갑오동학
란과 전봉준』(1926)에서 1874년경에 동학에 입도했다고 기술하
고 있다. 김상기 교수는 『동학과 동학란』(1947)에서 1890년의
입도설을 주장하면서 서장옥의 부하인 황해일의 소개로 동학에
입도했다고 쓰고 있다. 사학자 김의환 교수는 저서 『전봉준전
기』(1974)에서 전봉준이 1890년에 동학에 입도했다는 김상기의
주장을 그대로 추인하고 있다.[3]

전봉준이 언제부터 동학에 관심을 갖고 동학에 입도하게 되

없는가는, 전봉준이 생애 그리고 동학농민혁명의 본질을 연구하는 데 대단히 중요한 부분이다. 전봉준과 동학혁명을 떼어서는 상상하기 어렵기 때문이다. 명칭에서도 드러나듯이 '동학농민혁명'은 전봉준의 주도로 전개된 한국사 초유의 대규모 농민혁명이었다.

일본 측 자료에서도 전봉준이 동학에 입도하게 된 시기와 과정이 기록되고 있다. 1895년 피체되어 일본 취조관의 질문에 답한 전봉준은 "보국안민의 생각을 지니고 있었는데 1892년 김치도에 의해 동학문건을 건네받고 '정심正心'이라는 내용에 감동해서 입교했다"고 밝히면서 "동학에 입교한 주목적이 종교적 입장보다는 탐관오리를 축출하고 보국안민의 대업을 이루려는 구상을 실현하기 위해 '협동일치'와 '결당結黨'의 유용성 때문"임을 주장하였다.[4] 그에게 입교를 권유한 김치도는 정읍시 정우면 수금리 좌두 출생으로 갑오년 활동에 대해서는 그다지 알려진 바가 없다. 다만 그가 갑오농민전쟁 때 목숨을 건져 1899년 기해 정읍농민봉기(속칭 명학당사건) 당시 다시 봉기를 일으켰다가 고부에서 피체되었다는 기록과 1909년 항일의병으로 활동하다 피체되어 3년 옥고를 치렀다는 사실만 확인할 수 있다.

일본 『도쿄 아사히신문』은 전봉준이 체포되었을 때 옥중에서 취재를 하고 일본관헌의 취조기록을 보도하였다.

문   동학에 언제부터 관계했는가?
답   3년 전부터.

문 어떠한 것에 감동해서?

답 '보국안민'이라는 동학당의 주의에 감동하고 있던 바,
동학인 김치도라는 자가 나에게 동학의 문건을 보여준
적이 있다. 그중에 '경천수심敬天修心'이라는 문장이 있
는데, '대체정심'이라고 하는 것에 감동해서 입당했다.

문 '정심한다'는 것은 동학당에 한한 것이 아니다. 무엇인
가 달리 너의 입당을 재촉한 이유가 없는가?

답 단지 마음을 바로 한다는 것뿐이라면 물론 동학당에
들어갈 필요가 없지만, 동학당의 소위 '경천수심'이라
는 주의에서 생각할 때는 정심 외에 '협동일치'의 뜻
을 포함하고 있기 때문에 결당하는 것의 중요함을 본
다. 마음을 바로한 자의 일치는 간악한 관리를 없애고
보국안민의 업을 이룰 수 있기 때문이라고 생각한 탓
이다.[5]

동학 연구가 이이화 씨는 전봉준은 동학교도이고 접주였음을
분명히 한다.

어쨌든 전봉준은 동학에 입도하였고 동학의 접장이 되었던
것이다. 이 접장의 명칭을 두고 "그들이 서로 상대를 높이 불
러 접장이라 하고, 상대에 대해 자기를 낮춰 부르기를 하접下
接이라 한다"(황현의 『오하기문』)이 접장은 훈장 밑에서 연장자가
대신 글을 가르치는 자를 부르기도 하여 훈장의 별칭이 되기도 했

다. 또 보부상의 최소단위로 3~4명을 거느릴 두목을 이렇게 불렀다. 이것을 두고 전봉준이 동학에 입도하지 않았다는 논란을 벌인 적도 있다)고 하였다.

그러므로 전봉준이 동학에 입도하기는 했으나, 처음에는 접주나 실무책임자가 되지는 않았던 것이다. 다만 복접의 강경파 계열을 들어 그의 꿈을 실현하는 수단으로 접장 대접을 받던 것이요, 또 앞으로 동학조직을 이용하려는 첫 단계로 여기에 발을 내디딘 것이다.[6]

동학농민혁명의 전개과정을 살펴볼 때 전봉준과 동학은 떼려야 뗄 수 없는 관계가 되었다. 또한 전봉준의 의식과 사상체계도 동학에 영향 받은 흔적이 적지 않다. 동학농민혁명사에서 동학사상이 대본이라면 감독은 전봉준이고 농민들은 주연 또는 조연이 되어 장엄한 역사드라마가 공연되었다.

학계 일각에서는 아직도 논란이 뜨겁지만 전봉준이 동학교도였는가 아닌가는 그리 중요한 것이 아닐 수도 있다. 문제는 그가 어떻게 하여 그토록 역사발전의 혜안을 갖고, 혁명의 비전을 제시하고, 농민을 동원할 수 있었던가에 있다. 전봉준이 동학교도(접주)가 아니었다면 일개 시골 서당의 훈장이 그처럼 수많은 농민을 동원하여 혁명군으로 진군할 수 있었던 동인이 제시되어야 할 것이다.

무엇보다 전봉준과 동시대 인물의 작품이라고 할 수 있는 이돈화의 『천도교창건사』와 오지영의 『동학사』 등이 동학교도 또는 동학접주로 기록하고 있다. 이돈화는 전봉준이 30세 되던 해 동학에 입도했다고 기록했고, 오지영은 34세 때 손화중을 만나 동학에 참여하여 세상일을 한번 해보자고 했다고 기록하였다. 이들 자료가 이차적인 기록에 속한다면 「전봉준공초」에서는 본인이 증언한다.

문 너도 역시 동학을 몹시 좋아하는가?
공 동학은 수심경천지도守心敬天之道이므로 몹시 좋아 했다.

전봉준이 동학접주의 자격을 부여잡고 초기 기의起義 때에는 주로 동학교도들이 중심이 되어 봉기에 나선 점 등을 고려할 때 동학교도(접주)가 아니고서는 기의가 불가능했을 것이다. 전봉준은 신뢰받는 동학교도이었고 이로 인해 접주가 될 수 있었고, 접주의 신분으로 동학교도들을 혁명전선에 동원했다. 종국에는 일반 민중도 이들을 신뢰하면서 혁명군에 가담하였다.[7]

손병희, 동학혁명 참여 물꼬 돌려

어느 조직이나 마찬가지로 세勢가 확대되면 시국관이나 이해관계로 분파가 형성된다. 동학도 다르지 않았다. 동학농민혁명 발발 과정에서 동학교단은 남접과 북접 사이에 시국관을 달리하였다. '남북접설'을 둘러싸고 과연 그 실체가 있었느냐 상반

된 의견이 나온다.

오지영은 『동학사』에서 "남·북접설은 수운 선생 당시에 우연히 생겨난 말이며, 수운 선생이 사는 곳에서 보면 해월 선생이 사는 곳이 북쪽이 되어 북접이라 이름지어 불러왔던 것이다."[8]라고 기술했다. 이에 반해 동학연구가 표영삼은 "결론부터 말하면 동학초기에는 남·북접설이 전혀 없었다. 그리고 동학혁명 때에도 문호를 달리하는 남북접은 존재하지 않았다."[9]라고 주장했다. 일본 측의 기록은 남북접의 실체를 인정하고 있다.

최시형의 제자로 서장옥이라는 자가 있는데 학력과 재주가 모두 출중하다. 그리고 서장옥의 제자로는 전봉준·김해남(金開南의 잘못) 손화중 등이 있다. 이들 제자들은 서장옥의 학력과 언변술이 모두 최시형보다 뛰어났다고 해서 마침내 남접이라 부르게 되었다. 이 때문에 최시형의 제자는 그의 스승을 애써 북접이라 부르도록 했다고 한다. 이로 인해서 동학당에는 남접과 북접의 명칭이 생겼다. 남접은 충청도의 서부와 전라도의 전부를 총괄하고 북접은 충청도의 동북부와 그 이동·이북을 총괄하는 것 같았다.[10]

새삼 동학의 남북접 관계를 거론한 것은, 동학혁명 발발 초기에 최시형과 손병희 등 교단의 중심부에서는 이에 적극 호응하지 않고, 오히려 비판했었다는 사실 때문이다.

북접 교단은 농민전쟁을 원하지 않았다. 그들은 어디까지나

종교적 차원에서 농민봉기를 묶어두려 했다. 그것은 그전의 일련의 집회 기간에도 꾸준히 지켜온 입장이었다. 그나마 대중집회를 개최해도 교단 내 강경파의 압력에 의해 어쩔 수 없이 하는 정도였고, 대외적 명분도 교조신원에만 국한하여 동학을 공식적으로 인정받는 데만 노력했다.

이 점은 동학이라는 종교운동의 특성에서 기인할 수밖에 없는 것이며, 동시에 북접 교단지도부가 대체로 최하 빈농층보다는 부농과 중농의 입장을 반영하는 데서 오는, 어쩔 수 없는 것이었다. 그래서 그들은 정부와의 직접적이고 전면적인 대결보다는 유화적인 국면에서 타협적으로 문제를 해결하려 했다.[11]

남접이 중심이 된 동학혁명은 봉기 10여 일 만에 1만여 명이 동원되고 4월 말 고부 백산에 집결하여 전봉준을 동도대장東徒大將으로 추대하면서 「4대강령」 즉 첫째, 사람을 죽이거나 재물을 손상하지 말 것. 둘째, 충효를 다하여 세상을 구하고 백성을 편안히 할 것. 셋째, 일본 오랑캐를 내쫓아 성도를 밝힐 것. 넷째, 군사를 거느리고 입경하여 권귀權貴를 모두 죽일 것 등을 선포했다.

동학혁명군은 날로 세를 더하여 5월 10일 황토현에서 관군을 패퇴시키고 기세를 몰아 정읍으로 진격하여 관아를 점령한 데 이어 5월 31일에는 호남의 요지 전주성을 점령하였다.

동학혁명군이 호남 일대를 휩쓸고 있을 때까지도 북접 교단은 지원은커녕 관군과 합세하여 동학군을 토벌하려는 움직임을 보였다. 이 무렵 최시형은 「고절문告絶文」을 지어 각 포에 돌렸다.

우리 교는 남북 어느 포를 막론하고 모두 용담에서 연원하였지만 위도존사衛道尊師하는 것은 오직 북접뿐이다. 지금 들으니 호남의 전봉준, 호서의 서장옥은 따로 문호門戶를 세워 남접이라 이름짓고서 창의倡義한다는 핑계로 평민을 침탈하고 교인을 죽게 하는 것이 극도에 이르렀다. 지금 다스리지 않으면 훈유薰猶(향기 나는 풀과 악취 나는 풀)를 분별하지 못하고 옥석玉石이 모두 타버리게 될 것이다.

그러므로 이에 글을 지어 절교를 고하니 8도 각 포에서 우리 북접을 믿는 자는 더욱더 분발하여 성심으로 하나같이 각 포 교령의 검속에 따라 조금도 어긋남이 없이 하고 함께 사문의 난적을 토벌함이 옳을 것이다.[12]

북접 교단은 이와 함께 '벌남기伐南旗' 즉 남쪽 농민군을 토벌하자는 깃발까지 만들어 호남의 농민군을 공격하려하였다. 이 같은 동학 교단 내부의 분열상을 우려하는 여론이 일고, 정부가 청국군을 불러오고 뒤따라 일본군이 들어와 동학군을 학살하면서 정세가 크게 바뀌었다.

동학 중도파 인사들에 의해 뒷날 『동학사』를 쓴 오지영이 '특사'로 위촉되어 삼례에 주둔 중인 전봉준을 만난 데 이어 보은 장내리에 머물고 있는 최시형 등 북접 지도부를 방문하였다. 오지영의 기록이다.

"도로서 난을 일으킴은 물론 잘못된 일입니다. 하나, 일이 이미 그 지경에 이른 이상 그르다고는 할지언정 그것을 무력으로 치는 것도 잘못이 아닐까요? 또 북접에서 치기 전에 관병과 일병과 청병이 이미 치기 시작을 했습니다.

도인과 군대가 서로 싸우게 되면 강약의 부동으로 필경 도인이 패할 공산이 큽니다. 그런데 설상가상으로 북접이 그것을 또 치면 남접은 더 속히 망할 것은 명약관화한 일입니다. 약자로서 강자와 싸우다가 멸망을 자휘하는 남접도인은 아무도 원망할 사람이 없겠으나 강자를 도와 싸움에 승리를 거둔 북접도인들은 장차 무슨 면목으로 세상을 대하겠습니까.

흥망성쇠는 말할 것도 없이 도인끼리 향하여 죽음과 삶을 같이하는 것이 당연한 일이 아니겠습니까."

이 말을 듣자 일동은 묵묵부답이었다. 하나 유독 손병희 한 사람이 나서서 말하기를

"그 말이 옳다" 하고,

통문通文을 거두는 한편 〈벌남기〉를 꺾어버리고 이어 보국안민의 기치하에서 진퇴를 같이 하기를 결정지었다.

오지영은 남북접 조정책을 성사시키고 호남으로 회정回程할 새 해월 선생이 오지영을 불러 이르기를

"내 이제 그대에게 양호도찰兩湖都察의 임무를 맡기노니 이제 곧 출발하여 남북도전南北道戰을 진심으로 조정해서 대도大道의 장래를 그르치지 말라"고 의뢰했다.[13]

북접은 오지영의 거중조종과 손병희의 용기 있는 결단으로 하마터면 '동도상쟁'의 변과 동학농민혁명사에 일대 오점을 남길 치욕을 면하게 되었다.

손병희가 나서 북접 지도부의 남접 지원 노선으로 물꼬를 돌림으로써 북접이 본격적으로 동학혁명에 참여하게 되고, 그는 북접에 속한 동학군 10만 명을 지휘하는 위치에 섰다.

5장

동학농민혁명의
지도자

동학중군통령으로 혁명군 이끌어

북접이 중심이 된 동학교단은 남접 중심의 동학농민혁명에
참여하기로 결정하였다. 최시형은 각포 두령들은 9월 18일 보
은의 청산靑山으로 모이라는 동원령을 내렸다. 그리고 「초유문
招諭文」을 발령했다.

주역에 이르기를 대재大哉라 건원乾元이여, 만물이 자시資
始하고 지재至哉라 건원乾元이여, 만물이 자생이라 하니 사람
이 그 사이에 만물의 영이 된지라. 부모는 낳고 스승은 가르
치고 임금은 기르나니 그 은혜를 갚는데 있어 생삼사일生三四
日의 도道가 있는 것을 알지 못하면 어찌 사람이라고 이를 수
있겠는가.

선사先師께서 지나간 경신년庚申年 천명天命을 받아 도를 창
명하여 이미 퇴폐한 강상綱常을 밝히고 장차 도탄에 빠진 생

령生靈을 구하고자 하더니 도리어 위학僞學이라는 지목을 받아 조난순도遭難殉道 하였으니 아직도 원통함을 씻지 못한 것이 지금까지 31년이라. 다행히도 한울이 이 도를 망亡케 하지 아니하여 서로 심법心法을 전하여 전국을 통한 교도가 몇 10만인지 알 수 없으되 사은四恩을 갚을 생각은 없고 오로지 육적六賊의 욕을 일삼으며 척화를 빙자하여 도리어 창궐을 일으키니 어찌 한심하지 않으리오.

돌아보건대 이 노물老物이 나이가 70에 가까운지라 기식氣息이 엄엄하되 전발傳鉢의 은혜를 생각하면 눈물이 옷깃에 차는 것을 견디지 못하여 어찌할 바를 모르겠도다. 이에 또 통문을 발하노니 바라건대 여러분은 이 노부의 마음을 양찰하고 기필코 회집하여 비성을 다하여 천위주광天威黈纊의 아래 크게 부르짖어 선사의 숙원을 쾌히 펴고 종국宗國의 급난에 동부할 것을 천만 바라노라.[1]

최시형은 이 자리에서 하늘의 뜻에 이르렀음을 지적하면서 북접이 남접의 전봉준과 합세하여 무력항쟁에 나설 것을 명령하였다. 이로써 동학혁명은 남북접이 함께 봉기하는 계기가 되었다.

혁명 참여를 결정한 최시형은 신속하게 진영을 갖추도록 했다. 전경주 포를 선봉, 정규석 포를 후군, 이종훈 포를 좌익, 이용구 포를 우익, 손병희를 종군통령으로 임명하여 각 포를 총지휘도록 하였다. 손병희는 북접군 총사령이 된 것이다.

북접 동학농민혁명군의 지역과 주도인물은 다음과 같다.[2]

북접 산하 각지의 기포상황

지명	주도인물	지명	주도인물
청주	손천민·이용구	양근	신재준
보은	김연국·황하일·권병덕	지평	김태열
목천	김복용·이희인	원주	이화경·임순화
옥천	정원준·강채서	횡성	윤면호
서산	박인호	홍천	심상현·차기석
신창	김경삼	충주	신재연
덕산	김O배	수원	김내현
당진	박용태·김현구	함열	김방서·오지영
태안	김동두	익산	오경도·고제정
홍주	김두열·한규하	옥구	장경화·허진
면천	박희인	임파	진관삼
안면도	주병도	부안	김석윤·김낙철
남포	추용성	만경	김공선
공주	김지택·배성천	여산	최난선·고덕삼
안성	정경수·임명준	고산	박치경
양지	고재당	무주	이응백
여주	임학선·홍병기	임실	이병춘
이천	김규석·김창진	전주	서영도·허내원

때를 기다리던 북접 소속 동학도들은 9월 18일 각 포 두령들의 지휘 아래 청산으로 모였다.

9월 18일에 신사神師 - 교도참살의 보報를 듣고 각포 두령을 소집하여 청산에 모이게 하니, 이때에 장석丈席에 모인 자

수만 인이었다. 이때까지 북접 각 포에서는 아직 신사의 명교
命教를 기다리고 동動치 아니하였더니 이때에 손병희·손천민
등이 장석에 거의擧義하기를 청한대 신사 가로되 "인심이 곧
천심이라 차는 곧 천운 소치所致니 군 등이 도중을 동원하여
전봉준과 협력하고 사원師寃을 신伸하며 오도의 대원을 실현
하라" 하시고 손병희에게 통령기統領旗를 주어 일제히 전선에
서게 하였다.[3]

손병희는 북접 소속의 통령이 되어 10만 명에 이른 동학농민
군을 지휘하는 위치가 되었다.

해월은 손병희를 중군통령으로 삼고 동학농민군을 총지휘
하게 하였다. 이로부터 진군을 시작하여 돈론촌敦論村에서 보
은 수비병과 일전하여 크게 이기고 다음 날에는 전군을 2대
로 나누어 1대는 영동·옥천에서 논산에 이르러 전봉준과 합
세하고, 2대는 회덕 지명시芝明市에 이르러 청주 관군과 싸워
이들을 물리치고 논산에 이르러 전봉준의 남접 산하 동학농
민군과 합세하였다.[4]

손병희가 북접의 중군통령으로 임명되어 직립 동학혁명의
최전선에 참여한 것은 그의 생애에서 중대한 전환점이 되었다.
동학에 입도하여 수행과 포교 그리고 교조신원운동의 중견간
부에서 이제 비록 훈련받지 않은 오합지졸이지만 보국안민·척

왜척양의 기치를 든 혁명군의 리더로 바뀌었다. 중국 청대의 홍수전洪秀全 등 역사상 종교지도자가 혁명가로 변신한 경우는 적지 않았다.

전봉준과 의형제 맺고 혁명전선에

북접의 동학교도에게 총진군의 나팔소리가 울리자 때를 기다리던 동학농민군이 도처에서 속속 모여들었다. 최시형의 명령과 함께 손병희·손천민·이종훈 등의 지휘 아래 북접 동학농민군은 관아를 습격하고 무기를 빼앗는 등 경기도 일원을 위협하였다. 9월 중순부터 10월 중순까지 한 달 동안 북접 산하의 동학농민군은 경기도 지방 대부분을 석권하고 충청도 보은으로 집결하였다.

여기서 보은 수비대를 격파하고 부대를 둘로 나누어 1대는 영동·옥천으로부터 논산으로 직행하여 전봉준의 농민군과 만나고, 다른 1대는 회덕에 이르러 관군과 싸워 이들을 물리치고 논산에 도착하여 전봉준의 부대와 합세하였다.

논산에 동학농민군의 대본영이 설치되고, 이곳에서 전봉준과 손병희가 만났다. 이제 논산의 대본영에서는 호남의 전봉준과 호서의 손병희가 서로 만나 형제의 의와 생사를 맹세하니, 전봉준은 형이 되고 손병희는 아우가 되었다. 이때 전봉준은 손병희에게 이렇게 말하였다.

"내가 한갓 일이 중하고 급한 것만을 생각하고 급거히 일을 일으켜 수없는 민재民財와 생명을 없애고 형세 이에 이르렀으니 내 한 몸만은 이제라도 선후책을 강구하여 최후의 한 마음으로 공주를 직충하면 십분의 희망이 있으니 돌아보건대 호남인은 여러 번 싸운 나머지 피곤하기가 저러하니 원컨대 기호의 도중道衆이 동심협력하여 대사를 형성하기 바란다."[5]

손병희는 남접의 대표이고 명실상부 동학농민군의 지도자인 전봉준과 손을 잡았다. 양측의 협력으로 관군과 일본군을 물리칠 수 있다는 절체절명의 사명감에서 뜻을 함께 모은 것이다. 그리고 두 사람은 의형제를 맺었다. 그야말로 세상의 의義를 이루자는 '의형제'였다.

> 호남의 전봉준과 호서의 손병희 양대장이 서로 만나 손을 잡으니 일면에 옛같이 간담이 상조하고 지기志氣가 부합되는지라. 드디어 형제의 의를 맺어 생사고락을 함께 맹세하니 전봉준은 형이고 손병희는 아우가 되었다. 이날로부터 같은 식탁에서 밥을 먹고 같은 장막에서 잠을 자고 기타 모든 일에 동일한 보조를 취해 나가기로 결심하였다.[6]

동학군은 북접의 참여로서 그야말로 100만 원군을 얻은 셈이 되었다. 당시 전봉준이 지휘하는 남접 측의 동학군은 관군은 물론 당시 세계 최강을 뽐내는 일본군을 상대로 힘겨운 전투를 하고 있었다.

조선에 파견한 일본군은 비록 3개 연대의 8천여 병력에 불과했지만 이들은 잘 훈련되고 신식 무기로 무장한 데다 조선정부군과 지방의 영병 또는 일본 대륙낭인들의 지원을 받으면서 동학군을 무자비하게 살상하였다.

동학농민군이 기껏 죽창이나 농기구로 무장한 데 비해 일본군은 영국에서 개발되어 수입한 스나이더snider 소총과 자체 개발한 무라타 소총으로 무장하여 임진왜란 때의 무기와는 상대가 아니었다. 스나이더 소총은 후발식 단발 소총으로서 1874년 일본의 대만 침략 때에도 사용되었던 신형무기였다. 동학혁명 당시 양측의 화력은 250대 1의 수준이었다는 것이 학계의 통설이다.

10월 9일(음력) 삼례집회 이후 10월 12일(음력) 동학농민군이 공주로 진격하면서 일본군과 접전이 본격화하였다. 이를 시작으로 10월 15일(음력) 충청북도 청풍 부근에서 충주지방 경비병이 동학군 수령급 이하 30여 명을 살육하고 소총 2천 정과 화약 등을 약탈하였다. 10월 25일(음력)에는 대구 병참부의 일본군이 성주에서 동학군 11명을 붙잡아 살해하였다. 일본군은 이에 앞서 11월 12일 보병 제19대대가 경성에서 출발해서 학살전에 참여하였다.

대대장 미나미 쇼시로 소좌를 지휘관으로 하는 3개 중대는 전 병력을 삼분하여 공주로 진격하기 시작하였다. 마스키 대위가 이끈 제1중대는 동로東路로 장호원을 경유하고, 모리오 대위의 제2중대는 서로西路로 진위를 경유하고, 이스쿠로 미츠마사

대위의 제3중대는 중로中路로 양지를 경유하여 남하하였다.

학살대는 일본군 3개 중대가 주력을 이루고 기타 조선정부군과 일본군이 양성한 조선 측 교도 중대, 그밖의 일본군 수개 중대와 대륙낭인들이 참가하였다. 동학군이 일본군과 처음으로 대규모의 접전을 벌인 것은 우금치전투였다.

일본군은 동학군이 활동한 전국 여러 지역에서 동학농민군과 동학도뿐 아니라 일반인들까지 무차별 학살하였다.

동학군은 공주 우금치전투에서 치명적인 타격을 입고 점차 패퇴의 길로 빠져들었다. 북접 역시 남접과 같이 많은 희생자를 냈다.

손병희가 이끄는 북접 동학농민군의 주력부대는 논산에서 전봉준과 합세한 이래 남접 동학농민군과 행동을 같이 하였다. 공주 공방전에서 패전 후에도 전봉준의 부대와 고락을 같이 하며 후퇴하다가 순창에서 비로소 공동행동을 포기하고 충청도를 향하여 북상하게 되었다.

이후 진안·장수·무주 등지를 우회하여 충청도의 영동에 도착하였으나 일본군과 관군의 추격이 심하여 이곳에서도 지탱하지 못하고 청주 화양동을 거쳐 충주에 이르자 또다시 관군의 공격을 받아 12월 24일을 기하여 잔여 부대를 해산하고 교주 해월 이하 손병희·손천민·김연국 등의 동학지도부는 각기 개별행동을 취할 수밖에 없었다.[7]

손병희가 지휘하는 동학군은 여러 차례 전봉준이 이끈 부대와 합동으로 전투하여 패하기도 하고 승리도 거두었다. 11월 25

동학혁명군위령탑

일 원평전투에서 패하고 태인으로 퇴각하여 머물다가 추격하는 관군에 패하였다. 동학군 2만 군사가 500명으로 줄어들 만큼 엄청난 피해를 입은 우금치전투와 관련 손병희가 이끌었던 동학군의 동향에 대해, 입도할 때부터의 동반이었던 이종훈의 기록이다.

의암 선생의 말씀을 받들어 논산으로 이동하여 전봉준과 합진한 지 3일만에 의암 선생께서는 신사를 모시고 와서 진중에 유중하였다. 관군과 3차례 공주전투에 크고 작은 건투를 하였으나 패하고 관군의 추격으로 인하여 전라도 장성까지 14번의 교전을 하였다.

이후 손병희가 지휘하는 동학군은 무주 무풍과 영동 용산에서 추격하는 관군을 격퇴시키고 보은 종곡으로 이동하였다. 그러나 종곡에서 관군의 습격을 받아 다시 퇴각하여 충주 외서촌에 이르렀다. 이곳에서 다시 관군과 전투를 치렀으나 전의를 상실한 동학군은 더 이상 싸움이 되지 않았다. 이에 손병희는 외서촌전투를 끝으로 그동안 생사를 같이 하였던 혁명의 동지들을 해산할 수밖에 없었다.

이후 그는 손천민·손병흠·김연국·홍병기·임학선 등과 더불어 스승 최시형을 모시고 강원도 땅을 찾아 떠나갔다.[8]

농민자치 집강소 설치한 동학혁명군

백암 박은식은 『조선독립운동지혈사』에서 "동학당은 호미와 곰방메와 가시나무총을 들고 밭고랑에서 분기하여 우리의 관군과 일병을 상대하여 교전한 지 9개월 만에 드디어 항복하였다. 이 변란통에 사망자가 30여 만 명이나 되었으니 미증유한 유혈의 참상"이라고 기록하였다.

'항복'이란 표현을 썼으나 동학군은 항복한 것이 아니라 패전한 것이다. 30만여 명에 이르는 동학군과 일반 백성이 학살당하고 삼남지방이 초토화되었다. 동학혁명군은 전투과정에서 점령지역에 집강소를 설치하여 부패 관리들을 쫓아내고 지역사회에서 존경받는 동학교도를 선정하여 군현의 행정사무를 맡겼다.

호남지역 53개 군현에서 한국역사상 처음으로 농민이 권력을 장악하고 농민을 위한, 농민에 의한, 농민의 정치를 실현했다는 면에서 집강소 설치는 획기적인 사건이었다. 집강소는 프랑스혁명 후 시민혁명 과정에서 설치된 코뮌과 유사한 모습이었다는 평가를 받는다.

동학지도부는 각 군현의 집강들을 통해 폐정개혁을 위한 12개조의 행정요강을 공포하고 이를 집강소 운영의 준칙으로 삼도록 하였다. 우리나라 역사상 최초로 '밑으로부터의 개혁'이고, 노비해방, 과부개가 허용·관리채용에서 지역타파 등 혁명적인 조처였다. 이중에서 상당 부문이 갑오개혁에서 수용되었지만, 시행은 더 긴 세월이 지나야했다.

집강소 12개조 행정요강

1. 도인(동학교도)과 정부와의 사이에 오래 끌어 온 혐오의 감정을 씻어버리고 모든 행정에 협력할 것.
2. 탐관오리는 그 죄목을 조사해 내어 일일이 엄징할 것.
3. 횡포한 부호들은 엄징할 것.

4. 부랑한 유림과 양반은 엄징할 것.

5. 노비 문서는 불태워버릴 것.

6. 칠반천인七般賤人의 대우는 개선하고 백정 머리에 쓰는 평양립平壤笠은 벗겨버릴 것.

7. 청춘과부의 재가를 허락할 것.

8. 무명잡세는 모두 거둬들이지 말 것.

9. 관리의 채용은 지벌地閥을 타파하고 인재를 등용할 것.

10. 외적과 내통하는 자는 엄징할 것.

11. 공사채를 물론하고 기왕의 것은 무효로 돌릴 것.

12. 토지는 평균하게 나누어 경작케 할 것.[9]

전라도 53개 군현에는 한 고을도 빠짐없이 모두 집강소가 설치되어 민간의 서정을 집행하게 되었다. 하지만 열두 가지 폐정 개혁안을 모두 실행하는 데는 어려움이 많았다.

한편으로는 관리의 문부文簿를 검열하며, 한편으로는 인민의 소장訴狀을 처리하며, 한편으로는 전도를 힘쓰며, 한편으로는 관민 간에 남은 군기와 마필을 거두어들이고 집강소의 호위군을 세우고 만일에 경계하였다. 이때에 전라도에는 청소년까지도 거의 모두 도道에 들어 접을 조직하게 되었다.

이러한 기세에 따라 부랑자들이 한데 섞여 들어온 것도 물론 많았으며 그로 인하여 온갖 무도불법한 일이 많이 생긴 것도 면치 못할 일이었다. 이로부터 세상 사람의 동학군 비평은 자못 분분하였다.

　동학군은 귀천빈부의 차별이 없다느니, 적서노주嫡庶奴主의 구별이 없다느니, 내외존비內外尊卑의 차별이 없다느니, 동학군은 국가의 역적이요, 유도의 난적이요, 부자의 강적이요, 양반의 구적이요, 동학군의 눈 아래에는 정부도 없다고 하는 등 전라도 동학군의 기세는 날로 성하여 동으로 경상도가 흔들리고, 북으로 충청도·강원도·경기도·황해도·평안도까지 뻗쳐 들어가는 모양을 보고 조선에는 장차 큰 변란이 일어나고 말리라고 수군거렸다.[10]

　동학도를 중심으로 1년여 동안 전국 13도 중 12개 도에서 봉기했던 동학농민혁명은 현대식 병기로 무장한 일본군의 화력 앞에 엄청난 희생을 치루면서 좌절되었다. 전봉준 등 주도세력이 붙잡히고, 손병희 등 북접군 지도부는 후일을 기약하면서 전선을 떠나야 했다.

　동학혁명은 비록 외세의 개입으로 좌절되고 말았으나 그 역사적·사회사적 의의는 적지 않았고, 동북아 정세에도 큰 영향을 끼쳤다. 요약하면 다음과 같다.

　1. 착취와 노역의 대상이었던 민중들의 권리의식 제고.

　2. 반봉건·반외세의 자주사상 계기.

　3. 양반중심의 구체제·구질서의 붕괴.

　4. 집강소 설치로 지방정치실현.

5. 정부 갑오개혁의 준거.

6. 한국사회의 전근대에서 근대로의 전환점.

7. 동학참여자들이 항일의병 참가와 3·1혁명 주도.

8. 청·일전쟁의 한 요인.

6장

동학 3세 교조로
승통

동학혁명 좌절, 전봉준 처형

일본군의 잔혹한 학살극으로 동학농민혁명은 30여만 명의 희생자를 내면서 진압되었다. 삼남지역은 시산혈해를 이루고 많은 마을이 폐허가 되었다. 일본군이 지나간 길목은 사방 10리에 닭 우는 소리, 개 짖는 소리가 들리지 않을 정도로 인명이 살상되고 가축이 사라졌다.

관군이 전주성을 수복하면서 정부는 청·일 양국에 대해 "동학군이 퇴각했으니 군대를 철수해 달라"고 요청했으나 쉽게 물러날 그들이 아니었다. 특히 일본군은 뚱딴지 같이 조선의 '내정개혁'을 내세우며 서울에 눌러 앉았다. 그리고 청일전쟁을 도발하여 청국을 누르고, 여세를 몰아 1895년 8월 20일 반일 노선이었던 명성황후를 시해하는 을미사변을 일으켰다. 동학혁명을 진압하기 위해 들어온 왜군이 주인 행세를 넘어 망나니가 되었다.

옛날이나 지금이나 가장 못난 위정자는 외세에는 비굴하게 굴고 제나라 백성(국민)에게는 포악한 존재이다. 외국군을 불러들여 동학농민혁명을 진압한 고종의 정부는 살아남은 동학지도자들을 색출하는 데 혈안이 되었다.

전봉준은 이미 일본의 영향권에 갇힌 정부에 의해 사형선고를 받고 1895년 3월 29일(음력) 형이 집행되었다. 손화중·김덕명·최경선·성두한 등도 함께 교수형으로 처형되었다. 전봉준은 죽기 직전 즉흥시 「운명殞命」을 지어 읊었다.

때가 오매 천지가 모두 힘을 합하더니
운이 다하니 영웅도 어쩔 수 없구나
백성을 사랑하고 정의를 세운 것이 무슨 허물이랴
나라 위한 일편단심 그 누가 알리.[1]

전봉준은 가히 우리 역사상 보기 드문 걸출한 인물이었다. 집행관이 교수대 위에 선 전봉준에게 가족에게 남길 말이 없느냐 묻자 "나는 다른 할 말이 없다. 나를 죽일진대, 종로 네거리에서 나의 목을 베어 오가는 사람에게 내 피를 뿌려주는 것이 옳거늘 어찌 컴컴한 적굴 속에서 암연히 죽이느냐!"는 말을 남기고 태연히 오랏줄을 목에 걸었다.

전봉준의 최후는 죽을 때도 장렬한 모습이었다. 교수형 당시 집행총순執行總巡이었던 사람이 오지영에게 전한 증언에서도 잘 드러난다.

나는 전봉준이 처음 잡혀오던 날부터 끝내 형을 받던 날까지 그의 전후 행동을 잘 살펴보았다. 그는 과연 보기 전 풍문으로 듣던 말보다 훨씬 돋보이는 감이 있었다. 그는 외모로부터 천인만인의 특으로 뛰어난 인물이었다. 그는 청수한 얼굴과 정채로운 미목으로 엄정한 기상과 강장한 심지는 세상을 한번 놀랠 만한 대위인, 대영걸이었다.

과연 그는 평지돌출로 일어서서 조선의 민중운동을 대규모로 대창작으로 한 자이니 그는 죽을 때까지라도 그의 뜻을 굽치 아니하고 본심 그대로 태연히 간 자이다.[2]

최시형으로부터 종통宗通 넘겨 받아

전봉준을 처형한 정부와 일본군은 최시형과 손병희 등 북접 지도부를 찾는 데 모든 조직·정보망을 동원하였다. 요행히 북접의 지도부는 대부분 살아남았다. 북접 지도부는 1894년 12월 24일을 기하여 각자 해산하며 후일을 도모하기로 하였다.

손병희는 손천민·손병흠·김연국·홍병기·안학산 등과 더불어 최시형을 모시고 강원도 방면으로 몸을 피해 혹한과 굶주림, 관군의 검문검색을 피하고 경기도와 경상도로 거처를 옮기면서 용케 은거생활을 하였다. 그러나 이런 피신이 오래 갈수는 없었다.

정부는 전봉준의 체포에 1,000냥의 상금과 신분의 귀천을 막론하고 본인이 원하는 지역의 군수 자리를 주겠다고 내걸어 민심을 홀렸듯이, 최시형과 손병희 등에도 다량의 현상금을 걸었다.

최시형은 피신 생활이 더 이상 오래 가기 어려움을 예감한 것인지, 1899년 봄 충청도의 한 은거지로 손병희·김연국·손천민을 불렀다. 북접의 대표적 지도자들이다.

"이제부터 도중道中 서사庶事를 그대 3인에게 맡길 터이니 그대 등은 십분 면려하라. 3인이 합심하면 천하가 다 흔들릴 위기에 직면하드라도 해낼 수 있을 것이다" 하고, 3인 중에 주장主將이 없으면 일이 안될 터이니라 하고 의암으로 주장을 삼기로 하고 북접 대도주大道主에 임명했다.[3]

손병희는 37세, 입도 15년 만에 동학의 법통을 승통하여 최제우에서 최시형으로 이은 동학 3세 교조에 임명되었다. 동학 창도 이래 가장 어려운 시기에 교조라는 막중한 책임을 맡게된 것이다. 연령이나 동학입도의 연대, 오랫동안 2세 교조를 모신 연조 등에서 손병희보다 훨씬 앞섰던 김연국의 저항이 만만치 않았다.

최시형은 얼마 후 강원도 원주 송골의 교도 원덕여의 집에 머물게 되었다. 이해 4월 4일 손병희를 비롯 임순호·김연국·손병흠·신현경이 최시형을 모시고 있었다. 그런데 다음날 최시형이 "각각 거처로 돌아가 향례를 지내라."고 지시하였다. 다음날이 수운 선생의 득도일이니 각자 제례를 지내라는 것이다. 손병희가 "문도된 자 비록 먼 곳에 있을지라도 반드시 한곳에 모여 예식을 거행함이 가하거늘 어찌하여 돌아가라 명하십니까?" 하고 반문하였다.

이에 해월 선생은 "내 생각한 바 있으니 명을 어기지 말라." 라고 말하므로, 부득이 모였던 사람들이 모두 집으로 돌아가고, 다만 임순호와 임도여만이 남아 있었다. 4월 4일 밤에는 해월 선생은 밤이 깊도록 잠을 이루지 못한 채 적면히 홀로 앉아 있었다고 한다.[4]

1898년 4월 5일 최시형은 40~50명의 관군에 의해 체포되었다. 거처를 옮기는 도중에 정보가 새나가고, 최시형은 이 같은 사실을 예감하면서 조직을 살리기 위해 측근들을 각자 거처로 돌아가도록 조처하여 체포를 면할 수 있게 하였다.

서울로 압송된 최시형은 광화문 경무청에 수감되었다가 서소문형무소로 옮겨졌다. 목에 무거운 큰 칼을 쓰고 종로 공평동의 고등재판소에서 10차례 재판을 받고 7월 18일(양력) 교수형에 처한다는 평결을 받았다. 죄목은 최제우와 같은 혹세무민·좌도난정하는 사교邪敎를 폈다는 것이다.

최시형은 정부의 집행명령이 떨어지면서 7월 20일 서소문감옥에서 단성사 뒤편 고등법원 감옥서로 잠시 옮겨져 수감되었다가 이날 오후 5시경 교수형이 집행되었다. 71세, 동학은 1세 교조에 이어 두 번째 교조가 순교하면서 엄청난 타격을 입고, 손병희의 어깨는 그만큼 무거워졌다.

19세기라는 변혁의 시대에, 새로운 차원의 세상을 이루고자 가르침을 펴며 36년간을 우리나라의 가장 오지인 태백산맥과 소백산맥이 어우러지는 산간 마을 50여 곳을 전전하며 살아간 해월, 비록 한 사람의 머슴, 제지소 용인, 화전민의 삶을 산 사람이었지만, 동학에 입도를 하고 스승인 수운 선생을 만나 그 가르침을 실천하고자 한 생애를 불꽃과도 같이 살아온 인물이다. 그러므로 한국근대사의 우뚝한 민중지도자로, 인류에게 새로운 빛을 전하는 위대한 사상가로 그 자취를 오늘에 남겨놓았던 것이다.

처형되기 전 최시형의 모습

해월, 그는 형장에서 교수형으로 생애를 마감하였지만, 그가 걸어온 길은 우리의 역사, 아니 인류의 역사에 그 무엇과도 비견할 수 없는 소중한 가르침이 아닐 수 없다. 여주 천덕봉 아래 그 고단한 몸을 뉘이고, 해월 비로소 깊은 휴식에 들어간 것이다.[5]

최시형은 생존 시에 여러 제자들 중에서 손병희의 신심과 인물됨을 지켜보고 "천하에 의義를 따를 자 없도다." 하고 종통宗通의 계승자로 점지하였다. 하지만 그가 처형된 뒤 동학교단은 결코 순탄하지 않았다.

지위 문제에 대한 반목과 향후 동학재건 문제에도 견해차이가 있었다. 손병희는 동학을 널리 포교하려면 세계문명국과 같이 개화하여야 한다고 주장하였으나 김연국·손천민 등은 이에 반대하였다. 이런 반목에다가 과거 동학교인으로 활약하다가 정부 측으로 전향한 뒤에 동학을 극도로 탄압하는 사람까지도 생겨서 아주 피해가 컸던 것이다.[6]

1894년 동학혁명이 분쇄되어 동학운동은 영도권과 조직이 실질상 파멸되어 있었다. 그러나 신사神師 최시형의 수석 부하였던 손병희는 그럭저럭 체포와 처형을 피하게 되었다. 신사 자신도 근 4년 동안 체포를 피했었고 손수 동학 두목의 지위를 손병희에게 넘겨주었다. 동학사의 공식기록에 의하면 1898년 여름, 즉 노일간의 서西로즌 의정서 서명 바로 직후에 그는 신사의 은거지로 안내되었다.

조선 조정 당국에게 체포될 것을 예상한 신사는 손병희에게 그의 후임되기를 요청하고 영도권을 교체하는 상징으로 후계자의 입에 입김을 불어 넣었다. 며칠 후 신사는 기소되어 서울에서 참형되었다. 손병희는 영도의 책임을 지자 의암義庵이라는 존칭으로 알려지고 성소聖所라는 성직자의 명칭을 갖게 되었다.[7]

제3세 교조, 쫓기면서 동학교단 정비

손병희가 동학 3세 교조로 임명되고 2세 교조가 순교하는 와중에 국내정세는 거대한 격랑이 휘몰아치고 있었다. 일본은 조선이라는 먹잇감을 놓으려 하지 않았다. 을미사변을 계기로 각지에서 의병이 일어나고, 뒤늦게 위기감을 느낀 고종은 대한제국으로 국호를 바꾸고 칭제건원을 하는 등 개혁에 나섰으나 국력의 뒷받침이 없는 개혁은 형식논리에서 벗어나지 못하였다.

그런 가운데 일본·미국·러시아·영국·프랑스·독일 등 열강의 이권침탈이 극심하여 철도부설권·금광채굴권·어업권·산림벌채권·동해안 포경권 등 국가의 주요자원이 대부분 외국에 넘어갔다.

이에 대항하여 만민공동회가 열리고 동학혁명의 정신을 잇고자 하는 영학당·활빈당 등이 활동에 나섰으나 전세를 바꾸기에는 역부족이었다. 아관파천으로 친러파가 세력을 잡은 뒤 러시아가 세력을 확대하면서 1896년 용암포사건이 발생하고, 1904년 2월 8일 일본함대가 여순항에 있는 러시아 함대를 기습공격하면서 러일전쟁을 일으켰다. 동년 2월 23일에는 강제로 한일의정서를 체결하여 일본군의 한국 내 전략요충지 수용과 함께 한국이 군사상의 편의 제공을 하도록 했다. 이로써 한국 땅에 일본군이 '합법적'으로 주둔하고 점거하게 되는 계기를 만들었다.

손병희의 두 어깨는 무거웠다. 흩어진 조직을 재건하고, 두 분 선대 교조의 억울한 죽음을 신원하며, 동학혁명에서 추구했던 보국안민·광제창생·척왜척양의 과업이 그대로 남아 있었다. 무엇보다 자신을 포함하여 동학간부들에 대한 관헌의 추적을 피하는 일이 급선무였다. 어느 것 하나 쉬운 일이 아니었다.

관의 지목을 피해 수개월간 은신을 하는 동안 손병희에게는 고뇌와 갈등이 상존하였다. 막상 살아남아서 동학을 이끌어가기로 다짐을 하였지만 시시때때로 가해오는 관의 압박은 손병희의 가슴을 짓누르고 있었다. 그렇다고 자신의 어깨에 달려있는 동학을 버릴 수는 없었다. 오히려 지금의 위기를 동학의 기틀을 마련하기 위한 기회로 삼기로 하였다. 이에 따라 손병희는 수련에 정진하는 한편 교단을 재정비하였다. 1899년 4월에는 동학혁명 당시 덕의대접주로 내포지역에서 활약하였던 박인호에게 춘암이라는 도호를 주었다.

이어 7월에는 「각세진경」을, 12월에는 「수수명실록」을 지어 반포해 교인의 신앙심을 강화하는 한편 포덕에도 주력하였다.

또한 이듬해 1900년 4월 23일 지평군 이종훈의 집에서 입도문을 새로 제정하는 등 교단을 점차적으로 정비해 나갔다. 1901년에는 광주에 모셨던 스승 최시형의 묘를 여주 천덕산으로 이장하였다.[8]

손병희는 김연국을 중심으로 하는 교단 내부의 불만과 분열상을 인화와 설득을 통해 해결하고자 종통설법식을 열었다. 처음에는 불참했던 김연국 측에서도 그의 성심에 이끌려 참석하고, 손병희를 동학교단의 최고책임자인 법대도주法大道主로 추대하는 데 동조하기에 이르렀다.

손병희는 손천민을 성도주誠道主, 김연국을 신도주信道主, 박인호를 경도주敬道主로 임명하는 등 지도체제와 조직체계를 정비하였다. 이로써 동학은 손병희를 중심으로 하는 제3기 체제에 접어들었으나 관헌의 추적은 멈추지 않았고, 각지에서 동학도에 대한 탄압도 줄어들지 않았다. 목숨을 잃거나 재물을 빼앗기는 교인이 수없이 많았다.

손병희는 손병흠·이용구·김학수 등과 함께 경상북도 예천군 용문사에 은신했다가 군수가 군졸을 풀어 뒤쫓는다는 정보를 듣고 하루 동안 충북 제천까지 100리 길을 걸어 피신하였다.

조선 천지 어디에서도 그가 머물 곳이 없었다. 나라의 운명은 점차 어려워지는데, 정부는 백성들의 힘을 모아 국난에 대처하려 하지 않고 비판세력을 때려잡는 데만 혈안이 되었다. 손병희는 제천의 교인 염창석의 집에 은거하면서 교인들이 어려운 시기에도 절망하지 말고 수도에 정진하라는 통문을 반포하는 등

'법대도주'로서의 소임을 다하면서 활로를 찾았다. 이 무렵 정부와 일본군의 동학탄압 실상을 『황성신문』은 다음과 같이 보도하였다. 기사는 현대문으로 정리하였다.

함경남도 관찰사 서정순 씨가 법부에 보고하되, 부하府下함흥군에 주둔한 일병日兵이 동학당을 포살한 연유는 이미 보고하였거니와 일병이 또 동학당 2명을 잡아 본 재판소에 송치하고 함흥군수와 본부 순경의 포촉이 또 14명이옵기 합 16명을 심리하온 즉 그중 8명은 죽음으로 불복할 뿐 아니라 증거도 없어 곧 석방하고 맹범영·김응삼·정승조 3명은 동학을 믿다가 곧 배척하고 전용한 바가 없기에 곤장 100대, 징역 3년에 처하고, 백낙현, 현수련은 12인에게 전용하였다고 자복하였기에 종신형에 처하고, 윤형천·승재원·최성도는 요서妖書 전수가 이미 3인을 넘었다고 자복하였고, 또 증거가 정확하기에 처형하였으나, 지금 도내 각군에 동학이 대치大熾하여 뜻밖의 일이 벌어질 염려가 있어 부득이 포살을 즉행하였다고 했더라.[9]

7장

일본 망명기의
활동

'문명개화'위해 미국망명 준비

손병희는 근대적 학문을 접할 기회를 갖지 못한 채 청소년 방황기를 거쳐 곧바로 동학에 입도하였다. 따라서 신학문은 동학의 관점에서는 배타적인 '서양오랑캐'에 속한 것으로 인식되었을 것이다. 동학혁명의 기치 중에는 '척왜척양'이 포함되었다.

동학혁명 과정에서 일본군의 각종 신식 무기와 첩보활동을 지켜보았고, 피신 중에는 서재필에 의해 발간되는 『독립신문』 그리고 1898년 봄 서울에서 개최된 만민공동회의 소식을 들었다. 그 이전에 개화파와 독립당 등의 활동도 알았다.

시대의 흐름에 남달리 예민했던 손병희는 동학 지도부의 위치에서 활동하면서도 국제정세의 변화에 촉각을 곤두 세웠다. 다분히 국수주의적인 다른 지도자들과는 크게 다른 모습이었다. 날로 발전하는 서양문명을 정확히 알고 이에 대처해야 한다는 입장이었다. 이른바 '문명개화론'이다.

손병희는 1901년 1월 교단의 지도층 간부들을 불러 자신의 계획을 말하였다.

내가 작년에 세계대세를 살피기 위해 미국에 유람할 뜻이 있어 손천민·김연국과 의논하다가 김연국이 이를 반대하므로 그 뜻을 이루지 못하였다. 그러나 이제 다시 생각하니 우리 도를 세계에 천명코자 한다면 먼저 세계 대세를 살펴야 할 것이다. 내 이제부터 10년을 한하여 국외를 유람하면서 세계 형편을 살펴보고자 한다. 그대들의 뜻은 어떠한가?[1]

손병희의 의견에 모두 찬성하였다. 서세동점의 세계사적 조류와 하루가 다르게 밀려오는 서양문물 앞에 오랜 쇄국정책을 펴온 조선은 국제 고도와 비슷한 처지가 되고 말았다. 그 결과 외세가 들어와 국가의 각종 이권을 차지하고, 특히 일본은 조선의 국권을 송두리 채 농락하기 시작했다.

손병희가 미국을 택한 데는 그럴만한 이유가 있었다. 구한말 유길준이 미국 유학 때 유럽의 여러 나라를 둘러보고 느낀 것을 기록한 『서유견문』이 1895년 국내에 간행되면서 큰 충격을 주었다. 일종의 '문화충격'이었다.

이에 앞서 1882년 조선과 미국이 국교수립과 통상을 목적으로 조·미수호통상조약을 체결하면서 조선사회는 미국에 문호를 활짝 열게 되었다.

다른 하나는 정부의 무자비한 동학탄압이었다. 정부는 1900

년 8월 교단의 지도자 손천민과 서장옥을 체포, 처형하였다. 손천민은 손병희를 동학에 입도시킨 혈족 간이고, 서장옥은 동학혁명 당시 큰 역할을 한 맹장이었다. 이런 상황에서 손병희는 정부의 탄압과 추적을 피해 호서지역을 전전하였다. 박인호·손병흠·홍병기·이용구 등 측근들이 수행하였다.

손병희는 호서지역을 순방하면서 헐벗고 굶주린 동포들의 참상을 지켜보았다. 변방에 이를수록 관헌들의 위세와 갈취가 심하여 원성이 하늘을 찔렀다. 동학도라는 사실이 알려지면 무작정 붙잡아 매질하고 재물을 빼앗아 갔다. 기울어가는 나라를 지키고 동학이념을 널리 반포하기 위해서는 문명개화가 시급함을 절감하였다.

동학의 적통임을 자부하는 북접대도주 손병희는 교권을 장악하자 곧바로 문명개화노선으로의 방향전환을 도모했다. 손병희가 방향전환을 모색하게 된 직접적인 계기는 아직 분명하지 않다. 하지만, 동학농민전쟁 이후 서울이나 개항장인 원산, 혹은 국경지역 도시를 배회하면서 시세時勢의 추이를 탐색하고 동학의 재건책 마련에 골몰했던 시기부터 형성된 것만은 틀림없는 사실이다.

또한 그는 동학과 달리 합법적인 정치운동을 통해 근대화를 선도했던 독립협회의 경험에 주목했다. 그가 내린 결론을 반봉건 근대화 노선을 지속적으로 추구하기 위해서는 종속을 감수하더라도 대세에 조응하여 문명개화해야 한다는 것

이었다.[2]

손병희는 미국으로 가기로 했다. '문명개화'의 최적지로 미국을 본 것이다. 당시 여러 유형의 망명객들이 일본을 택한 데 반해 미국 쪽을 선택한 것은 일본이 동학혁명 때에 적대국이었음은 물론 명성황후 시해 등 침략주의 야심을 꿰뚫었기 때문이다.

마음을 결정한 손병희는 1901년 3월 미국으로 가기 위해 손병흠과 이용구를 대동하고 원산에서 배를 타고 부산으로 갔다. 원산은 개항장으로서 외국 선박이 드나들고 있어서 택한 것이다. 수행자 중 이용구(1868~1912)는 23세 때 동학에 입교하여 2세 교조 최시형을 모시고 최시형과 함께 투옥되었으나 곧 사면되어 손병희를 추종하는 측근이 되었다. 하지만 얼마 후 배신·배교하여 매국노 송병준과 함께 일진회를 만들었다.

손병희 일행은 부산에서 미국으로 가는 선편을 수소문했으나 찾을 길이 없었다. 그래서 일단 일본으로 건너가서 미국행 배를 알아보기로 하고, 일본 나가사키長崎로 건너가 다음날 시모노세키下關를 거쳐 오사카大阪에 도착하였다. 이런 과정에서 준비한 비용이 모두 떨어졌다.

미국행 막히자 일본 체류

손병희는 동생과 이용구를 국내에 보내어 미국으로 가는 비

용을 마련해 오도록 하였다. 얼마 후 돌아온 두 사람의 주머니
는 미국행 여비에는 턱없이 모자랐다. 결국 미국행을 포기하고
일본에 머물면서 선진문명을 살피고 일본의 정세를 탐지하기로
하였다.

미국 대신 일본에 머물기로 결정한 손병희는 오사카 → 교토
→ 오카자끼 → 고베 → 도쿄 등으로 전전하면서 일본이 일찍
수용하여 발전한 신문물을 접하는 한편 망명 중인 다양한 국내
인사들과 만나 교유하였다.

손병희의 문명개화로의 방향전환은 정치방면으로의 적극적
인 진출을 모색하는 공세적인 전술을 취하고 있었다. 일본에
건너간 손병희는 반정부인사인 친일망명정객들과 제휴했다.
손병희는 동학농민전쟁 당시 동학당 초토사로 활동했던 조희
문과 접촉하고 그의 소개로 권동진·오세창 등의 망명정객과 교
유할 수 있었다.

무반 출신인 조희문은 갑오개혁의 실질적인 주모자로서 아관
파천으로 일본에 망명한 정객이었다. 권동진 역시 무과에 급제
한 뒤 무관으로 활동하다 을미사변에 관련되어 일본에 망명해
있었다. 오세창은 초기개화파 지도자 오경석의 아들로 역과譯
科에 합격해 관리생활을 영위하다 1902년 유길준이 일본 육군
사관학교 출신 청년장교단체인 일심회와 함께 계획했던 쿠데타
에 연루되었다는 혐의를 받고 일본에 망명해 있었다. 망명객은
아니지만, 1898년부터 일본에서 체류 중이던 양한모도 손병희
와 어울렸다.[3]

손병희는 이때부터 출국했던 해 9월 일시 귀국하여 활동하다가 이듬해 3월 다시 도일하여 1906년 1월 귀국할 때 까지 4년여 동안 신분을 숨긴 채 이상헌李祥憲·이규완李圭完·손시병孫時秉 등의 가명을 사용하면서 일본에 머물렀다.

일본에 체류하면서도 미국행을 포기하지 않은 손병희는 1901년 5월 중국 상하이로 건너갔다. 미국으로 가는 선편을 알아보기 위해서였다. 황포강변의 국제반점에 머물면서 의외로 중국 혁명가 쑨원孫文을 만나 교유하게 되었다.

쑨원(1866~1925)은 광동성 출신으로 혁명에 뜻을 품고 1895년 광주廣州에서 최초로 거병했으나 실패한 후 일본과 유럽에서 망명생활을 하다가 삼민주의를 제창하고 귀국하여 다시 혁명을 준비 중이었다. 쑨원은 손병희가 머물고 있는 국제반점에서 중국 각지의 애국지사들을 초빙하여 연회를 개최하였다.

이 자리에는 위안스카이袁世凱·왕자오밍王兆銘·량치차오梁啓超 등 50여 명의 저명인사들이 참석하였다. 손병희는 중국 애국지사들의 혁명 방략을 알고자 불청객으로 연회장에 참석했다가 쑨원과 만나게 되었다. 그가 얼마 후 다시 일본으로 망명하면서 두 사람의 교유는 더 이어졌다.

당시 일본에는 임오군란·갑신정변 등 각종 정치사건으로 권동진·오세창·조희연·이진호·조희문·박영효 등이 망명하고 있었다. 박영효 등은 1884년 갑신정변이 위안스키가 거느린 청국군의 공격으로 '3일천하'로 막을 내리자 인천을 거쳐 일본으로 망명했다. 김옥균은 10년간 일본 각지를 떠돌다 1894년 본국

정부에서 보낸 자객 홍종우에 의해 암살당하고 박영효 등은 여전히 일본에 남아 있었다.

손병희는 상하이에서 일시 귀국하여 서울 마포에 자리를 잡고 박인호·김병배 등 간부들을 관서지방으로 파견하여 선교활동을 벌이도록 하였다. 이에 따라 이 지역에 동학의 교세가 확장되었다. 손병희는 이 지역 교세가 어느 정도 확장된 것을 알고, 천도교인 자제들 중에서 1차로 선정한 유학생 24명을 데리고 일본으로 돌아왔다. 1904년 3월에는 다시 유학생 40명을 불러왔다. 손병희가 전후 62명의 유학생을 불러온 것은 선진문명을 배워 국정을 개화하려는 원대한 뜻이었다.

유학생들은 6개월 동안 나라奈良에서 일본어를 공부하고 9월경 교토京都로 거처를 옮겨 관립 교토중학교에 입학하였다. 유

손병희 가족사진. 가운뎃줄 중앙이 손병희, 앞줄 왼쪽에서 두 번째가 사위인 소파 방정환이다.

학생 중에는 둘째 사위인 정광조도 포함되었다. 정광조는 1905년 천도교 중앙총부가 설치되면서 주요 교역자로 활동하였다.

큰사위는 아동문학가·소년운동가인 소파 방정환이다. 서울에서 선린상업학교를 중퇴하고 보성전문을 거쳐 일본 동양대학 철학과를 수학하였다. 뒷날 최초의 아동잡지 『어린이』를 창간했으며, 그밖에도 『신청년』·『신여성』·『학생』 등의 잡지를 발간하는 등 민족운동에 헌신하였다.

손병희가 일본에서 가명으로 망명생활을 하고 있을 때 국내외 정세는 크게 변하고 있었다. 먼저 국내에서는 1903년 5월 용암포 사건이 발발하였다. 1896년 아관파천으로 친러파가 세력을 잡은 뒤 러시아는 조선에서 점차 세력을 확대하고 압록강 유역의 삼림벌채권을 취득하면서 용암포를 조차했다.

일본·영국·미국이 러시아의 팽창에 맞서 조선정부에 용암포 조차의 불법을 주장하면서 다시 개항을 요구하자 정부는 러시아에 대한 용암포 조차를 취소하기에 이르렀다. 이로써 사건은 일단락되었으나 이로 인해 러·일 간의 대립이 날카롭게 전개되고 이듬해 러일전쟁의 단초가 되었다.

당시 조선의 식자들은 대부분 러시아와 일본이 전쟁을 하면 일본이 이길 것으로 내다보았다. 또한 그렇게 되길 기대하였다. 여러 가지 배경이 있으나 단순화하면 일본은 동양, 러시아는 서양이라는 이분법적 인식이 바탕에 깔리고 일본은 문명, 러시아는 야만이라는 편견이 작용하였기 때문이다. 일본과는 개화과정에 여러 가지 교류가 있었으나 러시아는 전혀 낯선 이방지대였기 때문이기도 하다.

1903년에 이르러서는 한국문제를 둘러싼 러·일 간의 전운이 급박하게 되었다고 판단한 손병희 선생은 이 전쟁이 곧 한국과 만주에 직접적인 영향을 미치리라 생각하고 어느 편이 이기든지 한국은 이기는 편에 예속될 수밖에 없는 운명에 처하리라고 판단했다.

따라서 우리나라가 이때에 수수방관만 하면 한국의 멸망은 풍전등화와 같다고 손병희 선생은 예측했다. 여기서 손병희 선생은 한국이 전승국에 가담하여 패전국을 공격함으로써 나중에 전승국의 지위를 확보하여 국가 만전의 대계를 세우는 한 가지 길밖에 없다고 생각했다.[4]

일본 승리 내다보고 전후대책 세워

손병희는 러일전쟁에서 일본이 이길 것으로 확신하였다. 그 이유는 다음과 같이 들었다,

첫째, 지리상으로 러시아는 수 만리 먼 곳에 있기 때문에 불리하다.

둘째, 전쟁동기에서 러시아는 영토확장과 부동항을 얻는데 있지만 일본은 만일 한국이 러시아에 강점된다면 자기들이 러시아의 위협을 받을 뿐 아니라 일본의 대륙

침략 정책에 차질이 생기므로 운명을 걸고 싸울 수밖에 없다.

셋째, 군사력에서 일본은 독일의 정예한 무기와 전술을 배워 러시아를 앞선다.[5]

손병희는 이와 같은 판단에서 당시 조선 조정은 친러파가 집권하고 있으므로 연계가 불가능하다고 믿고 일본군사당국과 손을 잡기로 하였다. 러일전쟁에서 일본군을 적당히 도와주고 일본이 승리하면 동학군의 힘으로 정부를 장악하여 국정의 일대개혁을 시도한다는 복안이었다.

손병희는 일본의 승리를 기대하면서 일본군에 1만 원의 군자금을 기증하였다. 이것은 뒷날 그를 비난하는 큰 빌미가 된다.

일본군이 이길 것을 확신한 손병희 선생은 러시아에 대하여 일본군과 같이 한국도 선전포고를 하여 전승국의 입장에서 강화조약에 참여하려고 계획하고 또 일본인의 호감을 사기 위하여 일본군에게 군자금 10.000원을 기증까지 하였던 것이다.[6]

손병희의 이같은 처사는 러일전쟁 이후를 내다보는 고차원의 전략에서 출발하였던 것 같다. 하지만 급속히 제국주의화 되어가는 일본의 속셈을 제대로 헤아리지 못한 단견적인 측면이 있었다. 일본군에 1만 원을 기증한 일은 손병희의 생애에서 가장 잘못된 판단에 의한 실책이 아니었을까 싶다. 이 일로 '이상헌'이란 인물은 재일조선인 사회에서 친일파로 매도되고 많은 오해를 받았으며 한 차례 테러를 당하기도 하였다. 뿐만 아니라 일본군과 합작 추진 과정에서 오랫동안 자신을 보필해 왔던 동생 손병흠이 의문의 죽음을 당하기도 했다.

일본은 1904년 2월 8일 선전포고도 없이 인천과 여순의 러시아 함대를 공격하면서 러일전쟁을 일으켰다. 5월에는 중국 요동반도에 상륙하고 대련을 점령한 데 이어 이듬해 1월에는 군사요충지 여순을 함락시켰다. 해전에서도 일본 연합함대가 러시아의 발틱함대를 격파함으로써 승기를 잡게 되었다. 이런 데는 영국과 미국의 지원에 힘입은 바 컸다.

손병희는 1904년 3월 15일 동양의 전운이 짙어감을 절감하면서 그대로 앉아 있을 수는 없었다. 인편으로 정부의 의정대신과 법부대신에게 상소문을 보내어 러·일 간의 전쟁이 긴박한 사실을 알리고 비정개혁에 나설 것을 간곡히 호소하였다. 「의정대신에게 보낸 비정혁신안」에는 다음의 내용도 포함되었다.

　개명한 이래로 '백성이 나라의 근본'이라는 것은 세계만국이 다 아는 것이라. 이러므로 서양에 강대한 나라는 각국을 멸하는 것이 그 수를 계산할 수 없으나 민심이 단합된 나라는 감히 손을 대지 못하였으니, 이 또한 문명한 경위라 (…) 하물며 오늘 일본과 러시아가 전쟁을 하는 데 누가 이기고 질 것은 아직은 미리 알 수 없으나 승패가 결정되면 우리나라를 보존하지 못할 것이라는 것은 세계의 통론입니다.

이제 만일 한번 강토를 잃어 적의 손에 들어가면 종묘사직을 안보할 곳이 없고 불쌍한 창생은 고기밥을 면치 못할 것이니 백세 후에 죽은 혼이 황천에 돌아간들 무슨 면목으로 선왕의 영전에 할 말이 있겠습니까?[7]

다음은 「법부대신에게 보낸 비정혁신안」의 한 대목이다.

우리나라의 땅이 비롯 크지는 못하나 2천만 생명이 또한 적은 것이 아니오니 진실로 문명을 하였다면 반드시 천하에 정사를 한다 해도 가하려니와, 이것은 나라가 흥한 후에 말할 바요. 저 왜적이 꾀를 이루기 전에 정치를 개선하고 조정에 독립의 힘을 길러서 국권을 확보하고 국민이 개명을 시작하였다는 만국의 인정을 받아야 권력을 가히 안보할 것이나, 아직도 지금 우리나라의 백성은 학문에 통달하지 못하여 이것을 행하여여도 얻지 못할 것입니다.

우리나라의 팔도 안에 사람은 예전과 같사오니, 사람 가운데 그 뜻있는 일을 가리어 몇 천백만을 화육化育의 안에 불러 모아 무엇으로 이름을 하든지 민회民會를 설립하고 크고 작은 일을 의논케 하며, 정부가 교섭하면 외교의 실력은 통달하지 못하지만 창생보국의 정력은 골수에 젖어 들 것입니다.[8]

무능한 정부 대신들이 망명객의 간곡한 호소문(상소)을 귀담아 들을 리 없었다. 오히려 동학의 괴수가 아직도 살아 있다고 증오심을 보이면서 상소문 전달자를 박해하였다.

정부 당국에 간절한 상소에도 비답이 없고 정세는 나날이 약화되자 손병희는 직접 행동에 나섰다.

손병희 선생은 부득이 동학군의 힘으로 정부를 개혁할 수밖에 없다고 생각하게 되었다. 그리고 개혁을 위해서는 일본 군사당국과의 사전 양해가 성립되지 않고서는 갑오동학혁명 때와 같은 사태가 벌어질 것을 우려해서 손병희 선생은 권동진으로 하여금 일본군 참모총장 다무라田村를 만나 이유를 말하고 다무라의 내락을 받았다. 동시에 손병흠을 국내에 파견하여 국내 동지들로 하여금 거사의 준비를 서두르게 했다.

그러나 이같이 약속했던 일본군 참모총장 다무라가 1903년 8월 5일 갑자기 죽어버렸다. 또한 국내에 파견했던 손병흠 역시 서울에서 동학의 두목들과 비밀리에 의논한 후 다시 일본으로 가는 도중 그해 8월 3일 부산에 이르러서 여관에서 하룻밤 사이에 급병으로 환원했다.

이것이 누구의 사주에 의해서인지 모르지만 공교롭게도 중대사를 띤 다무라와 손병흠이 이틀 사이에 같이 죽었다는 소식을 들은 손병희 선생은 건곤일척의 큰 계획이 그만 수포로 돌아간 것을 보고 실망하여 3일간이나 식사를 전폐하기까지 했다.[9]

갑진혁신甲辰革新 시도했으나 좌절

러일전쟁을 도발한 일본은 한국에 군대를 파견하여 한일의정서를 체결했다. 이에 앞서 러·일 간의 전운이 긴박해지자 고종은 1904년 1월 23일 '대외 엄정중립'을 선언했지만 일본이 한반도에 군대를 상륙시키고 전쟁협력을 기본으로 하는 조약인 한일의정서를 강요했다.

외부대신 이지용과 일본공사 하야시 곤스케 명의로 된 6개항은 한국의 시정개혁과 일본과 사전협의 없이는 제3국과 협약을 맺지 못한다는 등 불평등 조항이 대부분이었다. 같은 해 8월에는 일본이 이른바 '고문정치'를 실시하기 위해 제1차 한일협약을 맺었다. 이로써 일본인 재정고문 1명과 일본이 추천하는 외교고문이 대한제국정부에 자리 잡게 되었다.

손병희는 상소를 통한 정부의 비정개혁 요구가 아무런 효력이 없자 방향을 바꾸어 행동에 나섰다. '갑진혁신'의 시발이다. 정치결사를 조직해서 정부의 비정을 개혁하고자 박인호·이종훈 등 동학간부 40여 명을 비밀리에 일본으로 불러 자신의 계획을 밝히고 국내에서 민회民會를 조직할 것을 지시하였다. 이를 통해 개화운동을 추진하려는 복안이었다. 민회는 처음에 대동회大同會라 했다가 중립회中立會로 바꾸고 다시 권동진·오세창 등과 진보회進步會로 개칭하였다.

손병희는 이때 동학지도자들에게 보국안민의 3책三策을 설명했다.

첫째는 대거 혁명하여 폐혼입명廢昏立明이 그 상책이다.

둘째는 악정부를 통렬히 씻어내고 새정부를 조직함이 그
중책이다.

셋째는 러·일전쟁에 관여하여 그 우승을 보아 얻음이 하책
이다.[10]

손병희는 이 자리에서 상책과 중책은 불가능함으로 불가피하
게 하책을 쓸 수밖에 없다고 전제, 동학의 두령들은 본국에 돌
아가 대동회大同會를 조직하고 동학의 조직을 확대하라고 지시
하였다. 접주제를 강화하라는 교조의 지시에 따라 동학의 조직
은 크게 확대되어 1천 호戶 이상의 대접주가 200여 명, 10만 호
이상의 대령이 100여 명이나 되었다.

국내의 동학조직이 확대되고 있을 즈음 손병희는 1904년 4
월 다시 박인호·홍병기·이용구 등을 도쿄로 불렀다. 이 자리에
서는 도인들의 정신적 단합을 위하여 단발을 시행할 것을 지시
하였다. 고종이 1895년 을미사변 이후 내정개혁의 일환으로 양
력 채용과 함께 단발령을 내리면서 솔선수범하여 머리를 깎았
다. 그리고 관리들을 동원하여 백성의 머리를 깎게 하였다.

을미사변으로 가뜩이나 일본에 대한 감정이 좋지 않던 차에
친일내각이라는 비판을 받던 김홍집 내각의 단발령은 정부의
기본의지와는 상관없이 국민적인 저항에 부딪히고, 이를 빌미
로 유생들은 각지에서 의병을 일으켰다.

이 같은 시점에서 손병희는 동학도인들에게 단발령을 내리면

서 다음과 같은 이유를 들었다.

첫째, 도인으로 하여금 세계 문명에 참여하는 표준이 되게 하는 것이요, 둘째, 도인들이 일심단결하는 의지를 굳게 하는 것이니, 이럴 때 도인은 먼저 용기를 떨치게 하라. 우리가 동학에 입도한 뒤로부터 현재까지 이 한 몸이 죽고라도 현도하기가 소원이었는데, 죽지 않고 현도만 되면 얼마나 좋은 일이겠느냐?

대신사(수운선생)께서는 대도를 위하여 단두대에 목을 내베시었는데 목 대신 머리털 쯤이야 무엇이 어렵겠느냐? 예로부터 은혜를 갚기 위하여 머리털을 베어 신을 삼아 바친다 하였으니 이번에 우리가 단발하는 것은 국은國恩과 사은師恩을 아울러 갚는 일이요, 또 우리가 단발을 하고 세계 문명에 참여한 뒤에라야 우리의 목적을 달성할 수 있으니 이 뜻을 일반 도인에게 잘 알리게 하라.[11]

동학지도부는 서울로 돌아와 진보회의 조직을 위해 지방 교인들이 서울로 올라오도록 통문을 발송했다. 이 사실을 『대한매일신보』는 다음과 같이 보도한다.

일은 여비는 각각 자기가 주선하여 민간의 침탈을 없게 할 사.
일은 열방의 우의를 돈독케 하고 문명을 진보하여 각국에 이익권을 양여함이 없게할 사.

일은 중립국의 의무를 엄정히 지키게 할 사.

일은 금 이십오일로 팔로가 일제히 발행하여 동월 회일에
경사에 회동할 사.

일은 매사를 회장의 지휘대로 하되 만일 장정대로 아니 한
자가 있으며 엄벌할 뿐 아니라 중벌에 처할 사.

일은 대략만 발기하니 미진 조건은 일 후 고지할 사.

일은 황실을 보호하여 독립권을 공고케 할 사.

일은 정부를 개선하여 백성의 자유권을 얻게 할 사.

일은 이제 이 거의 하기는 우리나라 큰 의라. 즉 금今 일본
이 아국과 전쟁하기는 실로 대의를 들어 동양의는 평
화할 목적을 주장함이니 우리가 엄정히 단속하여 일
본군사상에 방해함이 없게 하여 의리로써 의리를 손
상함이 없게 할 사.¹²

손병희는 이용구를 국내로 보내어 진보회를 주관케 하였다.
러일전쟁의 어지러운 상황에서도 진보회는 각 도에 이어 전국
360여 개 군별로 조직되고 이용구는 서울본부 총회장으로서
이 단체를 이끌었다. 동학도들이 중심이 된 진보회는 곧 전국적
인 거대 조직으로 확대되었다. 일부 동학도인들은 이용구가 동
학의 최고지도자인 줄 알았다.

1900년대 초 다수의 유생들이 "머리頭는 잘릴지언정 머리털
은 자를 수 없다"고 항거하던 시대에, 단발에 검은 옷을 입고 활

보하는 진보회의 무리는 이색적이었다. 처음에는 관리들도 함부로 대하지 못했고 그러다보니 각종 불상사도 따랐다.

동학이 그러했듯이 처음에는 방치했던 정부가 진보회의 세력이 확대되자 탄압하기 시작했다. 정부는 9월 20일 각도 관찰사에게 동학교인을 체포하도록 명령하였다.

요즘 듣건대 동학비적東學匪賊 잔당이 다시 퍼져서 혹 공공연히 주문을 외우기도 하고 혹 몰래 내통해서 고을과 촌락들에 모여 무기를 휘두르며 곳곳에서 소란을 피우면서 장차 연곡지하輦穀之下에 모일 것이라고 성명을 냈다고 한다. 인심의 미혹과 백성들의 불량한 버릇이 어찌 이 지경에까지 이르렀단 말인가? 전철이 소연하니 속히 막을 대책을 강구하지 않을 수 없다.

각도各道의 관찰사·안무사·선유사·지방 진위대·각 집포관들로 하여금 엄하게 초포剿捕하게 하되 두목은 즉석에서 처단하고 추종하는 무리들은 잘 타일러 해산시켜서 화란禍亂의 싹을 잘라 지방을 안정시키도록 하라.[13]

정부는 9월 24일 진보회의 해산 등을 명하는 더욱 강경한 칙령을 내렸다.

근일에 소위라고 하는 자가 떼로 모이고 단체가 되어 와언을 선동하여 경향으로 불러 어리석은 무리가 구름 모이듯 하여 조정을 비방하고 대신을 핍박하여 점점 방안이 없는 지경에 이르되 법사에서 능히 그 그른 것을 다스리지 못하고 경무관리가 그 직책을 다하지 못하고 수수방관만 하고 조제치 못하니 법강이 헤이한 것이 한심한지라. (…) 정부와 내부로 경무청과 지방관에게 신칙하여 방법을 내어 형찰하고 효유하고 각기 헤어져 돌아가 안업케 하되 이렇게 조착한 후에 (…) 일향 항거하면 마땅히 법이 있으니 짐은 두 번 말하지 않노라.[14]

이용구, 배신 배교하며 매국앞잡이 노릇

진보회가 국내에서 활동을 시작하고 있을 때 10여 년간 일본에 머물던 송병준이 일본군 12사단 병참감 육군소장 오타니의 통역관으로 조선으로 돌아왔다. 송병준은 러일전쟁에서 일본군이 우세하게 전개되자 주한 일본군의 지원으로 1904년 8월 20일 일진회—進會를 조직했다.

처음에는 독립협회에서 활동했던 윤시병 등과 유신회를 조직했다가 일본 헌병대의 보호를 받으면서 일진회로 바꾸었다. 일진회의 4대 강령은 진보회의 강령을 그대로 차용하면서 마치 진보회와 동류인 것처럼 내세웠다. 머리 모양도 단발하고 검은 옷 대신 일본모자 '도리우찌'를 쓰고 다녔다. 일반인들은 진보회와 일진회를 쉽게 분간하기 어려웠다.

일본군 측이 일진회에 넉넉한 물량과 각종 정보를 제공하면서 이 단체는 급속히 세력이 확대되고 진보회를 잠식하기 시작했다. 손병희가 국정개혁의 전위대로 창설한 진보회가 차츰 변질하면서 이용구는 동학과 스승 손병희를 배교·배신하게 되었다. 이로써 손병희가 의욕적으로 추진했던 '갑진혁신'은 물거품이 되어갔다.

그러던 차에 마침 요원의 불길처럼 뻗쳐 나가는 진보회의 조직역량과 또 동회에 대한 정부의 강압책을 간파한 일진회에서 부랴부랴 진보회장 이용구를 보고 "지금 정부에서는 갑오동학란 토벌할 때와 같이 일본군과 합력해 가지고 진보회를 소탕할 방침인 듯하니 진보회가 살아나는 방법은 오직 우리 일진회와 합하는 수밖에 없다."는 유혹적인 합동을 제의해 온 것이다.

진보회장 이용구로 말하면 위인爲人이 영리하고 민활하지만 그 대신에 경솔하고 용맹·과감한 대담성과 백절불구의 인내심이 결핍한 약점을 가졌던 만큼 대단大團을 영도·통솔할 만한 역량이 부족했다는 것이 당시에 진보회를 같이 운영하던 천도교 두목들의 정평이었다. 그리고 자신이 직접 갑오혁명에 참가했던 체험자이니 만큼 10년 전 비절 참절한 광경을 회상하면 실로 소름이 끼칠 정도였을 것이다.

더욱이 진보회의 발족 이후 정부에서는 발광적인 강압정책을 계속 감행하는 실정이고 보니, 일진회의 합종제안을 거부할만한 용기도 없었을 것이다.[15]

이 무렵, 한말에 함안군수·육군참령을 지내고 개화당에 들어갔다가 임오군란 후 일본에 망명한 권동진(기미년 민족대표 일원)

은 일본에서 손병희와의 만남을 다음과 같이 회고한다.

일본에 있을 때 지방 만유漫遊를 하는 중에 대판에서 이상
헌(손병희의 변명) 씨를 신축년(1901)에 천응성의 소개로 처음
만났습니다. 그는 갑오년에 일대 혁명운동을 일으킨 동학운
동의 거두인 만큼 일견一見에 비범한 인물인 것을 알게 되었
습니다.[16]

이용구는 스승과 동지들을 속이면서 송병준의 하수인이 되어
진보회를 일진회로 예속시키는 데 광분하였다.

일본군에서 나오는 불소한 자금과 관찰사·군수를 내고들
이고 하는 권력과 아름다운 여색(당시 일진회의 재정을 맡아 보
던 엄주동은 거의 밤마다 여색을 제공하기에 여념이 없었다. 당시 17
세의 약관으로 일진회의 사찰직을 맡아 본 바 있는 이재현 옹의 증
언)을 이용해서 이용구로 하여금 자기 스승의 명교命敎는 물론
국가민족의 장래를 완전히 잊어버리도록 마취시켰던 것이다.
이용구도 본래는 동학적인 종교수련도 있고 갑오혁명 당시
에는 생명을 걸고 선두에서 싸우기까지 했지만 한번 권력과
금전과 여색에 침약되고 보니 이제 이용구에게는 국가도 민
족도 개인의 지조도 명예도 모두 초개같이 밖에 보이지 않았
던 것이다. 오직 송병준이 시키는 대로 움직이는 것뿐이었다.
이렇게 완전히 꼭두각시로 타락한 이용구가 다음 해인

1905년 11월 총회에서는 회장으로 승격됨과 동시에 동대회의
이름으로 한국이 일본의 보호를 받아야 한다는 3만여 자나
되는 선언서가 발표되었고, 동 17일에는 소위 을사보호조약
이 체결되었던 것이다.[17]

조선 조정에서는 1881년 일본에 신사유람단을 파견한 이래
몇 차례 유학생을 보내었다. 황실유학생으로 1904년 도쿄부립
제일중학에 입학, 재일유학생회를 조직하고 회장을 맡았던 최
린도 이 무렵에 손병희를 만나 동학에 입도하였다. 그는 민족대
표 33인으로 참여하고 출옥 후에는 변절하여 중추원 참의 등을
지냈다. 최린의 손병희 면담 회상기이다.

나는 일요일이면 종종 가서 뵈이고 그 고명한 도담道談을
많이 들었다. 그때 선생은 '이상헌'으로 가명하시고 망명생활
을 하시기 때문에 우리들은 그 정체를 자세히 몰랐다. 그러던
차에 본국에서는 소위 일진회가 생기고 이용구·송병준 등의
매국적 행동이 노골화하여지자 그 배후 인물은 동학 괴수 손
병희로서 그가 곧 '이상헌'이란 소문이 낭자하였다.

그때부터 나는 황실특파 유학생이라는 입장으로 일진회와
이용구·송병준·손 선생까지도 배척타도하지 않을 수 없었다.
그 후에 손 선생과 일진회의 관계가 사회적으로 판명이 되었
는데 그 내용은 이러하다.

당초에 손 선생은 동학혁명이 실패되자 국내에 잠복하여

그 동학여당을 수습하여 각지 두목들로 하여금 장래를 대비하기 위하여 지하운동을 계속시키고 자신은 잠시 세계만유 차로 상해에 가셨다가, 일·러의 관계가 심히 험악하여 풍운이 날로 절박함을 보시고 상해를 떠나서 일본으로 가시게 되었다.

그리하여 동경·대판 등지로 잠행 '은거'하시면서 조용히 시기를 고대하시던 차에 일·러전쟁은 일본의 승리로서 종국을 고하게 되었다. 이 때에 선생은 시기가 이미 도래하였다 하시고 본국에 있는 이용구 외 중요 두목들을 동경에 초치하여 명령하기를 동학당원을 총동원하여 가지고 표면으로는 정당을 조직하였다가 기회를 보아서 정부를 전복하고 그 정권을 장악하라고 하시었다.[18]

8장

망명지에서
「삼전론」쓰다

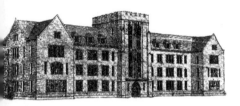

국난극복의 개화자강책 '3전론'

손병희는 1902년 망명지 일본에서 대논설 「삼전론三戰論」을 집필하였다. 서언에 이어 1. 도전道戰. 2. 재전財戰. 3. 언전言戰 과 총론으로 짜인 논설은 손병희의 철학과 경륜을 집대성한다. '개화자강책'이다.

이 논설은 동아일보가 1979년 『신동아』 부록으로 펴낸 『근 대한국 명논설집』에 실리면서 다시 한 번 일반에 널리 읽히게 되었다.

손병희는 논설의 서두에서 "천고의 역사적 사실이어! 외워서 밝히고 기록하여 거울하리라. 한 옛적에 만물의 생김이니 어찌 하여 그렇게 되었으며 그럴 수 있을 것인가. 이치를 더듬어서 헤아려 본즉 아득히 먼 것 같지만 사물에 접촉해서 연구해 보면 혼연한 한 덩어리 가운데서 나와진 것이 의심없도다."라고 전 제하면서 글을 풀어나간다.

논설은 이어서 "지금의 세계 대세는 사람의 기운이 강할 대로 강해지고 꽤가 날 대로 나서 서로 싸운다고 하더라도 오수부동五獸不動의 상태 즉 코끼리·쥐·고양이·개·호랑이 등 다섯 가지 짐승이 서로 약점이 있어서 꼼짝 못하는 상태와 같다고 파악하고, 앞으로는 무기로 싸우는 것이 쓸데없이 될 것이며 세 가지 싸움이 중요하게 될 것"이라고 3전론을 주장한다.

첫째, 도전은 국민의 정신을 계발하는 데 전력을 다할 것이며,

둘째, 재전은 국가의 산업을 개발하여 자립할 수 있는 국력을 키워야 하고,

셋째, 언전은 외국의 사정에 밝아 외국과의 의사소통이 원활케 할 것을 제안한다.

손병희는 당시 조선이 일본과 러시아 사이에서 위기에 처해 있다고 보고, 국민이 합심하여 국난을 극복하는 데 3가지 방안으로 3전론을 제시한 것이다.

서언

(…) 무릇 성인의 도는 물건마다 이루지 못함이 없나니 능히 어지러움을 다스리는 약석藥石은 무기와 형벌이 그것이니라. 그러므로 주나라가 성할 때에는 그 기운이 장대하여 정치는 위에서 빛나고 교화는 아래서 아름다워서 빛나는 문물이 그

처럼 성했으니 어찌 음탕할 바가 아니겠는가.

슬프다, 물건도 오래면 낡아지고 도道도 멀어지면 생소해지는 것은 이치의 자연이라. 밝기가 불을 보는 듯 하도다. 그후부터 역대의 열국이 각각 패업을 닦아서 이기고 지는 것이 마치 장기 바둑 내기와 같았으니 이 어찌 한심한 바가 아니겠는가.

비록 그러나 이것도 또한 운명인지라, 무엇을 탓할 수 있으리요. 이렇게 헤아려 봄이어. 이치의 뒤집힘과 운수의 돌고돔이 명료하기가 손바닥을 들여다 보는 것 같도다. 대개 이와 같은 즉 옛적을 거울해서 이제는 살펴보매 어찌 여러 가지 까닭이 있겠는가.

그러므로 예와 어제가 같지 않음이여, 나는 반드시 운이 변하기 때문이라고 말 하노라. 방금 세계대세가 천운과 같이 움직여서 인기人氣는 강할대로 강하고 공교할대로 공교해서 기예의 발달됨과 동작의 연습됨이 이에 그 극에 이르렀도다.

비록 그러나 강하다고 해서 병력의 강한 것만을 가르침이 아니라, 옳은 일에 나아가서 굽히지 않는 것을 이름이요 공교한다고 해서 간사한 교태를 말함이 아니라 사리에 통달해서 이기고 날카로움을 이름이라. 만일 군대와 무기로 서로 접촉하게 되면 강약에 구별되어 인도가 끊어지리니, 이것을 어찌 천리天理라고 하겠는가.

나의 불민함으로써 우주의 형세를 두루 살펴보니 온세계가 모두 강해서 비록 병력으로 싸우려고 하나 서로 상적한지라 싸워도 이익됨이 없으리니 이것이 소위 오수부동이라.

그러고 본즉 병력전쟁 한 조목은 자연히 없어지게 되었으나 병력전쟁보다도 더욱 무서운 것이 세가지가 있으니 첫째 도전이요, 둘째 재전이요, 셋째 언전이라, 이 세가지를 능히 안 연후에 가히 문명의 지경에 나가게 될 것이요. 보국안민의 계획이 가히 이루어지게 되리라. 그러므로 청컨대 이것을 말해서 전쟁을 논해볼까 하노라.

1. 도전道戰

도전이란 무엇인가. "천시는 지리만 못하고 지리는 인화만 못하다"고 했다. 인화의 계책은 도가 아니면 될 수 없나니라. 도로서 백성을 교화하면 스스로 다스려질 것이니 그것은 무방하되 도전에 대해서는 불가하다고 말할 수 있겠지만 그렇지 않다.

군자의 덕은 바람과 같고 소인의 덕은 풀과 같으니 도와 덕이 행하는데 바람을 따라서 눕지 않는 풀이 없겠기 때문이니라.

대개 큰 덕은 교화가 초목에 미치고 신뢰가 만방에 미치는지라. 현금 천운이 크게 통하여 풍화의 기운이 크게 열리니 먼 데와 가까운 데가 한 덩어리요 많은 사람이 한가지로 돌아가나니 이것이 무슨 까닭인가.

어느 나라든지 각각 국교가 있어서 한결같이 주장하는 것이 개화문명인지라, 대개 먼저 개명한 도로써 저 개명하지 못한 나라에 가서 그 덕을 행하여 그 백성을 교화하면 민심의 돌아가는 바가 물이 아래로 내려가는 것 같으니라.

"백성은 나라의 근본이라" 하지 않았는가. 그 근본이 건전치 못하고 그 나라만이 혼자서 건전할 수는 없는 것이니라.

그러므로 세계 각국이 각각 문명의 도를 지켜서 그 백성을 보호하고 그 직업을 가르치며 그 나라로 하여금 태산과 같이 평안하기에 이르렀으니 이것이 "도의 앞에 대적이 없다"는 것이 아니고 무엇이겠는가. 힘으로써 다스릴 때는 비록 억만의 낳은 백성이 있을지라도 각각 억만가지 생각을 갖지만 도덕으로써 교화할 때에는 비록 열사람의 충성이나마 생각이 같고 덕이 같으리니 보국안민의 계책이 무슨 어려움이 있겠는가.

그러면 천시과 지리는 베풀어도 이약됨이 없지 않겠는가. 잘 다스려질 때에 토지가 살지고 비와 바람이 순해서 산천초목도 모두 정기가 빛나리니 말하기를 할만한 싸움은 '도전'이라고 하노라.

2. 재전財戰

재전이란 무엇인가. 재물이란 한울이 준 보배로운 물화物貨니 만인의 이용이요, 원기의 기름이라, 그 종류가 몇 가진가. 동물·식물·광물이 이것이라. 사람은 물건을 다스리는 주인이니 그 이익이 무엇인가. 농업·식물·광물이 이것이라. 사람은 물건을 다스리는 주인이니 그 이익이 무엇인가. 농업·상업·공업 세가지가 그것이니라.

농사 때를 어기지 않으면 곡식을 다 먹지 못할 것이요, 먹는 것이 때에 맞고 쓰는 것이 중도에 맞으면 가히 흉년과 환난에 대비함이 되리니 이것이 이른바 농업이니라.

있는 것과 없는 것을 옮겨서 팔고 사며 이윤을 불려서 부자가 되고 수입을 보아서 지출을 적게하되 노력해서 벌어먹으면 이것은 재산을 안보하는 방책이니 이것이 상업이란 것이니라.

기계를 만들어서 쓰기에 편리하게 하며 이목의 공교함을 극진히 하여 규구規矩의 재간을 바르게 하면 온갖 물건이 넉넉하리니 이것이 공업이란 것이니라.

이 세가지는 예로부터 지금까지의 아름답고 좋은 법규라. 지금 세계로 말하면 인기人氣가 매우 왕성하여 널리 경위를 살펴보아서 물리物理를 연구하여 이치를 미루어 보기좋고 쓰기좋은 여러 가지 귀중품을 만들어 내서 이루다 써내지 못할 것이 많은지라.

가령 색다른 종류의 물건으로써 일찍이 여러나라에 시험하는 것 같음은 저들의 만든 물건을 옮겨서 팔고자 함이라. 대개 이와 같은 즉 혹여 이해관계를 분석할 줄 모르면 몇 해가 못 되어서 그 나라가 파멸되는 것을 가히 서서 기다릴 수가 있으리라.

이로써 관찰하면 이것은 분명히 남의 기름을 뽑아가는 소개자라 할 수 있다. 그러므로 지모가 있는 사람은 의사가 같은지라. 위로는 황실의 자제로부터 아래로는 민간 수재에 이르기까지 그 재주를 기르고 그 기술을 발달시켜서 한편으로는 외국의 침략을 방어하는 자료가 되고 한편으로는 국가를 부강하게 하는 술법으로 삼나니 이 어찌 해볼 만한 싸움이 아니겠는가. 그러므로 나는 반드시 싸울만한 것은 '재전'이라 하노라.

3. 언전言戰

'언전'이란 것은 무엇인가. 말이란 것은 속에 쌓여 있는 뜻을 드러내는 표준이요 사실을 서술하는 기본이라. 속 뜻을 발표하여 사물에 베푸는 것이니 그것이 발현되매 형상은 없지만 소리가 있고 그것이 사용되매 때로 그렇지 않음이 없는지라.

경위가 분명하고 조리가 정연하여 잘되고 못되는 것이 모두 이에 관계되나니 가히 믿음직하지 않은가. 그러므로 옛날 선비의 말한 바 "적당한 시기에만 말한다"는 것이 이것을 이름이니라.

대저 방언은 그 산천의 풍기를 따라서 각각 조절을 달리하는 고로 많은 나라 백성들이 품성을 비록 일체지만 서로 뜻을 통하지 못하는 것은 다름이 아니라 언어가 같지 않기 때문이니라.

하물며 지금은 세계가 복잡하게 나열하여 있는 가운데 인

왼손에는 독립선언문, 오른손은 가슴에 얹은 모습의
손병희 동상

기가 둘러 통하고 물화가 서로 어울려서 국정을 말끔히 알고
있는지라 서양과 동양, 남방과 북방이 모두 교린하지 않음이
없나니, 만일 언로의 통섭이 없다면 어떻게 교제의 방책이 있
을 수 있겠는가.

　말을 하매 방법이 있나니 지혜와 모계가 병행한 후에 말에
문채가 있나니라. 그러므로 "한마디 말로써 나라를 흥왕하

게 할 수 있다"는 것은 옛 성인의 심법이 서적에 나타나 있나니 단연코 환장이의 솜씨가 물상物象에 나타남과 다름이 없나니라.

교제하는 마당에 또한 담판하는 법이 있나니 양적兩敵이 서로 제 주장을 고집하여 결정을 못 지을 때에 이르러서는 멀고 가까운 여러 나라가 모여서 먼저 사서事緒의 곡직을 자세히 알아보고 경위의 가부를 여러 각도로 검토하여 그 사리의 당연한 것을 얻은 연후에 모든 조건이 한가지로 귀결되고 승부의 목적이 확정되어 필경 귀화하는 규정을 이루나니 그때에 당하여 만일 반문의 경우라도 지모에 합당치 못하면 어찌 세계에 뚜렷이 나설 수 있는 위세를 가질 수 있겠는가.

흥하고 패하는 것과 날카롭고 무딘 것이 또한 담판에 있나니 이로써 헤아려보면 지모가 있는 사람은 말해서 맞아지 않음이 없나니라. 무릇 이와 같은 즉 말의 사물에 대한 공이 어찌 중대하지 않겠는가. 그러므로 나는 또한 싸울만 한 것은 '언전'이라 하노라.

총론

지금 세계 형편을 살펴보니 도의 앞길이 더욱 환하게 밝도다. 경전에 '병기없는 전쟁'이라고 일렀으니 어찌 명백하지 않은가. 어쨌든 여러분들은 마치 우물 가운데 들어 앉은 것 같아서 필시 외세 형편에 혼암昏暗할 줄로 생각되므로 이에 삼전론 일편을 지어서 고루함을 잊고 돌려보이느니 행여 심지를 극진히 하여 그 크고, 작고 같고 다른 이치를 분석할 것 같으면 여기에 힘을 얻어서 빛나는 문채文彩가 마치 단것이 양념을 받은 것 같고 흰것이 채색을 받은 것 같으리니 마음을 가라앉히고 잘 음미하여 담벼락에 마주선 탄식이 없게 함이 어떠하뇨.

방금 세계문명은 실로 천지가 한번 크게 변해서 새로 창조될 운수인지라. 선각한 처지에는 반드시 서로 가까워지는 기운의 음함이 있으리니, 생각하고 생각하여 천지의 감동하는 정신을 어기지 말라. 대개 효재충신과 삼강오륜은 세계에서 부러워하는 바라. 그러므로 "인의예지는 선성先聖의 가르친 바라"고 하였나니 우리 도의 종지와 삼전의 이치를 아울러 활용하면 어찌 천하의 으뜸이 아니겠는가.

대개 이와 같은 즉 그야말로 금상첨화라. 이로써 명심하기를 바라고 바라노라.[1]

9장

망명지의 고투,
천도교 창건

이토와 박영효를 납작하게

손병희는 일본이 전봉준과 더불어 '동학수괴'로 점찍은 핵심
인물이다. 남접의 전봉준은 붙잡혀 처형당하고, 북접의 손병희
는 일본에 망명하여 변성명을 하고 4년여를 머물렀다. 엄격한
의미에서 그의 일본 체류는 '망명'이라기보다 도피생활 또는 유
랑이라 해야 할 것이다. 적대국가에 망명이란 불가능하기 때문
이다.

여기서는 달리 적합한 용어를 찾지 못해 '망명'으로 표기한
다. 일본 정부도 '이상헌'이란 조선인의 정체를 추적했으나 끝
내 밝히지 못하였다. 변성명인 데다 꼬투리 잡힐 일이 없어서였
다. 손병희의 초기 망명생활은 경제적으로 심히 어려웠으나 얼
마 뒤부터는 국내 동학교인들의 지원으로 비교적 여유 있는 생
활을 할 수 있었다. 상상을 뛰어넘는 몇 가지 '일화'도 전한다.

이토 히로부미(1841~1909)가 입헌정우회 총재를 그만두고 추밀원의장으로 활동할 무렵이다. 어느날 이토가 생면부지의 이상헌(손병희)을 관저로 초대했다. 조선인이 도쿄에서 자동차를 타고 다닌다는 등 여러 가지 소문을 듣고 그의 정체를 알기 위해서였다. 이토는 조선침략을 기도하면서 조선(조선인)에 대한 관심이 많았다.

이등(이토)은 처음부터 의암 선생의 인격을 시험하기 위하여 내외에 엄중한 경계를 편 뒤에 정문에 들어 설 때부터 의암 선생의 일거일동을 방안에서 내다보고 있었으나 조금도 어색함이 없이 태연하게 들어서는 것을 보고 섣불리 다룰 수 없는 인물인 것으로 여겼다.

집에 들어서자 이등은 현관에서 맞이하여 인사교환 후 술상이 마련되었다. 이때 이등은 주인으로써 손님인 의암 선생에게 술잔을 권하자 잔을 받아 그대로 마신 뒤 이등에게 돌려 주었는데 두 사람 사이에는 안주마저 들 여가가 없이 술잔이 오갔다. 두 사람은 다 같이 영웅심에서 술잔부터 지지 않으려는 배포이었다. 젊었던 한때 이미 술에 절었던 몸이라 그 정도로서 정신이 희미하게 할 의암 선생은 아니었다.

이미 이등의 생각을 어느 정도 짐작하는 터이라 조금도 변함없이 술을 마시자 주인인 이등이 먼저 취해서 자리를 비우고 들어오지 아니하자 의암 선생은 그때부터 안주를 들면서 여유 있게 기다렸으나 이미 취해 버린 이등은 정신마저 잃었다는 전하는 말을 듣고 물러나왔다는 것이다.

손병희는 도쿄에서 일본인 대관이나 큰 부호들이 타고 다니는 쌍두마차를 한 대 구입하여 마차를 타고 도쿄 시내를 돌아다녔다. 손병희가 탄 쌍두마차에 대한 소문이 나고 구경꾼들이 몰려왔다. 구경꾼들 사이에는 조선 충청도 부자양반 이상헌이란 사람으로 알려졌다. 망명중인 권동진·오세창 등도 처음에는 그리 알았다고 한다.

박영효와 사귀기 전의 일이다. 그는 갑신정변 실패 뒤 일본에 망명 중이었다. 손병희가 어느 날 공중목욕탕에서 목욕을 하고 나오는 데, 마침 40세 가량의 한국남자가 일본여자를 끼고 희롱하면서 큰 목욕탕에서 나오는 것이었다. 손병희는 엄격한 목소리로,

"네가 한국사람이냐 일본사람이냐."

하고 따지자, 그 사람은 태연하게 무슨 일인지도 모르고 손병희에게 "나는 한국사람 박영효요, 왜 그러시오."

이 말을 듣자 손병희는,

"네가 정말 금릉위 박영효란 말이냐."

박영효는 자기가 고종의 사위인 줄 몰라서 그렇지, 알면 사과하리라 기대하고 자신의 신분을 밝혔던 것이다. 이에 더욱 화가 치민 손병희가 "너는 왕실의 부마가 아니냐. 국가흥망이 조석에 달리고 폐하께서는 침식이 불안하신 이때에 외국에까지 망명 온 사람으로서 목욕탕에까지 일본 하녀를 데리고 다니면서 여러 사람 앞에서 추잡한 꼴을 보이느냐!"라고

꾸짖었다.

박영효는 손병희의 엄한 질책을 받고 용서를 빌었고, 이후 두 사람은 사귀게 되었다.[1]

손병희가 일본에서 '충청도 출신 부자'로 행세한 것은 정보기관의 추적을 따돌리기 위해서였다. 당시 일본의 국책은 한국을 병탄하는 것이었다. 러일전쟁도 한국에 대한 지배권을 행사하기 위한 '외곽차단'의 수순이었다.

일본은 1894~1895년 청일전쟁을 통해 조선에 대해 종주권을 행사하던 청국을 제압한 데 이어 1902년 러시아의 동진을 견제한다는 명분으로 영국과 영일동맹을 맺었다. 주된 내용은 영국은 중국에 있어서, 일본은 한·중 양국에 있어서 특수한 이익을 가지고 있으므로 타국으로부터 그 이익이 침해될 때에는 필요한 조치를 취한다고 규정했다.

일본은 또 다른 대륙세력인 러시아를 상대로 전쟁을 일으키고, 이어서 1905년에는 가쓰라-태프트 밀약으로 미국과 동맹관계를 맺었다. 대륙세력은 전쟁으로 제압하고, 해양세력은 조약(밀약)으로 동맹하면서 조선병탄의 대외적인 토대를 구축하였다.

일본 정보기관의 정탐기록

이런 상황의 일본에서 손병희는 공개적인 활동이 쉽지 않았다. 일본 경찰은 그가 일본에 도착할 때부터 행적을 조사하고, 심지어 외무대신은 주한특명전권대사 하야시林權助에게 손병희의 신상조사를 의뢰하였다.

동학혁명 과정에서도 잡히지 않았고, 정부의 체포령에도 살아남아 일본에 망명한 손병희는 용의주도한 처신으로 정보기관의 추적을 따돌렸다. 그리고 가명을 바꿔 사용하면서 은밀한 활동을 멈추지 않았다.

일본 정보기관이 파악한 손병희 관련 정탐보고 내용이다.

정탐내용 1

「한국 경성 미동 이상헌」

고갑제高甲第 128호

위의 사람은 작년 6월 나라현奈良縣으로부터 이사해 와서 현재 경도시 상경구 성호원정京都市 上京區 聖護院町에 살고 있는데, 그 사람의 생활이 매우 사치스럽고 또한 그 나라 학생 수십 명을 초청해서 이들에게 응분의 학비를 급여하여 취학하게 하고 있는 중입니다. 그 사람이 스스로 말하는 바에 의하면, 고국에 대단이 많은 자산을 갖고 있으며 그의 동생 모某

는 그 나라에서 광산업을 경영하고 있다는 것입니다.

또 그 사람이 지금의 시국을 감안하여 제국帝國을 위한 군사비로 1만 원의 헌납을 신청해온 행동을 보아도 상당한 자산가가 아니고서는 할 수 없는 것으로 추측됩니다.

그런데 그 사람의 신상에 대해서는 종전부터 각종 풍문이 돌고 있는데, 그 중 한두 개의 예를 든다면, 그 사람은 러시아를 위해 우리나라의 정세를 정탐하고 있다고도 하고, 또 다른 예로는 그 사람은 한국의 조정으로부터 자금을 받아 비밀리에 제국에 체류하고 있는 망명자의 살해를 꾀하고 있는 자라고도 하는 등 기타 불미스러운 풍설이 적지 않게 떠돌고 있어서 상당한 주의를 기울이고 있는 중이나, 그 사람의 한국에 있는 자금이라든가 경력 등에 대해서는 지금도 판명되지 않고 있습니다. 따라서 이에 대한 감독과 단속을 위해 필요하오니 다음에 기록하는 각 항목에 대해 한국 주재 우리나라 공사나 영사에게 신속히 조회하시어 그 내막을 회보해주시기 바라며 이에 조회 드립니다.

1904년 2월 17일

경도부지사 목삼종일京都府知事 木森鍾一

외무차관 진전습기 전外務次官 珍田拾己 殿

기記

—. 한국 조정과의 관계 유무

—. 한국에 체류 중인 러시아인 또는 러시아파 한국인과의
교제 상황

—. 자산

—. 한국에서의 거동과 이력.[2]

다음은 1904년 8월 19일에 〈비秘제 194호〉로 작성된 같은 기
관의 〈정탐내용 2〉이다.

위의 사람은 전부터 사찰 중에 있는 사람이며, 그 사람과
서면 왕래가 있는 김사준 등의 신원에 대해서는 며칠 전에 통
보해주셔서 판명되었습니다. 이상헌 본인의 사람 됨됨이에
대해서는 비밀리에 정탐해 보았지만 그 요점을 잡을 수 없었
으며, 일설에 의하면 그를 정의의 사람이라 일컫는 사람도 있
지만, 이상헌의 신상을 둘러싸고 있는 모든 의문점을 풀기에
는 부족합니다. 따라서 그 신상에 관한 대략적인 내용을 열거
하면 아래와 같습니다.

—. 이상헌은 친러시아파 이근택 일파의 비밀 지시를 받고
2년 전 일본에 건너온 자이다.

—. 건너온 후 각처에서 처첩과 함께 동거하면서 사치스러
운 생계를 영위하고, 또 학생 20여 명에게 매달 학자금
을 지급하고 있을 뿐만 아니라, 지난 5월 중 경도부京都
府를 거쳐 군자금 1만 원을 헌납하는 등 그는 항상 수만
금을 움직이고 있으며, 이는 보통 부유하다고 일컬어지

는 한국인일지라도 하기 힘든 바로서, 필경 위의 재원은 한국 조정 또는 친러파로부터 지출되는 것이 틀림없다. 그리고 1만 원의 헌금을 일본 정부의 환심을 사려는 방책이며, 이끌고 있는 학생들은 훗날 그의 매우 충실한 부하가 되어 각 방면에서 크게 해독을 끼치게 될 것이라고 하며,

—. 이상헌이 조희연 일파에게 점차적으로 금전상의 은혜를 베푸는 것은 망명자를 끌어내려는 책동으로서, 전에 조희연의 부하였던 엄달환과 이하종 두 사람을 작년(1903년) 한국 궁내부 이사에 채용하게 한 것은 이상헌의 비밀 조치가 있었던 것이라고 하며,

—. 이상헌의 망명자 유인은 10년 계획이었지만, 겨우 2년이 지나 러·일이 교전하기에 이르렀으므로, 힘을 망명자 유인에만 쓸 필요가 없어서 결국 헌금하게 된 것인바, 이는 일본에 대한 접근 책으로 매우 교묘하며,

—, 본국으로부터 수만금이 보내져오면 즉시 이 소식을 남에게 알리려고 힘썼고, 게다가 그 돈을 절친한 사람에게 의탁해서 본국으로 환송하고, 그런 다음 이를 자기 앞으로 다시 회수하기를 세 번 네 번 되풀이해서, 마치 막대한 돈이 입수된 것처럼 남에게 과시하려는 것은 기괴한 일이며,

—, 본인은 그의 원적과 출생지를 경성 미동이라 한다지만 사실 그 사람의 언어에는 조금도 경성 사투리가 없다.

이상과 같이 여러 가지 소문이 분분하고 게다가 며칠 전 통보해주신 바 있는 그 사람과 서면을 왕래한 자 주위에는 위험한 행동 경위를 갖고 있는 조동원이 있고, 또한 이상헌의 행동에는 주의를 요한다는 것을 인지했기에 위의 많은 액수의 돈의 출처와 그 사람의 경력과 아울러 한국에 있을 때의 거동, 기타 참고가 될 만한 사항을 상세히 알고자 합니다. 따라서 이에 대한 조처 있으시기 바라며 이에 조회 드리는 바입니다.[3]

일본 정부기관의 손병희 관련 정탐 문건은 허술하기 그지없었다. 더러는 사실과 전혀 다른, 미확인 된 정탐 보고를 하고 있다. 이를 근거로 그의 귀국 후 민족운동 과정에서, 그리고 해방 후 일부 인사들에 의해 손병희를 폄훼하는 논거로 삼았다. 일제는 손병희가 귀국할 때까지 그의 '실체'를 정확히 파악하지 못하였다. 그만큼 손병희는 철저하게 신분을 숨기면서 일본에서 활동하였다.

「명리전」·「준비시대」 등 집필

손병희는 종교인·혁명가임과 더불어 경세가經世家에 속한다. 일본 망명기에 신앙과 수행, 그리고 각종 선진문물에 접하면서 꾸준히 조국의 문명개화와 동학의 발전에 대해 탐구하고 사색하였다.

망명 정객들이 흔히 빠지기 쉬운 일탈과 니힐nihil을 극복하면서 정진에 정진을 거듭하고 사유의 결실을 문건으로 담았다. 1905년에 「명리전明理傳」과 「삼전론」에 이어 「준비시대準備時代」를 집필하였다.

문명개화를 염원하는 철학과 조국의 발전에 대한 비전을 담은 논설이다. 손병희의 「준비시대」에 관한 한 연구가의 분석이다.

　　그는 단군·기자로부터 시작되는 우리의 역사를 거론하면서 적어도 "삼국시대까지는 우리나라가 부국·강국·문명국·자유국으로서의 위용을 갖추고 있었으나 그 이후로는 빈국·약국·몽매국·압제국으로 전락하고 말았다"고 주장했다. 특히 그는 조선시대의 물질적·정신적 유산 모두를 정체와 퇴행의 시각에서 파악하고 개항이 이러한 유치한 상태를 벗어나 "오늘의 부강문명국인 서구열강을 따라 배울 수 있는 일대 기회를 제공했다"고 주장했다.

　　하지만 묘당廟堂부터 규항閭巷까지 이러한 천재일우의 기회를 활용하지 못하고 수수방관하고 있음에 안타까움을 표시한다. 조선시대 역사를 퇴보적인 것으로 파악하고 유학적 전통을 부정하면서 서구 문명의 발전상과 조선 문명의 정체성을 극단적으로 대비하는 자기비하적인 멸고창신蔑古創新의 역사인식은 조선 말기 이래 문명개화파의 그것과 일맥상통하는 것이었다.

이처럼 자신의 전통과 정체를 몽매의 역사로 치부하고 이를 시급히 청산하고자 하는 패배주의적 역사인식이 문명개화로의 '전향'을 더욱 용이하게 만들었던 것이다.[4]

손병희는 당시 국내에서 전개되고 있는 이용구 일파의 변질 행위를 잘 몰랐다. 동생 병흠이 사망하고 진보회의 책임을 맡은 이용구의 허위보고에 접하다보니 실상을 제대로 파악하기 어려웠던 것이다.

이용구는 일본헌병대의 지원을 받으면서 진보회를 일진회와 통합하여 노골적인 친일 행위를 자행하였다. 청일전쟁 때에는 회원들을 일본군 안내와 군수품 운송 등에 동원하고 각종 정보를 제공했다.

국내의 진보회 회원들도 이용구 일파에게 속기는 마찬가지였다.

이용구의 친일배교적인 행동을 알 수 없었던 진보회원들은 처음에 손병희의 지령에 의하여 운영되는 줄 알았다가 뒤늦게 알게 되어 동학교도들인 회원들은 분개하였으며 손병희도 나중에야 이용구의 배교 친일주구화한 것을 알고서 정·교 분리를 구상하는 한편 선후책을 강구하였다.[5]

손병희를 더욱 놀라게 한 일이 벌어졌다. 러일전쟁에서 승리한 일본이 포츠머스 강화조약에 따라 한국에서 특수권익을 행사하게 되자 1905년 11월 4일 이용구와 송병준 등이 한국이 일본의 보호를 받아야 한다는 이른바 「일진회선언서」를 발표한 것이다.

지금 한일 양국의 관계를 옛날로 회복하고자 함은 마치 사자를 회생시키려는 것이니, 그 성패는 자명하다. 만일 외국의 간섭을 거부하고 독립의 명실을 완전히 하고자 한다면 분연히 궐기하여 그 이유를 만국에 선언해야 할 것이다. 그렇지 않다면 우방의 지도에 순응하여 문명을 진척시키고 독립을 유지함이 가하다.

나아가 분연히 의를 외칠 용기가 없고 물러나 우방을 신뢰하지 않으면서 함부로 의심하여 소인배들의 교언에 속아 간계를 부리니, 이는 필시 교의를 손상시켜 스스로 망국의 화를 자초함이니 탄식을 금할 수 없다.

오호 우리 2천만 동포는 이 다난한 때에 임하여 세계의 형세를 살피고 동양의 시국을 감안하며 우리나라의 정황을 본다면 재차 언급할 필요가 없을 것이니, 즉 독립보호 강토유지는 대일본황제 조칙을 세계에 공포하신다면 의심할 여지가 없다.

우리는 일심동기와 신의로써 우방과 교류하고 성의로써 동맹에 대하며, 그 지도 보호에 의지하여 국가의 독립과 안녕, 그리고 행복을 영원무궁하게 유지하고자 여기에 감히 선언

한다.[6]

일진회에서 발표된 각종 선언서·상주문 따위는 모두 "대한국 일진회장 이용구 등 100만 회원은 대한국 2천만 민중을 대표하여"라고 글머리를 장식하여, 일진회원이 1백만 명이라고 표기하였다. 일제 침략자들의 사주에 따랐음은 물론이다.

일본 신문에도 대서특필된 이같은 사실에 손병희는 땅을 치며 분노를 삭이지 못하였다. 이용구 등의 매국배교 행위를 제대로 파악하지 못한 자신의 실책을 후회했지만, 이미 때는 늦었다.

천도교 창건하고 신문에 광고

일제는 매국 단체 일진회가 '2천만 민중을 대표하여' 보호국화를 요청하는 선언서를 발표하자, 기다렸다는 듯이 11월 17일 을사늑약을 강제하고 대한제국의 외교권 등을 강탈하였다. 손병희는 마음이 조급했다. 문명개화를 통해 고국을 개혁하고자 했으나 이미 일제의 폭력으로 숨통이 조이고 동학이 일진회와 같은 무리로 오해받게 되었다. 동학교인들이 매국세력으로 인식되고 있는 사태 앞에 더 이상 '사태의 추이'를 지켜보고만 있을 수는 없었다.

무엇보다 동학이 일진회와 같은 무리가 아니라는 사실을 밝히는 일이 시급했다. 1세 교조 최제우와 2세 교조 최시형의 고귀한 순교로 이어진 동학의 법통과, 동학혁명 과정에서 비참하게 희생된 수많은 동반들의 피값을 헛되이 할 수 없는 일이었다.

손병희는 이용구를 도쿄로 불렀다. 그동안 자신에게 보내온 보고서의 진위를 따지고, 친일매국의 잘못을 뉘우치게 하기 위해서였다. 이용구는 손병희가 아끼던 측근 중의 측근이었기 때문에 잘 설득하여 참다운 동학교인으로 되돌리고 싶었던 마음도 있었을 것이다.

긴급히 이용구를 불러가지고 "도대체 어쩌자고 보호선언이란 망동을 했으냐"고 엄중한 책망을 하니 이용구는 "현하의 한국은 보호독립이 시의에 적합해서 그렇게 한 것입니다" 이렇게 대답한 것이다.

"보호를 받으면 독립이 아니요 독립을 하면 보호가 불필요한 것인데 어떻게 보호독립이란 말이 성립될 수 있겠느냐" 한즉 "선생님 걱정 마십시오. 제가 이등에게 '안네기'를 걸었습니다. 이제 적당한 때가 닥치기만 하면 이등은 나가 자빠질 것입니다."

"이등이 어떤 사람인데 그대에게 안네기를 걸렸겠나? 바로 그대가 걸렸으면 걸렸지!"(33인 중 1인이신 고 라용환 선생의 「일진회회고록」에 의함) 했다는 것이다.[7]

손병희는 고심 끝에 동학교단의 수습과 교도의 재조직을 위해 중대한 결단을 내렸다. 1905년 12월 1일을 기하여 이제까지의 동학이라는 교명을 천도교天道敎로 바꾸어 선포하였다. 1860년 최제우가 제세구민의 큰 뜻을 품고 동학을 창도한 지 45년 만의 일이다. 천도교라는 교명은 『동경대전』에 있는 "도측천도道則天道요 학측동학學則東學"이란 구절을 인용하여 동학을 천도교로 개칭한 것이다.

손병희는 동학이라 불리던 교단을 '천도교'라는 근대적 이름으로 세상에 반포하면서 「대고천하大告天下」를 다음과 같이 밝혔다.

포덕 46(1905)년 을사에 성사 동학 이름을 고쳐 천도교라 하니라. 원래 동학이란 이름이 서학 아닌 것을 밝히고자 함이요, 실상 이름은 아닌 고로 동경대전에 이른바 '도인즉 천도요, 학인즉 동학'이라는 뜻을 취하여 천도교라 고치니라.[8]

손병희는 동학의 전통적인 가치인 보국안민의 개념을 천도교의 교리체계에 흡수하여 '성신쌍전性身雙全'의 철학을 확립하였다.

성신쌍전: 이 역시 대신사의 말씀하신 보국안민·포덕천하·광제창생의 정신을 유출하여 말한 것이니 보국안민은 신변의 사事인데 신변을 표준한 것이며 포덕천하는 우주·대도·대덕

의 신종교를 이름인데, 이는 성性 즉 도道에 속한 것이니 이것이 가장 천도교의 특색되는 바라.

원래 천도교는 물物과 심心을 이원二元으로 보지 아니하고 오직 일원一元되는 지기至氣의 발작으로 물과 심이 생겼다 믿는 점에서 천도교는 유심唯心에 속한 것도 아니며 유물에 속한 것도 아니요, 오직 지기일원실체至氣一元實體인 한울을 그 대상으로 한 것이다. 그러나 그 작용의 점에 있어는 물심이 병행하는 것으로 보아 물심 이자二者를 총심 수행함을 성신쌍전이라 이름하고 그리하여 그가 행위상에 나타날 때에 성변사性邊事와 신변사身邊事를 달리 말하게 되는 것이다.[9]

손병희는 이미 「명리전明理傳」에서 천도의 의미를 설명한 바 있다.

사람은 곧 천인天人이고 도道는 곧 천도天道다. 천도의 본성을 지킬 수 있는 사람이면 때가 다르고 도가 달라도 지모가 서로 비치고 의사가 서로 같아 서로 하나의 이치에 도달한다.[10]

손병희는 동학을 천도교로 개칭하면서 천도교 창건 소식을 '천도교 대도주 손병희' 명의로 국내의 『제국신문』과 『대한매일신보』에 대대적으로 광고하였다. 『제국신문』은 1905년 12월 1일부터 18일까지, 『대한매일신보』는 19일까지 각각 15회에 걸쳐 싣게 하였다. 마치 교당 건축을 알리는 것처럼 한 이 광고는 '동학=천도교'의 창건과 아울러 교단의 양성화·합법화를 만천하에 알리게 되었다.

교당건축 광고를 빌미 삼아 천도교 창건을 천명한 이 광고는 신교의 자유를 내세워 천도교의 합법화를 정당화하고 있다. 동학 지도부가 이 시점에서 과감하게 천도교의 창건을 선언한 것은 일제가 비호세력이 되어 줄 것이라는 신뢰가 작용했기 때문이었다.

예상대로 정부는 이 광고에 대해서 아무런 조치도 취하지 않았다. 천도교 창건과 정부의 묵인 과정을 거쳐 동학의 합법화가 이루어진 셈이었다. 1906년 1월 불법단체의 수괴였던 손병희와 국사범인 권동진·오세창 등이 아무런 제재없이 천도교인들의 열렬한 환영 속에 당당하게 귀국했다.[11]

한 연구가는 손병희의 '천도교 창건' 배경을 크게 세 가지로 분석하였다.

첫째는 그동안 정부에서 가지고 있던 동학의 인식을 불식시키기 위함이었다. 즉 정부는 동학을 '혹세무민'이라고 하여 여전히 탄압하였다. 때문에 동학을 그대로 사용한다는 것은 의미가 없었던 것이다. 더욱이 동학이라는 명칭으로 인해 정부 탄압의 빌미를 제공할 필요가 없었던 것이다.

둘째는 근대종교로의 전환이었다. 전근대적인 동학을 그대로 유지하기보다는 근대문명의 상징이라고 할 수 있는 흑의 단발을 전개한 상황에서 굳이 전근대적 동학을 고집할 이유가 없었던 것이다. 또한 서학의 경우 천주교라는 이름으로 신앙의 자유를 누리고 있었으며, 기독교 역시 신앙이 자유로운 상태였던 것이다.

셋째는 부일세력으로부터 벗어나기 위한 방략이었다. 이용구가 진보회를 일진회와 통합함으로써 동학교단은 부일세력으로 오해를 받았을 뿐만 아니라 교인의 희생이 적지 않았다.[12]

귀국길 연도에 수만 명 환영

손병희는 더 이상 일본에 머물 이유가 없었다. 일본 신문에는 "금지今之 이상헌 고지古之 손병희"라고 하여 이상헌이 바로 손병희라는 사실이 보도되고 그의 실체가 드러났다. 국내는 물론 일본에서도 동학의 실질적인 지도자가 이용구인 줄 알았다가 천도교란 교명이 신문에 발표되면서 손병희가 교조임을 확인하게 되었다.

손병희는 1906년 1월 5일 권동진·오세창과 함께 도쿄 → 오사카 → 고베 → 히로시마 → 시모노세키 → 부산을 거쳐 대전에서 기차를 타고 서울에 도착하였다. 4년여의 망명생활을 마치

손병희 동상. 생가에 세워진 것이다.

고 귀국하는 연도에는 4만여 명의 천도교인과 수만 명의 국민
이 환영하였다.

1906년 당시 『황성신문』 논설위원으로 『제국신문』 사장 겸
편집인 등을 역임한 언론인 옥파 이종일은 손병희의 귀국과 관
련 「손병희 씨 귀국에 몇마디 소견」이란 글을 발표하여 세간의
관심사를 소개하였다.

이종일은 3·1혁명 당시 보성사에서 독립선언서를 비밀리에
인쇄하고 민족대표 33인으로서 활동했으며 천도교의 지하신문
『조선독립신문』을 발행하는 등 치열한 독립운동가이다. 주요
대목을 뽑았다.

일전 손병희 씨가 일본에서 귀국할 때 천도교인을 비롯하여 수많은 일반 시민이 구름같이 마중 나갔는데 그 중에 전국 각지의 일진회 회원들이 끼여 있어 논란이 일고 있다. 또한 천도교인과 회원들은 크게 기뻐하면서 앞으로 천도교세가 크게 확장될 것으로 기대하고 있으며, 교인이 아닌 일반인들은 지금의 형세로 보아 갑오년의 동학란처럼 무슨 변란이 생길 것이라 짐작하는 사람도 있다.

요즈음 항간에는 손씨의 이번 귀국이 필경 무슨 까닭이 있을 것이라고 의심하는 사람이 있는가 하면 또 어떤 사람은 일진회가 본래 친일단체이고 보니 손씨가 필연코 일본과 친밀한 관계를 맺었을 것이므로 무슨 일이 일어날지도 모르는 일이라고 떠들썩하다고 한다. 손씨의 이번 귀국에 대하여 이론의 분분할 뿐 아니라 어떤 사람들은 경계하는 눈치 같기에 몇 마디 소견을 밝혀두고자 한다.

우리가 알기로는 손병희 씨의 국가독립사상이 다른 사람보다 몇 배 투철할뿐더러 평생 남에게 의지하려는 의타심이 조금도 없고 그의 자주독립의 굳은 의지는 비록 만승천자萬乘天子의 위엄으로도 꺾지 못한다.

손씨는 또한 단군은 우리나라에서 성장했기 때문에 숭상해야 하지만 기자箕子는 본래 중원 사람이므로 우리가 존중할 사람이 못된다고 했다. 종교관에 있어서도 동학은 우리나라에서 생겨난 교敎이니만큼 우리가 당연히 존중해야 하지만 나머지 다른 종교들은 모두 외국에서 전래된 종교이기 때문에 아무리 좋은 교라 해도 다른 나라의 종교를 신봉하는 것은 결국 우리나라의 독립을 해롭게 할 것이므로 가급적 다른 나라 교를 신봉해서는 안 된다고 했다니 이런 연행만 보더라도 손씨의 굳은 뜻이 가히 어디에 있는 것인가를 짐작할 수 있는 것이다. (…)

그러므로 지금 천도교를 말하더라도 다를 바 없는 것이며, 손씨가 여러 해 동안 외국에 체류하고 있었기 때문에 종교인의 행동규범을 익히 알고 있을 것이다.

그러므로 지금 천도교의 교인이 아무리 많고 세력이 크다한들 종교인으로서의 종지와 행동규범을 어길 수는 없는 것이다.

우리는 손씨가 이번에 귀국한 목적이 어디까지나 천도교세의 확장을 위하는데 있는 것으로 알고 있으며 세간의 여러 가지 풍설에 대하여는 기우할 바가 못된다고 믿는다.[13]

10장

배신자의 처분과
천도교 기반 구축

배신·배교·매국의 이용구 일파

손병희가 4년의 망명생활을 마치고 귀국한 1906년의 조선사회는 크게 어지러웠다. 한 해 전 11월 17일의 을사늑약으로 외교권 등을 강탈당한 대한제국은 2월 1일 일제가 서울에 통감부를 설치하면서 허수아비 신세가 되고 말았다. 일본에서 손병희와 만난 바 있는 이토 히로부미가 초대 통감으로 부임하였다. 통감은 점령군사령관 이상이었다.

귀국하여 서울 다동茶洞에 거처를 마련한 손병희는 1월 30일 독립관에서 교인들에게 귀국 인사 겸 천도교 창도의 뜻을 밝히고, 일진회의 매국 행위를 비판하였다. 이어서 다동에 천도교중앙총부를 설치하고 교단의 체제정비에 나서면서 총 36장과 부록으로 구성된 성문법전인 「천도교 대헌大憲」을 반포했다.

손병희는 대헌에 따라 교단의 정비에 나섰다. 자신은 대도주, 동학의 원로인 김연국은 성도사, 박인호는 교장, 오세창은 교수, 홍병기·권동진은 도집, 이종구·양한묵·조동원은 집강, 엄주영·이병호·권병덕·이겸제·임순현은 대정, 송병준·김현구·한기준은 중정 등의 원직原職을 수여하였다.[1]

여기에서 두드러진 특징은 진보회 설립 시 참여하지 않았던 김연국과 김연국계의 권병덕에게 각각 성도사와 대정을, 일진회장인 송병준에게 중정을 수여한 점이다. 이것은 개화운동에 비판적이었던 김연국계 인물들을 천도교 조직으로 끌어들임으로써 근대적인 개화운동에 동참하게 하고, 일진회 회장인 송병준을 통하여 비동학 출신의 천도교 입교를 유도한 것으로 판단된다.[2]

천도교의 조직이 어느 정도 갖춰지면서 서울에만 7개의 전도실을 설치할 정도로 입교자가 줄을 이었다. 혼미한 시국에 신앙적으로 천도교에 의탁하려는 사람들과, 손병희의 개화문명론에 공감하여 따르는 사람들이 많았다.

2월 중순 손병희는 이용구와 송병준을 처소로 불렀다. 조속히 일진회를 해체하고 참여한 도인들은 모두 천도교로 돌아와서 수도에 힘쓰다가 다시 기회를 봐서 별도로 보국안민의 길을 강구할 것을 정중히 타일렀다.

이미 권력과 주색에 길들여진 두 사람은 조금도 반성하지 않고 딴소리만 하였다. 손병희는 이들에게 9월까지 말미를 주었다. 나라가 존망의 위기로 치닫고 있는 상황에서 매국세력의 강화를 차단시키고자 하는 마음에서 반성의 기회를 준 것이다.

하지만 두 사람은 오히려 일진회에 속한 천도교인들을 포섭하는 작업을 하는가 하면 손병희를 음해 중상하면서 천도교의 파괴공작을 벌이고 다녔다. 더 이상 기다리는 것이 의미가 없다고 판단한 손병희는 최종적으로 9월 17일 이들을 다시 불렀다.

"너희들은 이날까지 가정교육이나 사회교육보다 내 교육을 더 많이 받았거늘 이런 중대한 시국에 나를 배반할 줄이야 하늘·땅인들 어찌 알겠느냐. 너희들이 끝내 마음을 돌리지 않는다면 세상이 아무리 넓다고 해도 앞으로 몸 둘 곳이 없으리라. 천지신명이 소소하거늘 어찌 두려운 줄을 알지 못하느냐."

이용구 고개를 푹 숙이고 있다가 변명처럼 대꾸하였다.

"나인들 정과 의리를 모를 리 있습니까? 그러나 나로서 안타까운 일은 선생님께서는 위대한 이상만을 생각하시면서 현하 시국을 소홀하게 생각하시니 설사 저는 이제라도 모든 것을 선생님 시키는 대로 할 수 있지만, 여러 두목들이 호응치 아니하니 부득이 나도 할 수 없는 일입니다."[3]

정치사회적 격변기에 한 인간이 신념을 지키면서 올곧게 살기란 여간해서 쉽지 않다.

어느 때나 권력에는 부와 각종 이권이 따르기 때문에 쉽게 유혹을 뿌리치기가 어렵다. 이용구와 송병준은 스승 손병희의 간곡한 기대가 있었으나 끝내 스승과 신앙과 조국을 배신하였다.

송병준은 시쳇말로 '근본이 없는 놈'이었지만, 이용구는 동학에 입도하여 최시형과 손병희를 스승으로 모시고 동학혁명에 참여한 '근본이 있는 놈'이었다. 한때의 권력과 부 그리고 여색에 빠져 '인간의 길'을 저버렸다. 그리하여 우리 근현대사에서 '변절자 제1호'란 필주筆誅를 받게 되었다.

이들의 뒤를 따르는 무리가 줄을 섰다. 을사5적과 경술7적에 이어 민족진영에 섰다가 변절한 친일매국적이 날로 늘어났다. 이같은 현상은 해방 후에도 별반 다르지 않았다. 독립운동가들이 독재자와 함께하고, 4·19혁명 주역들이 유신지지 선언을 하고, 야당의원들이 박정희 3선개헌 지지자로 변절했으며, 학생운동 지도자들 중에는 독재 정권의 하수인이 된 자가 적지 않았다.

반세기 만의 정권교체라는 김대중 정부의 고위직에서 민주화와 남북화해 협력을 떠들던 인물 중에는 이명박·박근혜 정부에 들어가 정반대의 길을 걷는 자들도 있다. "손병희의 길이냐 이용구의 길이냐"는 늘 역사가 묻는 지조와 변절의 갈림길이다.

지조란 것은 순일한 정신을 지키기 위한 불타는 신념이요. 눈물겨운 정성이며, 냉철한 확집이요. 고귀한 투쟁이기까지 하다. 지조가 교양인의 위의를 위하여 얼마나 값지고 그것이 국민의 교화에 미치는 힘이 얼마나 크며 따라서 지조를 지키기 위한 괴로움이 얼마나 가혹한가를 헤아리는 사람들은 한 나라의 지도자를 평가하는 기준으로서 먼저 그 지조의 강도를 살피려 한다. 지조가 없는 지도자는 믿을 수가 없고 믿을

수 없는 지도자는 따를 수가 없기 때문이다.[4]

변절자의 추악한 대명사가 된 이용구와 송병준에 대해 다소 길게 쓴 것은, 예나 이제나 한 시대의 지도급 인사들의 처신문제 때문이다. 돈과 감투에 눈이 멀어 신념과 신앙, 동지를 배반하면 평생(은 물론 역사)을 두고 족쇄가 된다. 이용구 무리는 일제가 대한제국을 병탄한 후 더 이상 쓸모가 없게 되자 토사구팽당하고, 역사에 '만고역적'이란 딱지와, 조상 잘못 둔 후손들에게 씻을 수 없는 업보를 남겼다.

이용구·송병준 등 62명 출교처분

손병희는 1906년 9월 17일 이용구 등 62명의 일진회 무리를 출교처분黜敎處分했다. 출교자 명단과 출교 이유는 천도교의 기관지 『만세보萬歲報』 1907년 9월 23일치에 자세히 게재하였다. 「대헌大憲」과 종령宗領 등을 위반하고 친일매국 행위를 한 이유가 낱낱이 적시되었다.

62명에 대한 출교처분은 손병희 자신은 물론 천도교 교단에 큰 타격을 남겼다. 대부분이 손병희의 수족과 같은 인물들이며 이들은 교단의 동산·부동산·재정 등 주요 포스트 담당자들이었다. 손병희는 수족을 잘라내는 것과 같은 아픔을 감내하며 이들을 쫓아냈다. 오직 '의암'의 정신, 정의로움을 위해서였다.

사실 이들은 모두가 손병희 선생의 신임을 받던 인물로서 교단의 재정문제 등 일체를 맡아서 처리하던 수족 같은 간부들이었다. 따라서 이들 간부를 출교시킨다는 것은 자신의 수족을 자르는 것과 마찬가지였다. 손병희 선생이 망명기간 중 거의 재정권을 위임받아 처리 했기 때문에 동산·부동산 일체가 이들의 손아귀에 넘어가 천도교는 일대 타격을 받게 되었다.

그래서 이용구 일당은 심지어 손병희 선생이 반년 내에 굶어 죽을 것이라는 악담까지 하고 돌아다녔다. 그때 손병희 선생은 태연히 말씀하기를 "이제 천도교는 정말로 잘 되겠구나. 목베어 죽은 귀신(1세 교조 최제우 선생), 목메어 죽은 귀신(2세 교조 최시형 선생), 이 두 귀신의 힘에 의해 천도교가 이만큼 자랐거늘 이제 굶어 죽은 귀신까지 힘을 합하게 되었으니 얼마나 잘 되겠느냐"고 말했다. 손병희 선생이 아니면 말할 수 없는 얘기였다.[5]

실제로 교단운영에 타격이 적지 않았다. "손병희 선생의 생애는 얼마동안 곤궁을 면치 못했던 것이니 집세를 제대로 지불치 못해서 집주인인 중국사람으로부터 대문을 봉쇄하는 창피를 당했고 전중田中이라는 일본사람 쌀장사의 호의에 의하여 외상 쌀을 얻으므로써 간신히 연명을 했다"[6]는 것이다.

손병희는 배역자들을 출교처분한 지 한 달 후 김영국과 박인호의 명의로 전국의 도인들에게 포고문을 발하여 "출교한 이용구 일파에 대한 배교분자로서의 낙인은 물론이요 다른 교두들로 하여금 일진회에 가담하지 못하도록" 경계하였다.

천도교는 초창기부터 그동안 도인들의 정성으로 모아진 동산과 부동산 등 재산권이 대부분 출교자들의 명의로 되어 있었고, 그들은 통감부의 비호를 받고 있어서 재산권을 환수할 수 없었다. 극도로 어려움 중에도 손병희는 굽히지 않고 직접 지방순회를 하면서 교인들을 위로하고 설교하면서 천도교의 중흥에 나섰다.

이용구·송병준 일파는 순순히 물러나지 않았다. 그들에게는 뒷배를 봐주는 통감부 권력이 있고 흥청망청한 자금이 있어서 못하는 일이 없었다. 통감부 말고도 광산업자·대지주 등이 이들의 자금줄이었다. 박근혜 정권기 재벌들이 '어버이연합' 등 어용단체에 자금을 지원한 것과 비슷한 형태였다고 할 것이다.

이용구와 송병준 등은 천도교로부터의 출교처분이 자칫 동학을 기반으로 하는 자신들의 기간조직을 잃게 될지 모른다는 우려에서 1906년 12월 13일 '시천교侍天敎'라는 종파를 급조했다. 교단의 이름은 천도교 주문인 "시천주侍天主 조화정造化定 영세불망永世不忘 만사지萬事知"에서 따왔다고 했다. 그리고 자신들이 동학의 정통임을 내세웠다. 각 신문에 그럴 듯하게 동학의 교리를 시천교에 접붙이는 해석을 광고로 실었다.

최제우의 동학 창도 이래 온갖 핍박을 마다하지 않으면서 후천개벽의 세상을 기대해온 지방의 동학도들은 크게 헷갈릴 수밖에 없었다. 오늘날처럼 각종 매스 미디어가 없던 시절이어서 천도교와 시천교의 흑백을 가리기가 어려웠다. 가짜일수록 더 요란을 떨고 홍보하듯이 사천교도 다르지 않았다. 하지만 가짜 가 오래 가지는 않는 법이다.

손병희와 천도교 간부들은 종단의 재정을 확보하고 국권회복 과 문명개화의 사업을 진행하기 위하여 성미제誠米制를 고안하 여 교인들에게 반포하였다. 매 끼니 때마다 식량을 조금씩 모아 교단에 바치는 성미제는 전교인들의 호응을 얻어 궁핍한 재정 을 뒷받침하고 준비된 사업을 시행할 수 있게 되었다.

출판사 세우고 『만세보』 신문 창간

손병희는 근대적 언론과 출판에 각별한 관심을 가졌다. 일제 의 국권침탈이 가시화되고 있는 시점에서 인민의 인지를 계발 하고 각성시키는 데는 서적과 신문보다 절실한 것이 없다고 믿 었다. 일본에서 귀국할 때 이미 출판사를 설립하고자 활자 등 인쇄시설을 가져왔던 터이다.

손병희는 1906년 2월 27일 박문사라는 이름의 출판사를 설 립하였다. "인민의 지식을 유명하며 국가의 문화를 보익하기 위하여"라는 목적을 내걸었다. 대한제국은 1883년 8월 김옥균· 서광범·박영효 등의 노력으로 박문국博文局을 설치하고 각종 서적을 간행하였다. 손병희가 출판사를 박문사라 한 것은 '널리 깊이 지식을 모으자'는 박문국의 이름에서 영향을 받은 듯하다.

천도교는 인쇄사업을 대단히 중요시하여 『황성신문』과 『대한매일신보』에 광고를 게재하여 박문사 설립 소식을 알리고 각계에서 많이 이용할 것을 제안했다.

박문사는 5개월 후 보문관으로 개칭하면서 동학혁명에 참여하고 뒷날 민족대표 33인 중의 일원이 된 홍병기를 사장으로 임명하여 활발한 출판사업을 벌였다. 박문사(보문관)의 설립은 신문 『만세보』를 발행하기 위한 준비과정으로도 크게 활용되었다.

박문사로 출발한 천도교의 출판사업은 보문관으로 이어지고, 얼마 뒤 창신사로 개편되었다. 여기서 『천도교월보』 등을 인쇄했으며, 천도교가 보성학원의 경영권을 인수하면서 보성사 인쇄소와 창신사를 병합하고 그 명칭을 보성사라고 하였다. 보성사는 3·1혁명 때 독립선언서를 인쇄하는 등 큰 역할을 하였다.

손병희는 근대적 신문의 필요성을 절감하였다. 문명개화를 위해서 신문의 역할이 중요함을 알았다. 서재필의 『독립신문』에 뒤이어 『황성신문』과 『대한매일신보』 그리고 일본 망명 중에 접한 각종 신문의 중요성을 절감하게 되었다.

천도교는 1906년 6월 17일 손병희의 발의로 『만세보』를 창간했다. 발행 장소는 서울 남서회동南署會洞 85통 4호, 사장 오세창, 발행인 겸 편집인 신광희, 주필 이인직 체제였다. 창간 당시는 4면이었다가 1907년 3월 9일자부터 8면으로 증면하고 신문 값은 1부에 일전─錢이었다. 사장 오세창은 개화사상가 오경석의 아들로 태어나 『한성주보』에 관여하고, 1902년 개화당의 역모사건에 혐의를 받자 일본으로 망명하였다. 망명 중 손병희를 만나 천도교에 입교하고 함께 귀국하여 『만세보』의 책임을 맡았다.

『만세보』는 우리나라에서 처음으로 한자에 한글 루비활자로 토를 달아 한자를 모르는 사람이라도 읽을 수 있도록 하였다. 『만세보』는 친일단체인 일진회를 강경한 논설로 비판했으며 1906년 7월 23일치에서는 내부대신 이지용의 매국행위를 규탄하고, 10월 14일치에서는 군부대신 이근택의 비행을 폭로하였다. "『만세보』의 경우, 종교계몽보다는 '인민을 문명으로 인도하기 위한' 일반적 의미의 문명개화·문화계몽에 더 많은 지면을 할애했다."[7]

『만세보』는 「천도교와 일진회」라는 제목의 논설에서 "천도교가 일진회와는 아무런 관계가 없다는 것"을 분명히 하였다.[8]

『만세보』는 우리나라 신문연재의 첫 소설인 이인직의 「혈血의 누淚」에 이어 「귀鬼의 성聲」을 연재하는 등 화제를 불러 모았

1907년 3월 19일자 『만세보』에 실린 최초의 음반 광고

다. 고종도 이 신문을 읽고 내탕금으로 1천 원을 하사하였다.

이인직은 『만세보』가 운영난에 빠지자 이완용의 힘을 빌어 시설을 인수하여 친일내각의 기관지 『대한신문』을 창간했으며 한국병탄 때에는 이완용을 돕고 일왕 다이쇼大正 즉위식에 헌송문을 바치는 등 친일파가 되었다.

『만세보』는 천도교의 기관지이면서도 시사종합 신문으로서 조선통감부와 친일내각을 신랄히 규탄하여 국민의 지지를 받았으나 심한 경영난을 이기지 못하여 창간 1년이 지난 1907년 6월 29일 제293호로서 종간호를 내고 문을 닫았다.

손병희가 서둘러 『만세보』를 창간한 것은 일진회가 통감부의 힘을 빌려 1906년 1월 6일 『국민신보』라는 제호로 신문을 발행하면서 거듭하여 매국논설을 싣고, 시천교가 동학의 정통인양 호도하면서 국민과 교인들을 혼돈에 빠뜨리자 이에 대한 견제 의도도 작용했던 것 같다. 『국민신보』가 친일논조로 일관하자 국민의 세찬 비난을 받았다.

1907년 7월 19일에는 친일논조에 불만을 품은 시위군중들이 신문사를 습격하여 사옥과 인쇄시설이 모조리 파괴당한 일도 있었다. 그러나 시종일관 친일적 제작태도로 나와 대한매신 등 민족지와는 여러 차례의 논전을 벌였다.[9]

『만세보』는 오세창이 쓴 창간사에서 "만세보라 명칭한 신문은 누구를 위하여 작作함이뇨, 아한我韓 인민의 지식 계발키를 위하여 작함이라"고 하였다. 손병희의 문명개화론을 대변한 것이다.

손병희는 일진회의 배교세력을 축출하고 천도교가 어느 정도 안정되자 1907년 8월 26일 선수문宣授文을 내려 대도주大道主의 적임을 구암 김연국에게 이양하였다. 최시형으로부터 도통을 승계한 지 10년, 천도교를 선포한 지 1년 9개월 만이다.

최시형의 수제자 3인 즉 의암 손병희, 송암 손천민, 구암 김연국을 삼암三菴이라 불렀다. 손천민은 관군에 붙잡혀 처형되고, 김연국은 손병희가 대도주가 된 데 대해 내내 불만을 가져왔다. 천도교 창건에도 흔쾌히 참여하는 것을 꺼려했었다. 그리고 이용구 일파에 대한 출교처분 이후에도 그들과의 관계를 유지하고 있었다.

손병희의 대도주 사임은 김연국의 이탈을 막기 위한 고육책이었다. 그럼에도 김연국은 이용구 등의 꾐에 빠져 끝내 천도교를 이탈하고 말았다.

선생이 변심 이탈을 그토록 염려하여 대도주까지 이양해준 김연국이 천도교 대도주직을 지닌 채 평소 비난해 마지 않던 시천교에 전신하여 그 대례사大禮師로 취임하고만 것이다. 천도교로서는 너무나 큰 타격이었으며 아물 수 없는 상처를 입은 것이다. (…)

그는 이용구의 재화에 현혹되어 대례사로서의 충분한 대우를 약속받고 변절하고 말았으나 감언이설로 꾐에 나선 이용구는 시천교장을 물러난 후 김연국을 선생님으로 대접하고 많은 천도교도들을 포섭하려고 노력하였다.[10]

다행히 변절자의 대열에 가담한 천도교인은 그리 많지 않았다. 오히려 김연국 계열의 신도들은 성명을 통해 변절자를 성토하며 자신들은 천도교만 따를 뿐이라고 다짐하였다.

교단의 분열 상태에서 손병희는 이를 수습하고 기울어가는 나라의 운명을 백성들과 함께 일깨우고자 관서지방의 순방에 나섰다. 많은 신도와 일반 백성들의 환영을 받았으나 철산에서는 봉변을 당하기도 했다. 불량배들이 돈을 내놓으라고 협박하자 거부하였더니 폭력을 휘두른 것이다.

고려대학 전신 보성전문학교 인수

손병희의 관심사항은 출판·신문과 더불어 교육사업이었다. 이 세 가지는 정삼각형의 구도와 같았다. 일본에 망명할 때부터 유능한 청년들을 데려다 신교육을 시켰다. 이들을 장차 나라의 동량으로 키우기 위해서였다. 춘원 이광수도 이때 선발된 유학생 중의 하나였다.

국치를 전후하여 선각자들은 우리가 일제에 국권을 침탈당한 것은 인민(백성)이 배우지 못한 때문이라는 데 생각이 일치하고 있었다. 하여 신식학교를 세우는 일이 곳곳에서 전개되었다. 민족운동 비밀단체 신민회는 1906년 평양에 대성학교, 정주에 오산학교를 세웠다.

구국의 길을 교육에서 찾고자한 손병희는 일차적으로 경영난

1933년 동아일보에 실린 보성전문학교 본관 스케치와 고덕양식에 대한 기사

에 빠져있는 보성학교와 동덕여학교, 보창학교, 양명학교, 창동
학교 등 20여 개의 사립학교에 매달 일정액을 지원하였다. 신
도들이 성미제를 통해 모은 성금이 주요 재원이 되었다.

손병희의 교육구국 운동의 대표적인 사업은 고려대학의 전신
인 보성전문학교를 살린 일이다. 고종 때의 대신 이용익은 소학
교·중학교·전문학교를 나누어 보성학원을 세웠다. 한말 내장원
경이던 이용익은 1882년 임오군란으로 명성황후가 경기도 장
호원에 은신했을 때 고종과의 사이에 연락을 잘한 공로로 왕의
신임을 받아 탁지부대신에 올랐다.

그는 민영환·이상재 등과 개화당을 조직한 데 이어 친러파의
수령으로 활동하고, 한일의정서 조인에 반대하다가 일본으로
납치되고, 1905년 귀국할 때 들여온 인쇄기로 보성사 인쇄소를
차리면서 보성학원을 설립하였다. 1905년 을사늑약에 반대하
다가 한때 일본헌병대에 연금 당했다가 풀려나 러시아 블라디

보스토크로 망명, 1907년 그곳에서 사망했다. 페테르부르크에서 암살당했다는 설도 전한다.

보성학원은 이용익의 망명으로 손자 이종호가 잠시 맡았으나 그 역시 해외로 망명하면서 심각한 경영 위기에 빠지게 되었다. 손병희는 후원금을 보내 보성학교를 살리고자 했으나 워낙 규모도 크고 부채도 많아 회생이 쉽지 않았다.

보성학원은 이용익이 설립하였으나 보호자는 고종이었다. 일제가 1906년 이상설·이준·이위종 등 헤이그특사 사건을 빌미로 고종을 퇴위시키면서 보성학원에 대한 지원도 끊겼다. 주인이 없는 보성학원을 이끌고 있던 윤익선이 손병희를 찾아와 지원을 간청했다.

손병희는 어떤 일이 있어도 명문 보성학원의 문을 닫게 해서는 안 된다고 생각하고, 1907년 12월 21일 보성학원을 천도교에서 인수하였다. 막대한 부채를 안고 인수한 것이지만 보성전문학생 중에는 특정 종교재단에서 인수하는 것을 반대하는 이도 있었다. 이에 대해 손병희는 학교에서 종교적 색채를 일절 강요하지 말 것을 담당자들에게 각별히 당부하였다. 그때 손병희가 보성학원을 인수하지 않았다면 오늘의 고려대학교는 존재하지 않았을 것이다. 해방 후 고려대학교는 교정 한 구석에 손병희 동상을 세웠다.

손병희는 남자교육기관으로 보성학원을 인수하여 교육구국운동을 전개한 데 이어 여자교육기관인 동덕여학교가 심한 경영난의 위기에 시달린다는 사실을 알고 1909년 11월부터 개인

인건비에서 매삭每朔 10원 씩 떼어 보조금을 지급하였다. 문명 개화를 위해서는 여성의 교육이 중요하다고 믿고 역설해 왔다.

동덕여학교의 전신은 동원여자의숙이었다. 조동식이 자기 사저에다 의숙義塾을 짓고 젊은 여성들을 가르치다가 경영난에 직면하자 손병희가 교육에 관심이 많다는 소문을 듣고 경영권 일체를 넘기고, 이를 인수한 천도교는 동덕여학교로 교명을 바꾸면서 일제강점 초기 여성교육의 요람으로 육성하였다. 손병희의 교육구국 정신이 힘을 발휘한 것이다.

11장

일제강점기
초기의 저항활동

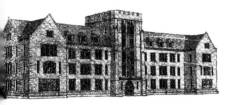

국망기 『천도교월보』 창간 항일운동

손병희가 천도교 교단을 정비강화하면서 교육사업에 정진하고 있을 때, 나라의 운명은 경각으로 치닫고 있었다. 고종을 강제로 퇴위시킨 일제는 순종을 즉위시키고 친일내각을 구성하여 병탄의 앞잡이로 삼았다.

일제는 이미 허수아비가 된 이완용 내각을 상대로 1907년 7월 24일 고등관리의 임명은 통감의 동의를 받을 것, 통감이 추천한 일본인을 한국 관리에 임용할 것 등을 골자로 하는 한일신협약을 체결하였다.

이어서 7월 31일에는 대한제국의 마지막 버팀목인 군대를 해산시키고, 때를 전후하여 전국 각지에서 일어난 항일의병(정미의병)을 무자비하게 살상하고 가족들까지 붙잡아 고문하는 등 만행을 저질렀다. 1907년 11월부터 일진회가 의병에 대항하여 각지에서 이른바 '자위단'을 만들어 일본군의 드잡이 노력을 하는 등 망동을 벌였다. 이해 12월 6일 13도 창의군 1만여 명이 결성되어 서울을 탈환하고자 동대문 밖 30리 지점까지 진격했으나 일본군의 선제공격을 받고 크게 패했다.

그럼에도 의병들은 도처에서 봉기하여 일본군은 물론 악질 일진회원들을 토살하였다. 1908년 3월 23일 전명운·장인환이 일제의 한국통치를 비호한 통감부 외교고문 스티븐스를 미국 샌프란시스코에서 처단하였다.

일제는 1909년 2월 23일 출판법을 공포하여 출판물의 사전 검열과 배일출판물의 압수를 가능하게 하여 연말까지 5,767권을 수거했다. 9월 초부터는 남한 전 지역에 걸쳐 의병학살 작전을 전개하여 수만 명의 의병과 그 가족을 살상하였다.

이해 10월 26일 안중근이 하얼빈역에서 이토 히로부미를 처단하고, 1910년 8월 22일 한국의 내각총리대신 이완용과 일본의 조선통감 데라우치 사이에 한일합병조약이 체결됨으로써 대한제국은 일제에 병탄되었다. 발표는 8월 29일에 하여 이날을 국치일로 불린다. 8월 22일 체결하고도 29일에 공표한 데는 웃지못할, 부끄러운 사연이 있었다.

합병조약은 8월 16일 데라우치 마사타케와 이완용의 논의 결정을 거쳤고, 17일 데라우치가 그 결과를 일본 정부에 전보로 통지했다. 18일 일본 정부는 임시 내각회의를 열었고, 22일에는 임시 추밀원회의를 열어 25일 공포하기로 이미 결정했다. 그런데 한국 정부가 갑자기 그달 28일 한국 황제 즉위만 4주년 기념회를 열어 축하한 뒤 발표하기를 청하자, 일본인들이 허락했다.

이날 대연회에 신하들이 몰려들어 평상시처럼 즐겼으며, 일본 통감 역시 외국 사신의 예에 따라 그 사이에서 축하하고 기뻐했다. 세계 각국에 무릇 혈기 있는 자들은 한국 군신들의 달관한 모습에 놀라지 않을 수가 없었다.[1]

일제는 1876년 강화도조약으로부터는 34년, 1894년 동학혁명 때에 군대를 파병할 때부터는 16년 만에 한국을 송두리째 먹어 삼켰다. 손병희는 1894년 동학군 북접의 총사령관으로 척왜척양의 깃발을 들고 일제와 싸웠다. 그리고 일본의 실체를 알고자 일본에 4년여의 망명 끝에 귀국하여 천도교의 교세확장과 '교육구국'의 모토 아래 교육사업에 진력 중에 국치를 당하였다.

일진회는 일제의 한국병탄 과정에서 고종황제와 총리대신 이완용, 조선통감 소네 등에게 「한일합방 건의서」를 보내는 등 친일매국 행위를 거듭하였다. 손병희는 옛 제자인 이용구·송병준 등의 망나니짓을 참담한 심경으로 지켜보아야 했다.

손병희는 마치 국치에 대비하듯이 이해 8월 15일을 기해 『천도교월보』를 창간하였다. 천도교 신도와 일반 백성이 읽기 쉽도록 순 한글로 제작한 『천도교월보』는 교리부·학술부·기예부技藝部·물가부物價部 등으로 나누어 편집하였는데 이것은 천도교 기관지 역할뿐만이 아닌 민중의 계몽과 민족문화 수호·발전에 이바지 하려는 의도였다.

창간호의 학술부에는 지리·역사·물리화학·경제·농업 등에 관한 기사와 논설을 싣고 특히 「동사개론」이라는 제목으로 한국사의 개론을 실었다. 그러나 창간 1주일 뒤에 병탄을 당하게 되면서 제2호부터는 한국사는 더 이상 이어지지 못하였다. 학술부의 지면이 점차 좁아지다가 제24호를 끝으로 완전히 사라지게 되었다. 일제의 탄압 때문이다.

『천도교월보』는 국치 이후 압박이 심해지면서 여러 차례 발매금지·압수 등을 당하고, 논설이 삭제되기도 하였다. 그 대신 천도교 교리해설을 비롯하여 단편소설 등에 지면을 늘렸다. 통

천도교 사상과 문화의 보고(寶庫)인 『천도교월보』

권 제12호부터는 언문부를 새로이 마련하여 교리·교사 교양과 더불어 다양한 문학을 소개하였다.

『만세보』와 『천도교월보』는 손병희의 각별한 언론에 대한 인식에서 출발하였다. 국민계몽과 민족문화 창달 그리고 천도교의 교리해설 등을 목적으로 태어난 『천도교월보』는 일제 치하에서 힘들게 명맥을 유지하다가 1937년 중일전쟁으로 전시체제가 강화되면서 같은 해 5월 통권 제295호로 폐간되었다.

『천도교월보』는 발매금지·압수·발행정지 등 일제당국의 간섭과 탄압에도 불구하고 1910년대 내내 꾸준히 발간되었다. 천도교의 종교계몽운동 역시 이러한 지속성을 통해 상당한 결실을 거둘 수 있었다. 『천도교월보』는 산간벽지의 천도교인들이 교주 손병희를, 다른 지방에 살고 있는 천도교인을, 그리고 '문명의 이기'와 접할 수 있는 교류의 장 역할을 수행했다. 『천도교월보』는 출판의 자유마저 박탈당한 암울한 현실에서 천도교인들에게 제공되는 유일한 지적 자산이었으므로 그들의 세계관·역사인식·사회인식·민족의식에 미친 영향은 상당한 것이었다.[2]

총독부 탄압에 맞서다

1910년 8월 29일 국치는 한반도의 모든 것을 뒤바꿔 놓았다. 소수 매국노를 제외하고는 모든 국민이 일제의 종살이를 하게 되고, 민족주의 성향의 모든 단체·조직이 해체되었다. 병탄에 앞장섰던 일진회는 조직이 너무 비대하다는 이유로 거액의 은사금을 주고 해체시켰다.

세상사는 가끔 '이변'을 낳기도 한다. 국치 전후 가장 강력한 민족세력인 천도교는 종교단체인 관계로 해산을 면할 수 있었다. 아무리 제국주의 침략세력이라도 종교단체까지 함부로 어찌하기란 쉽지 않았을 것이다. 국제사회의 여론이 있기 때문이다. 사천교도 건드리지 않았다. 한반도의 새 권력기관이 된 조선총독부는 그 대신 각급 종교단체들에 대한 통제를 강화해 이를 장악하고자 하였다. 유교계는 최고기관 경학원經學院의 대표인 대제학을 조선총독이 직접 임명하여 장악하고, 불교계는 사찰령과 본말사법本末寺法을 제정하여 '30본산체제'를 마련, 총독부 직할체제로 편입시켰다.

문제는 천도교였다. 일제(총독부)가 볼 때는 어김없는 종교를 빙자한 정치결사였다. 천도교는 동학혁명을 일으켰던 집단이고, 그 수장은 북접의 최고책임자 손병희였다. 어느 면으로나 천도교가 순수 종교단체로만 보이지 않았다.

더욱이 국치 직후인 9월에는 『천도교월보』 주간 이교홍과 간부 김완규 등 4명이 한일병탄에 반대하는 격렬한 편지를 각국 영사에게 보내고 조선의 독립을 요청하는 사건이 발생했던 터였다. 이 사건으로 천도교 간부 수명이 경무총감부에 구속되어 심한 문초를 받고 풀려났다. 이를 계기로 총독부의 천도교 인식은 더욱 적대적이 되었다.

일제는 1911년 천도교의 재원인 성미제를 폐지시켰다. 자금 줄을 끊어서 고사시키려는 술책이었다. 그리고 데라우치 총독이 직접 손병희를 관저로 불러 천도교가 민족주의사상을 버리고 순수 종교활동만 하라고 경고하였다.

손병희는 1911년 4월에도 제2헌병대에 불려가 문초를 받았다. 사천교 측에서 퍼뜨린 유언비어를 빌미로 손병희를 협박하였다. 집안에 많은 하복과 처첩을 거느리고 호화사치스런 생활을 한다는 이유였다. 또 천도교가 자체적인 법령을 발하여 연호로 포덕연호布德年號를 쓰는 등 일본의 통치에 정면 거역한다고 트집을 걸었다.

어느 날 총독부 정무총감부에 근무하는 일인 형사가 손병희를 찾아왔다. 이자는 천도교 경전『용담유사』를 문제 삼아 손병희를 엮으려 들었다. 이 책의「안심가安心歌」에는 '개 같은 왜적 놈들'이란 내용 등이 담긴다.

가련하다 가련하다 아국운수 가련하다
전세 임진 몇해 런고 이백사십 아닐런가
12제국 괴질운수 다시 개벽 아닐런가
요순성세 다시와서 국태민안 되지마는
기험하다 기험하다 아국운수 기험하다
개 같은 왜적놈아 너희 신명 돌아보라
너희 역시 하륙해서 무슨 은덕 입었던고
전세 임진 그때라도 오성 한음 없었으면

옥보보전 누가할까 아국명현 다시없다

나는 또한 한울님께 옥새보전 주명했네

무병지란 지낸 후에 살아나는 인생들은

한울님께 복록 정해 수명을란 내게 비네

내 나라 무슨 운수 그다지 기험한고

거룩한 내집부녀 자세보고 안심하소

개 같은 왜적놈이 전세 임진 왔다가서

술싼 일 못했다고 쇠슬로 안 먹는 줄

세상 사람 누가 알까 그 역시 원수로다 (…)

기장하다 기장하다 내집부터 기장하다

내가 또한 신선되어 비상천 한다해도

개 같은 왜적놈들 한울님께 조화받아

일야간에 멸하고서 전지무궁하여 놓고

대보단에 맹세하고 한이韓夷 맹세 갚아보세. (…)³

　일인 형사가 손병희에게 "한 종교의 경전으로서 어떻게 남의 나라를 그리 모욕하는 수가 있느냐"고 따졌다. 일개 형사에게 굴신할 그가 아니었다.

　"교조께서 보라고 내놓으신 글을 이제 와서 보지 말아라 할 순 없다. 당신네가 금하려거든 금해보라." 결연히 말하자 그는 물러갔다.

　총독부로서도 동학의 경전을 뜯어고치려 했다가는 무슨 변고가 일어날지 겁이 나서 끝내 덮어 두었다.

총독부의 각종 음해와 비방 견디며

총독부는 손병희와 천도교를 탄압하는 데 수단방법을 가리지 않았다. 기관지 『매일신보』를 통해 손병희를 '최면술사', '일대 괴물', '과대망상에 이罹한 정신병자', '사이비 교주' 등 온갖 음해를 퍼붓고 비방하였다. 지방의 신도들을 손병희와 천도교에서 갈라놓기 위한 술책이었다. 이 시기 조선총독부의 천도교 탄압과 관련 백암 박은식의 기록이다.

> 종교단체라는 것을 부인하면서 날마다 경찰을 파견하여 중앙 총부와 각지의 교구를 감시하며, 달마다 재무·회계의 장부를 보고하게 하여 없는 흠을 억지로 찾아내어 다수 징벌을 행한다. 교회의 주요한 인물은 날마다 그들의 정찰과 속박을 받는다. 지방교도의 심상한 출입도 구금당하여 곧 노예나 가축 따위의 대우를 받는다. 교인이 비교인非敎人과 소송하는 일이 있으면 사리의 옳고 그름을 불문하고 반드시 교인을 패소시켰다.[4]

손병희가 리드하는 천도교의 역량은 경술국치 후에 나타났다. 예상 외로 신도 수가 급증한 것이다. 나라가 망하고 세상이 뒤바뀌면서 기존가치와 질서가 무너지고 있을 때, 다수의 국민이 천도교를 찾았다. 여기에 매국단체 일진회가 해산당하면서 회원들이 저간의 잘못을 깨우치고 천도교로 회심하면서 신도

증가 수는 더욱 확대되었다.

한때 손병희의 측근으로 3·1운동 당시 큰 역할을 한, 그리고 뒷날 변절한 최린(1878~?)도 이때에 입교하였다. 함흥 출신이며 1904년 황실유학생으로 도쿄부립제일중학교에 이어 메이지대학 법과를 졸업하고 귀국한 최린은 병탄 직후 1910년 10월 손병희를 찾아와 천도교에 입교한다.

천도교로 말하면 나는 그 교리가 어떠한지 또한 그 조직이 어떠한지를 자세히 알지를 못했다. 그러나 나는 천도교에 대하여 특수한 흥미를 가지고 있었다. 왜냐하면 천도교는 조선의 피와 조선의 뼈와 조선의 혼으로서 탄생한 조선산産이라는 것과 동학 이래 혁명정신이 충족하다는 것과 보국안민·포덕천하·광제창생이란 정치적 이념이 원대하는 것 등이었다.[5]

나라가 망하면서 민중들은 천도교에서 의지처를 찾았다. 최린과 같은 인텔리 계층도 있었지만 대부분 일반 서민들이었다. 동학혁명으로 이어진 '척왜'의 숨결이 국망과 더불어 천도교로 발길을 돌리게 한 것이다. 1910년에 총 27,760호가 입교하고, 1911년에는 5월까지 5만여 호가 입교할 정도로 폭발적으로 교세가 증가하였다. 특히 서북지역에서 입교자가 많았다. 동학혁명기에 희생자가 적었던 것도 이유였을 것이다.

천도교의 교세는 국경 너머 만주에서도 뿌리를 내렸다. 연변에서는 1906년 김득운·황희룡에 의해 전교가 시작되어 1906

년 2월 북간도 용정에 천도교 전교실이 열리고, 1913년 용정교
구로 발전하였다. 연길현의 국자가에는 1906년 북간도교구가
설립되고, 1911년에는 화룡현 월신사에 화룡구가, 1912년에는
남만주 봉황성구가 각각 설립되었다. 또 1911년경 북간도 국자
가에도 천도교 강습소가 설치되는 등, 국내와 마찬가지로 만주
에서도 국치 후 천도교가 망명인사들을 중심으로 크게 약진하
였다.[6]

반면 시천교는 매국노 집단이라는 준엄한 민중의 비판이 따
랐고, 1912년 이용구가 사망하고 송병준이 교권을 장악하면서
반대세력이 이탈하여 분란이 일었다. 김연국계의 권병덕·최충
현 등은 송병준을 떠나 중앙사천교를 설립했다가 1916년 천도
교로 귀의해 '참회식'을 거친 뒤 간부로 복귀하였다. 이에 고무
된 손병희는 일진회 간부에게 내렸던 출교처분을 취하했다.[7]

봉황각 짓고 설교 통해 민족의식 심어

천도교가 폭발적으로 교인이 증가하고 교세가 확장되면서 총
독부의 탄압은 더욱 가중되었다. 총독부 관헌들은 걸핏하면 천
도교 간부들을 불러들이고 공갈협박을 일삼았다. 그럴수록 손
병희의 고심은 깊어갔다. 그에게는 선대 교조들의 위훈과 함께
동학-천도교의 정신을 살리고 '보국안민'의 큰 역할이 남아 있
었다. 천도교의 조직을 강화하고 교세를 확장하는 일이었다.

손병희가 머물며 제자들을 키웠던 봉황각

　손병희는 이를 위해 일제로부터 천도교가 직격탄을 맞지 않
도록 하는 것이 중요하다고 생각했다. 1912년 일왕 메이지明治
가 사망하자 손병희는 권동진과 함께 조선총독부를 찾아가 조
의를 표하고, 1916년 7월에는 메이지 신궁의 건축비로 1천 원을
기부했다.

　일왕 메이지는 16세 때 즉위하여 왕정복고를 이룩하고 메이
지 신정부를 수립한 이른바 메이지유신을 단행한 장본인이다.
그는 재위 45년간 청일전쟁, 러일전쟁을 일으켜 승리로 이끌
고 한국을 병탄하는 등 이웃 국가들을 침략·병탄함으로써 동
양평화를 짓밟은 1급 전범이었지만 일본인들에게는 가히 영웅
이었다.

손병희도 이런 사정을 모를 리 없었지만, 그가 사망하자 총독부를 찾아가 조의를 표하고 메이지 신궁 건축비를 냈다. 이같은 사실로 미루어 보면 그는 어김없이 친일파에 속한다.

하지만 뒷날 3·1혁명을 주도하고 그 기반이 천도교였다는 사실을 감안하면, 그의 일시적인 '친일' 행위는 보국안민·자주독립을 위한 일시적인 위장이 아니었을까 싶다. 천도교를 총독부의 칼날에서 비켜내기 위한 행동이었을 것이다. 손병희가 의사나 열사가 아니고 혁명가이자 경세가였음을 다시 보게 하는 대목이다.

손병희는 일제강점 초기 정교분리 정책을 내세우며 일제의 칼날을 피해갔다. 일제는 강점과 동시에 천도교의 재원인 성미제를 강제로 폐지시켰다가 1914년 4월부터 무기명 성미제를 허용하고, 성도들의 특별의연금 헌납으로 천도교는 재정에 숨통이 트이면서, 각종 교육사업과 교세확장운동을 전개할 수 있었다.

날로 교세가 확장되고 교단이 어느 정도 안정되면서 내부 정비에 나섰다. 그동안 지방의 도인들이 상경하여 머물 곳이 마땅치 않았고 각종 회의가 열려도 변변한 회의장소가 없었다. 또 신도들이 참석하는 수련 도장이 너무 허술하였다.

이를 안타깝게 여긴 손병희는 우이동 일대의 밭과 임야 등 27,946평을 매입하게 하였다. 삼각산 정기가 살아있는 이곳에 천도교 수련 도장을 건립하여 도인들의 의기를 살리고 신앙심을 도탑게 하기 위해서였다.

천도교는 1912년 6월 19일 56.7평짜리 수련 도장을 준공하고 봉황각鳳凰閣이라 현판하였다. 글씨는 뒷날 민족대표 33인으로 이름을 올린 당대의 명필 오세창이 썼다. 그리고 자신도 동대문 밖에 상춘원을 짓고 거처하였다.

국권회복과 인내천사상 설법

봉황각의 준공과 더불어 손병희는 전국 각지의 지도급 간부들을 불러 49일 특별기도회를 열고 국권회복과 천도교 발전을 위한 설법을 하였다. 여러 차례의 설법을 그의 각종 저서를 통해 몇 대목을 골랐다.

내 마음은 곧 천지만물 고금세계를 주재하는 하나의 조화옹造化翁이다. 이 조화옹되는 마음이란 본래 비인 것으로 변함이 없으나 스스로 화해 나며, 움직임이 없으면서도 스스로 나타나 천지를 만들고 다시 천지의 본체에 살아 만물을 내며 만물 자체에서 산다.

성性이 닫히면 모든 이치와 모든 일의 원소가 되고 성이 열리면 모든 이치와 모든 일의 좋은 거울이 된다. 모든 이치와 모든 일이 거울 속에 들어 능히 운용하는 것을 마음이라 이른다. 이 운용의 첫 시작점을 나라고 한다. 따라서 나의 시작은 성천成天의 기인한 바다.

해탈은 곧 견성법이니 견성은 해탈에 있고 해탈은 자천자
각에 있다 (…) 만법만상이 일제 만상에 갖추어져서 사리가 등
지지 않으면 나와 한울이 둘이 아니요, 성과 마음이 둘이 아
니요, 성인과 범인이 둘이 아니요, 나와 세상이 둘이 아니요,
삶과 죽음이 둘이 아니다. 그러므로 진심은 둘도 아니요 물들
지도 않는다.

사람이 태어난 처음에는 실로 한 티끌도 가지고 온 것이
없고 다만 보배로운 거울 한 조각을 가진 것뿐이다. 이 거울
이 허공에 도로 비치어 한편은 여여적적如如寂寂하고 또 한편
은 티끌이 자욱하다. 이 사이에서 비로소 위위심爲爲心, 즉 자
리심이 비로소 생기어 천지가 생기고 세계가 생기고 도가 생
긴다.
성인은 다만 이 한 마음으로 항시 쉬지 아니하고 천지만물
을 다 본래 이를 위하는 위위심에 실었으니 범인은 위위심이
없어 다만 오늘 보는 것으로서 오늘 마음을 삼고 또 내일 보
는 것으로서 내일 마음을 삼아 방향을 알지 못하고 본래의 마
음을 알지 못한다.

몸을 성경으로 바꾸라는 것은 대신사大神師의 본뜻이다.
(…) 육신으로 성령을 바꾸는 사람은 먼저 괴로움을 낙으로 알

아야 한다 (⋯) 한울님께 목록 정해 수명을랑 내게 비네 하였으니 이것을 몸으로써 성령과 바꾸어야 한다는 말씀이다. 한울이 있음으로써 물건을 보고 한울이 있음으로써 음식을 먹고 한울이 있음으로서 길을 간다는 이치를 투철하게 알라.[8]

손병희는 천도교 간부와 지방 신도들을 상대로 하는 설법에서 인내천사상에 관해서도 많이 언급하였던 것 같다. '인내천'은 동학에서 천도교로 바꾸면서 그가 정립했던 천도교의 기본 개념이었다. 손병희는 1899년에 저술한 「각세진경覺世眞經」에서 시천주 개념의 변화를 제시한다.

하늘보다 더 높은 것은 없고 땅보다 더 두터운 것은 없고 사람보다 더 낮은 것은 없다. 그런데 '사람이 하늘을 모신다人以侍天'고 한 것은 무슨 까닭일까? 만물이 각기 그 성性을 갖추고 있으며 만물이 각기 그 마음을 지니고 있는데 그 성과 마음이 하늘에서 나왔기 때문에 하늘을 모신다고 말한다.(『의암선생법설』, 「각세진경」)[9]

임형진 교수는 인내천사상의 원류와 관련 "의암의 인내천관은 해월의 범신관을 체계화하여 천도교의 종지로 '인내천'을 정착시키는 데 어느정도 성공적이라고 판단할 수 있다. 그는 성리학적 논법을 사용하여 '어떻게 해서 만물, 특히 인간이 천天과 동일하다고 할 수 있는가'라는 문제에 대해 비교적 설득력 있게

대답해 주었기 때문이다."라고 설명한다.[10]

천도교 연구가 이돈화는 인내천 교리를 대략 일곱 가지로 요약한다.

첫째, 현실 신비주의 입장에서 인내천을 합리화하였다. 둘째, 인내천을 실재론적 관점에서 해석하였다. 셋째, 인내천의 원리를 범신론으로 이끌었다. 넷째, 인내천을 생명의 본질 및 근원과 관련하여 논증하였다. 다섯째, 의식의 소재를 규명함으로써 인내천을 전 우주와 개체, '한울'과 인간의 관계로 규정하였다. 여섯째, 영혼의 존재를 확인함으로써 인내천의 진리를 강조하였다. 일곱째, 우주 발생의 원인을 진화론적으로 분석함으로써 인내천을 합리화하였다.[11]

손병희는 국치를 당해 민족이 일제의 종살이를 하는 상황에서 '인내천'을 굳이 강조 역설하였다. 비록 국권을 상실한 처지이지만 사람의 생명은 하늘이 준 것이고, '사람이 곧 하늘'이라는 사상을 통해 인권(주권)을 잃지 말아야 함을 깨우치고자 한 것이다.

천도교의 종지宗旨를 인내천이라 한 것은 의암성사(손병희)의 창언創言이니 이는 대신사(최제우)의 경전과 유사遺詞에 있는 총정신을 표어로서 발표한 것이었다.

대개 당시의 일반 도제들은 대신사의 심법을 믿으면서도

아직도 그 중추사상인 인내천은 각오하지 못하였더니 성사(손병희)가 이 이치를 밝히기 위하여 일본서 귀국한 후 수십 년간에 인내천을 설법으로 기임己任을 삼으시었다.[12]

손병희는 국치 이후 참담한 시기에 총독부의 끊임없는 탄압과 감시를 받으면서도 천도교를 수호하는 데 열과 성을 다하였다. 1911년 신민회사건(105인 사건)으로 기독교 계열의 민족인사 수백 명이 피검되는 등 수난의 시대에 용케 천도교를 보존하였다.

하지만 이 시기 그가 '천도교 지키기'에만 매진하고 있었던 것은 아니다. 손병희를 중심으로 또는 그를 구심적으로 하여 천도교 주변에서는 끊임없이 각종 지하단체와 비밀조직이 가동되고 있었다.

12장

일제 무단통치기의 민족운동

『묵암 비망록』에 나타난 민족운동

조선을 병탄한 일제는 자국의 '메이지헌법'에 의해 지배한 것이 아니라 이른바 대권大權에 따라 통치하였다. 당시 일본 자국 내에서는 '메이지 데모크라시'의 민주적 질서, 즉 '법률의 범위 내에서' 자유가 어느 정도 허용되고 있었다. 하지만 조선에서는 철저한 무단통치로 '동화 내지는 황민화'를 시도하였다.

합병조약의 「각서별지覺書別紙」 제2호는 그 서두에 "조선에는 당분간 헌법을 시행하지 않고 대권에 의해 통치한다"라고 했고, 부칙 「헌법의 석의釋義」에는 "신영토에 대해서 제국헌법의 각 조항을 시행하지 않는 것을 적당하다고 인정하므로 헌법의 범위에 있어서 제외법규를 제정해야 한다"라고 규정하였다.

일제는 이에 준거하여 조선총독에 제령공포권制令公布權을 부여하고, 총독부는 조선(인)을 폭력으로 지배·수탈하는 각종 법령과 제령을 공포하였다. 그리고 그 집행기관을 헌병대로 삼았다. 일제는 조선의 치안유지의 명목 아래 1910년 「조선주태헌병조례」를 공포하고, 이보다 앞서 제정한 보안법과 연동해서 항일 의병운동과 민족독립운동을 탄압하는 치안법의 도구로 삼았다.

「조선주태헌병조례」 제1조는 "조선주태헌병은 치안유지에 관한 경찰 및 군사경찰을 관할한다"고 규정하여, 헌병에 경찰과 군사의 사법권을 부여하였다. 헌병분대나 경찰서장이 한국 민간인에 대하여 재판을 거치지 않고 3개월 이하의 징역 또는 100엔 이하의 벌금을 즉결로 집행할 수 있도록 하였다. 세계 식민지 역사상 이같은 사례는 일찍이 찾아보기 어렵다. 손병희와 천도교 간부들은 병탄 초기 식민통치의 절대권을 쥔 헌병들의 감시·사찰·검거 등으로 종교활동은 물론 민족운동을 하기 쉽지 않았다. 그나마 당시의 지하조직들은 자료를 남기지 않았기에 많은 부문이 공백으로 남았다. 다행인 것은 『제국신문』 사장 겸 편집인과 보성학교 교장, 『황성신문』 논설위원 등을 역임하고 3·1혁명 당시 「독립선언서」를 인쇄하는 데 이어 민족대표 33인으로 참여한 옥파 이종일이 1898년 1월부터 1925년 8월까지 27년간의 일기체 기록을 남겼다.

이종일은 손병희의 알선으로 천도교에 입교하고 그의 측근으로서 많은 역할을 하였다. 『묵암 비망록』으로 명명된 이 기록에는 손병희와 천도교의 은밀한 민족운동 관련 자료

묵암 비망록

가 많이 남아 있다. 여기서는 국치 직후인 1911년 1월 16일부터 1917년 8월 31일까지의 주요 내용을 발췌한다. 당시 천도교에서는 손병희를 '의암 성사' 또는 '손 성사'라고 호칭하였다.

1911년 1월 16일

아침에 성사(손병희)를 찾아 뵙고 "갑오동학운동(1894)과 갑진개화 신생활운동(1904)의 정신을 오늘에 되살려 우리 천도교가 선도가 되어 또 다시 거국거족적인 민족주의 민중시위운동을 일으켜서 일본의 불법적 침략을 타도하고 우리도 당당히 완전독립국가로서의 면모를 갖추어야 할 것"이라고 건의하였다. 손 성사와는 이미 독립협회에 가담 활동할 때부터 안면이 있어 그의 권유로 천도교에 입교하였기에 자별한 사이이고 또 비밀 문제도 허심탄회하게 진언할 수 있을만큼 절친했기 때문이다. 이에 관해 손 성사는 묵묵히 깊은 상념에 빠져 있는 듯 얼른 대답을 하지 않았다. 나는 다시 만날 것을 기약하고 헤어졌다.

손 의암의 신중론에 애가 탄다.

1월 31일

다시 손 성사를 만나다. 민족을 이끌고 독립시위운동의 선봉에 서줄 것을 권유하면서 왕년의 동학군지휘 열의와 능력을 발휘함이 어떠냐고 전언하였더니 그는

"지금은 사정이 달라 매우 위험하오. 과연 민중이 뒤따라

줄 지가 문제일 것 같으오. 신중히 계획을 세워 봅시다" 하고
역시 신중론을 앞세우며 구체적인 언급을 회피하였다. 나도
속이 타고 안타깝다. 우리는 이대로 일본의 지배 속에서 나라
찾기운동을 포기해야 할 것인가. 합병 이전에 독립운동하던
인사들이 지하적 양상을 띠고 비상하게 움직인다고 들었다.
지난 초순 안명근 지사의 피체가 독립운동에 마음을 둔 사람
들을 주저케 하는 것이 아닐까. 역시 망설임이 있음은 사람의
심정과 판단으로 수긍이 간다.

2월 10일

아직도 경향 각지에서는 의병장들이 구국활동에 열중하고
있다. 그네들도 목숨을 내걸고 싸우는데 우리라고 못하겠느
냐. 내 나이 50을 넘겼으니 오래 살았다. 그러니 한가지 독립
운동에 헌신한다면 성취되지 못할 것이 없을 것이다. 장효근
과 유영석, 이종명 등 대한제국민력회 회원들이 또 다시 모여
대대적인 민중시위운동을 협의하고 나에게 연락해 오기를
"자금 조달에 대해 좋은 결과를 알려 달라"
고 한다. 이에 나는 손 성사를 찾아가 대한제국민력회원들
의 구국적운동 사실을 고하고 자금지원을 요청하였다. 5백 원
에 해당하는 성금을 희사받고 이를 그들에게 주다.

보성사 사원들 비밀결사

보성사 사원들로 비밀조직을 결성하는 과정이 포함된 기록이다.

1911년 2월 25일

내집 근처까지 일본인 순사가 미행하는 것 같았다. 무슨 '냄새'를 맡은 게 아닌지 모르겠다. 보성사를 기웃거리는 형사도 있는 것 같다. 아무튼 보성사에 출입하는 동지에게 각별한 단속을 지시했다.

보성사사원들로 비밀조직 결성.

4월 10일

우리의 민족운동은 많은 제약 때문에 겉으로는 비정치성을 띠고 계획을 추진해야만 감시를 피할 수 있을 것 같다. 이에 나는 나의 복안을 대한제국민력회동지와 권동진·오세창 그리고 최린 등에게 은밀히 전갈하여 대체적인 찬성을 얻었다.

5월 12일

손 성사와 점심을 같이 하면서 나의 계획을 진언하였더니 탁견이라고 말하면서 "묵암의 뜻은 이미 제국신문 창간 당시부터 잘 알고 있소. 그 과격성 그리고 용기있는 실천력에는 나도 감동하오. 그러면 민중시위계획도 비정치성을 띠고 먼저 묵암선에서 추진해 보시오. 나는 자금을 지원해 주겠으니."

나로서는 감동적이고 의욕적인 사실로 받아들이지 않을 수 없었다.

10월 10일

지난 달에 신민회 인사들의 검거선풍이 일어 우리들의 '사업'(독립운동임)이 주춤해지지 않을 수 없게 되었다. 거기에 안악 (안명근사건 - 필자) 인사들의 공판 등으로 인해 심리적 위축을 면키 어렵다. 이럴 때 일수록 "우리는 비정치성을 표면에 내세우고 일을 시작해야 한다"는 장효근·김홍규·신영구 등 보성사동지의 권유가 앞으로의 민중운동을 성공적으로 이끄는데 유익한 방향이 될 것이다.

1912년 6월 30일

손 성사의 후원에 따라 우리 보성사사원 60여 명이 중심이 되어 「범국민신생활운동」을 계획, 추진키로 최종합의를 보았다. 그동안 추진과정에서 여러가지 의논이 백출하고 방법상의 문제도 있었으나 신생활운동이라는 비정치성을 띤 국민집회를 먼저 개최하여 우리의 감추어진 진정한 목표를 달성해야 하겠다.

그것은 먼저 취지문과 결의문 그리고 행동강령을 써서 발표하고 국민회의를 통해 이를 수시로 점검케 되는 것이다. 집회일자는 7월 15일로 정했다. 취지문, 결의문, 행동강령은 내가 직접 기초하고 김홍규가 이를 정리한 것이다.

7월 14일

기사 일자를 7월 15일로 정하고 모든 국민동원을 보성사 사원에게 맡겼는데 어제 취지문, 결의문, 행동강령을 종로경찰서에 압수당하고 나는 연행되어 취조를 받았다. 나는 "결코 정치적 모임이 아니다. 이것은 생활의 개선을 가져오자는 것"이라고 주장하고 집회허가를 정식으로 제출한다는 것을 주장했으나 그들은 끝내 들어주지 않고 말았다. 오히려 구속하겠다고 으름장을 놓는 것이었다.

손 성사가 직접 나서서 일은 무사히 수습되어 아무도 투옥되지는 않았으나 당초의 목표달성을 못해 못내 아쉬운 노릇이다. 오호라, 우리나라 이 땅에서 우리가 회의를 한다는 데도 마음대로 하지 못하니 이런 기막힐 노릇이 천하에 어디 있다는 말이냐. 이날이여. 큰 소리내어 통곡할 일이구나.

7월 17일

이 같은 일로 인해 일본은 사법경찰직무령 및 영장집행령을 7월 11일 자로 공포 시행한 것으로 보인다. 우리의 민족운동은 어떠한 고난과 방해가 있다고 해도 이를 극복하고 전진할 것이다. 이것이 우리의 신념이기도 한 것이다.

9월 24일

나는 다시 손 성사 의암 선생을 찾아가서 이 일을 의논하였다. 나는 8월 25일에 중국의 종교인 등이 합심하여 중국 혁명동지회를 개편하고 군소정당 등을 모아 국민당을 결성한 것을 알리고 이웃이 이러한 데 우리도 비밀조직이긴 하지만 하나의 정치적 모임을 결성하는 것이 어떻겠는가를 타진해 보았다.

역시 의암은 아무런 반응이 없다. 나는 재차 정당조직이 종교인으로서 불가능하다면 다른 것이라도 결성하면 어떤가를 문의해 보았다. 호걸풍모와 지도자상을 가진 그는 무엇인가 꼭 결성 할 것 같은 데 계속 침묵을 지키고 있음이 안타깝다. 그는 "묵암의 열렬한 애국심을 내 모르는 바 아니나 나의 민족운동 방법은 과거 동학군의 무장행동이 일본에 의해 참패를 당했기 때문에 비폭력적이고 무저항적인 항쟁이 이 같은 직접식민통치하에서는 한 가지 방법이 아닐까 생각되오."라고 말했다.

나의 생각도 그와 비슷하다. 나는 다시 "그렇다면 지식인을 상대로 해서 민족문화수호를 위한 전통유지 운동을 착수해 보면 어떻겠습니까." 하니 의암 성사는 "그것 좋은 생각이오. 묵암 동지가 세부계획을 세워보시오." 이에 나는 역시 자금을 받아 이 문제를 보성사 동지와 의논해서 계획을 세웠다.

「민족문화수호운동본부」의 결성.

독립의군부에 군자금 보내

대한제국민력회원과 보성사 사원이 함께 군자금을 모아 독립의군부에 군자금을 전달한 내용이 기록되어 있다.

1912년 9월 9일

지난 5월 13일에 안창호 등이 샌프란시스코에서 흥사단을 조직하였다고 하는데 우리는 국내에서 많은 제약을 받아 그 같은 공공연한 단체를 결성치 못하고 비밀결사만이 가능하니 슬프도다. 우리에게 힘을 주소서. 일본의 헌병경찰통치를 벗어나는 길은 무력 밖에 없을 것 같은 데 '무장세력' 양성을 손 의암이 찬성치 않으니 안타까운 일이다.

11월 18일

저녁에 장효근 동지 등 보성사사원 10명이 누추한 집으로 찾아와서는 "독립의군부 관계인사들이 징역 2년에서 6월씩 언도받았으나 그에 구애되지 말고 무기 등을 구입해서 각자 집에 은닉해 두면 어떠냐"는 것이다. 나도 숨을 죽이고 "누가 미행하지 않았소."

하니 잠시 밖에 나갔다가 들어온 신영구가 조용히 "아무 일 없다"고 한다.

그제서야 나는 "손 의암은 원칙적으로 무장세력배양을 반대하지만 일단은 구입해 두든가 일본헌병경찰 것을 절취해

다가 은닉해 두는 방법도 있을 것이오. 겉으로는 항상 평온한 체 하면서 일을 계속 진행시키시오."

근엄하게 말해 주었다.

그들은 내 손을 잡고는 묵묵히 하나 둘 집을 빠져 나갔다. 우리에게는 무언의 지시에 무언의 실행이 뒤따를 뿐이다.

1913년 4월 29일

오늘도 「민족문화수호운동본부」가 주관이 되어 천도교도 인은 물론 보성사사원들이 국민을 다수 모아 동지가 백여 명 이나 되었다. 이종훈 동덕이 민족문화수호의 의의에 관하여 연설한 뒤 그들에게 나라사랑의 구체적인 말을 하다가 어떤 자가 불쑥 나타나 저지하는 바람에 불여不如하고 말았다.

나중에 보니 종로경찰서의 한국인 형사라고 한다. 같은 민 족끼리 그럴 수가 있나. 동족이라는 것이 수치스러울 뿐이다. 다시는 이 같은 집회를 열지 않겠다는 서약서를 쓰고 이종훈 동덕은 풀려 나왔다.

5월 27일

손 의암 혼자서 군자금을 조달하기 어려우므로 우리 대한 제국민력회원 20여 명과 보성사사원 30여 명이 함께 군자금 모집을 위해 동분서주 한 결과 수백 원을 모을 수 있었다. 이 것은 우리의 독립운동을 위해 필요하기도 하지만 다른 동지 들을 돕는 데도 상당히 유용한 것이다. 따라서 보성사사원을 시켜 독립의군부에 백원의 군자금을 전달하였다. 이 소식을 들은 손 의암도 만면에 회색이 가득했다.

"보람있는 일을 묵암이 잘 했소이다."

라고 나를 응시했다.

8월 23일

일본이 대독 선전포고를 했다고 한다. 이제 일본의 패망이 올 것을 기대하게 되었다. 그러면 우리는 국제정세의 변화에 따라 반드시 독립이 될 것이다. 손 의암을 찾아가 이 사실을 알리다. 우리의 민중운동계획안이 성숙되어 간다.

비밀결사 「천도구국단」을 조직하다.

비밀결사 '천도구국단' 결성

독립운동의 중추적 역할을 수행할 보성사 내 비밀결사로 '천도구국단'을 조직하고 이들을 주축으로 민중운동봉기를 실천하려 했던 의지를 엿볼 수 있는 기록이다.

8월 31일

보성사내에 독립운동의 중추적 역할을 수행할 비밀결사로 「천도구국단」을 조직하다. 단장은 나를 뽑아 주었고 부단장

에는 김홍규, 총무에는 장효근, 섭외에는 신영구, 행동대장에
는 박영신이 각기 선임되었다. 금년은 마침 갑인년인데 우리
의 당초 민중운동을 갑오동학운동과 갑진개화신생활운동의
재현으로서 목표를 삼았기 때문에 나는 이해의 민중운동봉기
를 '3갑운동'이라고 명명하고 싶다.

갑오와 갑진의 양차 운동이 경악할 정도로 크게 열기를 뿜
었었기 때문에 이해 갑인민중운동도 전통적인 입장에서 볼
때 그만큼 성공률이 높지 않을까 싶은 전망이다. 더욱이 금년
에는 세계전쟁이 폭발되었기 때문에 어느 때보다 비상한 관
심을 끌게 되는 것이다.

1915년 1월 25일

아침 일찍이 상춘원에 체류중인 손 성사를 찾아가서 "천도
구국단天道救國團은 비롯 소규모의 비밀독립운동단체로 그 본
부를 보성사 내에 두었으나 우리의 독립을 위한 민중시위운
동의 열망은 그 어떤 단체보다도 강하고 의욕적이다." 이라고
상세히 진언하였다. 마침 권동진·오세창도 나와 함께 갔고 장
효근은 집근처까지 같이 갔었다.

의암도 "원칙적으로는 찬성하나 천도구국단의 계획이나 인
적 구성문제 등을 볼 때는 미약한 듯 하오."

이에 나는 "이 시기에 우리가 과거 두 번의 갑오·갑진 경험
(민중운동)을 토대로 하여 민중운동을 일으키면 일본도 상당히
충격을 받고 독립에 대한 보장을 주거나 물러날 가능성도 없

지 아니하니 민중봉기를 실현시키기 위해 앞장 서야 합니다."
하고 강청하였다. 결국 오늘의 회담은 결론을 얻지 못하고 말
았으나 실현가능성(독립운동)은 온존해 있는 것이다.

1916년 3월 3일

원로대면의 결과보고는 이렇다. 김홍규는 한규설을 만나니
"지금은 때가 좋지 않고 건강도 나쁘다"고 해서 성과 없었다.

이종훈은 이상재를 찾아서 취지를 설명하니 "천도교 측에서
나선다면 나는 기독교도들을 동원해 주겠다."고 약속하였다.

신영구는 윤용구에게 민중운동의 선봉을 종용 하였으나 몸
을 사리는 것 같았다. 장효근은 김윤식을 면회할 수 없었다고
하며 홍병기는 박영효를 찾았으나 그는 조용히 지내고 싶다
는 뜻을 말하고 고사하였다.

나는 남정철 전 내무대신을 만났으나 역시 건강이 좋지 못
해 사양하겠노라는 대답이 있을 뿐이었다. 결국 이상재 선생
만이 협조의 의사를 보였을 뿐이다. 이 일은 성공치 못한 것
으로 끝나고 말았다.

3월 31일

민중봉기운동의 실천은 보성사를 중심으로 한 천도구국단
동지 50여 명이 주동이 되어 표면에 나설 수 밖에 없는 것 같
다. 누구나 목숨의 중요성은 있는 것이다. 그러나 이같은 질
곡과 압박 속에서 그 귀한 목숨을 실오라기같이 연장해 본들

무슨 보람이 있을까.

원로라는 분들의 시국관에 실망치 않을 수 없고 우리의 구
국적 열의를 이해치 못하는 그네들이 못내 서운할 뿐이다. 우
리의 민족주의 운동은 계속될 것이고 이것이 우리 동지들의
끊임없는 시국관이요, 애국관이기도 하다.

군자금 6백여 원을 모으다.

장총 10여 종과 실탄 200발 은닉

우선적으로는 비폭력적인 시위를 하되, 차근차근 준비하여
군자금을 600여 원과 무기를 모아 만약의 사태에 대비하려는
과정을 기록한 부분이다.

4월 22일

영주 대동상점관련자가 검사국에 송치되었고 이강래 등 군
자금 모집원이 서울에서 체포되어 공포분위기는 여전하다.
전쟁에서의 승리를 위해 국내의 통치를 더욱 가열화하는 것
같다. 우리는 감시를 피해 그동안 보성사 비밀창고에 일본식
장총 10여 정을 모을 수 있었고 실탄도 2백 발이나 은밀히 쌓
아 두었으며 군자금도 6백여 원을 넘고 있다.

이제 10만 원 목표의 군자금과 무기 1백 정을 속히 손에 넣

어야 한다. 우리는 처음에는 평화적이고 비폭력적인 시위를
해야할 것이다. 손 의암의 주장을 따라야 하니까.

그러나 사세가 불리해질 경우에는 사생결단하고 무장항쟁
을 계속하여 갑오동학운동에서의 참패를 설치雪恥해야만 먼
저 희생된 동덕들에게 면목이 서고 그들을 위로하는 하나의
방도도 될 것이다. 장효근이 와서는 의병의 부활이 없다면 국
가는 따라서 망할 것이니 장차 분발하자고 한다. 그의 생각도
나와 비슷한 것 같이 보인다.

9월 16일

장효근이 찾아오다. 그는 나에게 비분강개조로 "반드시 천
도교가 결단코 봉기해서 독립만세를 절규해야 하는데 이게
나의 어리석은 생각일까요." 한다.

나의 가슴도 뭉클한다. 나는 손 성사와 의논해서 이제는 더
기다릴 수 없음을 그에게 말씀 드리겠다고 달래 보내다. 역시
애국심이 강한 동덕임을 알 수가 있다.

'거사계획' 손병희 앞장서기로

국제정세를 살피며 어떤 결단이 우리 민족에게 유리할지 고
심하는 모습이 담겨 있다. 손병희도 거사계획에 앞장설 것을 결
단하였다. 다만 8월 31일 기록을 보면 국제정세가 변동하여 손

병희는 시위 전에 독립선언을 우선할 것을 제안하고 이종일은
민중봉기를 속히 일으키자는 의견을 보여, 둘 사이에 많은 의견
이 교환된 것까지 기록되어 있다.

1917년 1월 29일

월슨의 민족자결주의 원칙이 작년에 비공식적으로 세계에
알려지게 되었다. 이것은 패전국에 속해 있는 약소국의 자국
영토 처리권이라는 것 같은 데 그러면 일본이 패전해야만 우
리의 독립은 올 것이 아니겠는가. 그렇게 되기를 기도한다.
만일 그렇지 않다고 해도 우리의 독립시위운동 추진에는 변
함이 없는 것이다. 무장세력까지 길르는 것은 뒷날 그것을 위
함인 것이다.

4월 10일

듣건대 페트로그라드에서 노동자의 대대적인 시위운동이
일어나 동맹파업으로 돌입했다고 한다. 우리의 그같은 경우
도 가능할 것이다. 왜냐하면 일본의 대한인 노동자의 착취 압
박이 자심하기 때문이다. 이같은 호기를 우리의 경우에도 적
용시키기 위해 천도구국단 동지들을 은밀히 불러 진상을 정
확히 전달하고 우리가 민중운동을 일으킬 때 파업을 적극 권
장해야 할 만반의 준비를 게을리하지 않게 조치하였다.

동지들과 거사계획에 합의하다.

5월 15일

김홍규 동덕과 같이 다시 손 의암을 찾아 가서 민중운동에 앞장서 줄 것을 간청하였더니 긍정적 태도를 보였다. 그러니까 자금지원 뿐 아니라 스스로 앞장 설 것도 다짐하고 권동진·최린·오세창·이종훈 등과 타협할 것을 처음으로 강조하였다. 천도구국단과 권·최·오 그리고 이종훈 등과 같이 연합적인 민중운동을 협의하였다.

이제야말로 우리의 희망과 포부가 펼쳐지게 된 것이다. 그런 대로 우리는 무기와 군자금을 계속 '성금'으로 모아가고 있다. 위급할 때 무기를 쓰는 것이고 재정적으로 궁핍할 때 성금을 풀어놓는 것이다.

8월 31일

들건대 단기서段祺瑞가 7월에 자금성을 공략해서 제2차 단 내각을 성립시킨 데 이어 8월 1일에는 빙국장馮國璋이 대총통에 취임했다는, 대변동의 소식이 있었고 소련 페트로그라드에서는 노동자 약 60만 명이 "전권력을 소비에트에 집결시키라"는 구호로 대대적인 시위운동을 약 1주일간 일으켰다고 한다. 정부가 이를 완전히 진압하여 7월 21일 케렌스키 내각이 성립되었다는 외신 보도도 있었다.

어찌 우리만이 가만히 있겠는가. 이 사실을 보성사동지와 (교내)의 중견인사들에게 전달하니 모두들 기회포착에 예의 주시하는 것 같다. 이때 나는 서슴치 않고 "성 사주께서 속히 결단을 내리셔서 국제정세의 변화에 능동적으로 대처해야 할 것입니다. 지금은 약소국들이 그들 나라의 영토처리문제에 선진국 자세를 취하고 있으니 우리도 이 기회를 놓치게 되면 다시 맞이할 수 없을 뿐 아니라 일본에게도 우리가 살아 있고 국권의식이 강하다는 것을 알려 우수한 대한인의 기상을 떨쳐야 앞으로의 방향이 소망스럽습니다."하니 손 사주는 "내가 왜 묵암 등의 뜻을 모르겠소. 나는 나대로 봉기를 생각하고 있되 천도교인이 선봉이 되는 것을 원하고 있소. 그러나 지금 이 시기는 세계대전이 진행 중에 있고 해서 우리가 나설 때 수많은 인명이 희생당할 것을 명약관화한 일이오. 그러니 나는 시위에 앞서서 독립청원을 하는게 어떨까 하오." 이에 다른 몇몇이 찬성하였다.

나는 "그 같은 것은 너무 무력한 방법이 아니겠습니까. 이 시점에서 독립을 청원하였다고 해서 그네들이 들어주겠습니까. 더우기 전쟁이 막바지에 달하고 있는 느낌 중에 말입니다. 일어나야 합니다. 우리는 죽음을 초월해서 민중을 선도先導해야 합니다. 그 길만이 우리의 정정당당한 의사를 천명하는 길이 될 것입니다."

나의 억양은 매우 높은 것 같았다. 보성사 사원들이기도 한 천도구국단 동지들은 내 의견에 전폭적인 지지를 표했다. 이 날은 이러한 의견들이 두 시간이나 교환된 뒤 뒷날을 기약하고 헤어졌다.[1]

13장

천도교단의
줄기찬 항일투쟁

국제정세 변동 주시하면서

그 자신이 언론인이기도 한 손병희는 비록 총독부기관지이긴 하지만 『매일신보』를 비롯하여 일본에서 발간하는 『오사카 아사히신문』과 『도쿄 매일신문』 등을 매일 구독하면서 일본은 물론 국제정세의 흐름을 예의주시하였다. 교회 간부들에게도 신문을 읽도록 하고 그때그때 내외정세를 알려주었다.

손병희는 국력이 약한 한국이 독립하기 위해서는 민족내부의 힘을 축적했다가 국제정세의 변동을 능동적으로 포착하여 일제에 큰 타격을 주고 독립을 쟁취해야 한다고 믿었다. 당시 일제는 청일전쟁과 러일전쟁에서 승리하고 조선을 병탄한 데 이어 제1차 세계대전의 승전국이어서 막강한 국력과 군사력을 갖고 있는 세계적 강국이었다.

1918년 12월 초 일본신문에는 1919년 1월 18일부터 파리에서 평화회의가 열리고 여기에 일본대표의 파견과 일본정부의 외교

방침 등이 보도되었다. 손병희의 눈길을 사로잡은 대목은 윌슨 미국 대통령이 제창한 평화원칙 14개조 등이 평화회의에서 논의 될 것이라는 기사였다. 물론 일본신문은 민족자결원칙이 유럽의 폴란드·불가리아·체코슬라비아 등 민족문제처리에만 적용되는 듯이 쓰고, 한국문제는 전혀 언급이 없었다.

국제정세는 크게 요동치고 있었다. 1914년 7월 28일 시작된 제1차 세계대전이 1918년에 종전되면서 전승국과 패전국 사이에 강화회의가 열리게 되었다. 일본은 중국에 있어 이권 확대를 노리고 영일동맹을 내세워 독일에 선전포고를 하고, 연합국이 승리하면서 중국 산동성의 독일 이권을 물려받고 남양제도의 위임통치령을 얻었다.

한편 러시아에서는 1917년 10월 혁명으로 레닌을 수반으로 하는 소비에트사회주의 정권이 수립되었다.

소비에트정부는 지주의 소유지를 국유화하고 은행·산업의 노동자 관리에 착수했으며 독일과의 단독강화에 의해 평화체제를 갖추었다. 러시아 신정부는 권내의 다민족을 포용한 채로 자결권을 승인하고, 민족자결 원칙을 제시하면서 식민지 국가의 민족해방 투쟁을 지원한다고 발표하였다.

미국 대통령 윌슨은 1918년 1월 의회에 「14개조 평화원칙」을 공표했다. 그 내용은 ① 강화조약의 공개와 비밀외교의 폐지 ② 공해公海의 자유 ③ 공정한 국제통상의 확립 ④ 군비축소 ⑤ 식민지 문제의 공정한 해결 ⑥ 프로이센으로 부터의 철군과 러시아의 정치변화에 대한 불간섭 ⑦ 벨기에의 주권회복 ⑧ 알자스

로렌의 프랑스 반환 ⑨ 이탈리아 국경의 민족문제 자결 ⑩ 오스트리아-헝가리 제국 내의 여러 민족의 자결 ⑪ 발칸 제국의 민족적 독립보장 ⑫ 터키제국 지배하의 여러 민족의 자치 ⑬ 폴란드의 재건 ⑭ 국제연맹의 창설 등이다.

각 민족은 그 정치적 운명을 스스로 결정할 권리를 가져야 하며 외부로부터 간섭을 허용하지 않는다고 하는 민족자결주의는 19세기 내셔널리즘의 고양과 함께 약소민족의 자주독립사상으로 널리 인식되었다.

제1차대전 결과 독일·터키·오스트리아 제국이 붕괴되고, 그 판도에 있었던 종속민족들의 처리문제가 시급한 국제사회의 현안으로 떠올랐다. 윌슨의 '14개조 원칙'은 이같은 상황에서 제기되었다.

손병희는 이때를 놓쳐서는 안 된다는 각오로 여러 가지 대책을 준비했다. 1918년 8월 교회의 중진들을 불러 "지금은 사람과 물체가 개벽하는 때"[1]라는 요지로 설교하면서 국제정세의 변동을 소개하였다. 그리고 준비를 지시했다.

천도교 안에서는 앞 장의 이종일 『묵암 비망록』에서 보였듯이 민족문화수호운동본부와 비밀결사 '천도구국단'이 결성되고 거사를 준비하였다. 비록 일제에 발각되면서 거사는 실패했으나 다른 방법으로 은밀히 준비하였다.

천도구국단의 명예총재는 손병희였고, 단장은 이종일, 부단장에 김홍규, 총무는 장효근, 섭외에 신영구, 행동대장에 박영신이 각각 임명되었으며, 보성사 사원들도 깊이 간여하였다. 그 본부는 보성사에 두었고, 회원은 약 50명이었다.

천도구국단은 1914년 제1차 세계대전에 따른 국제정세를 분석하여 일제가 곧 패전하리라 판단하고, 그 경우에 대비하여 시국선언문을 마련해 두었다. 이 선언문은 1915년 9월 7일 일제에게 발각되어 압수되었다.

천도구국단은 1916년 2월 국제정세를 의논한 뒤 민중봉기를 계획하였다. 이에 따라 이종일은 남정철, 이종훈은 이상재, 김홍규는 한규설, 홍병기는 박영효, 신영구는 윤용구, 장효근은 김윤식을 찾아가 대중동원을 협의하였다. 그러나 이상재만이 "천도교 측에서 나선다면 나는 기독교도들을 동원해 주겠다"는 약속을 했을 뿐 보두 거절하였다.[2]

3·1항쟁, '천도구국단'에서 발원

기미년 3·1혁명의 거족적인 항쟁의 기원은 천도교의 '천도구국단'에서 발원한다고 해도 지나치지 않는다. 윌슨의 민족자결원칙이 발표되면서 이종일 등이 손병희를 찾아와 민중봉기 계획을 설명하고, 1918년 1월에 다른 종교단체와 연합하여 대한문 앞이나 파고다공원에서 시위를 일으키고자 하였으나 손병희는 이를 만류하였다.

아직 때가 아니라고, 더불어 타종교들과 연합하여 범민족적인 규모로 봉기하여 독립을 쟁취하겠다는 복안이 있었기 때문이다. "민족문화수호운동본부와 천도구국단은 천도교를 중심으로 조직된 비밀결사로 3·1운동의 모태가 되었고, 이종일은 1910년대 천도교 중심의 독립운동이 전개되는 과정에서 중심적인 위치에 있었다."[3]

손병희는 연일 측근들과 함께 국제정세와 민족문제를 논의하였다.

1918년도 저물어가는 12월 중순부터 이들이 선생을 찾는 도수도 잦아지고 논의하는 시간도 깊어져갔다. 날이 감에 따라 일제가 조선민족 문제의 새로운 해결에는 뜻이 없고 현상유지에 그치리라는 전망은 뚜렷하여졌다. 선생과 측근자들은 비록 일제의 대 조선 민족문제의 근본 방침에 변함이 없을지라도 민족자결 원칙의 새로운 물결 앞에서 우리 민족이 그대로 안좌방시만 할 수 없는 것이라고 생각하였다. 일제의 부당한 국권 박탈을 규탄하고 잔인한 무단통치를 고발하여 우리의 주권회복과 독립달성의 의사를 세계여론에 호소하여야 될 시기는 이 때라는 의견에는 서로 일치하였다. 그러나 이 목적을 달성할 방법에는 아직 판단을 내릴 수가 없었다.[4]

손병희는 국권회복의 방안으로 여섯 가지를 신중하게 고려하면서 측근들과 상의하였다.

첫째, 무력봉기이다. 한때 천도교 안에 무기를 구입하는 등 준비를 했지만, 1894년 동학혁명의 좌절로 보아 실행이 어려웠다.

둘째, 대중시위의 수단이다. 자칫 폭력시위로 전개되면 엄청난 국민의 희생자를 내게 됨으로 배제되었다.

셋째, 외교활동의 전개이다. 국제정세로 보나 헤이그특사 파견의 좌절로 보아 현실성이 어렵다는 판단이었다.

넷째, 국민대회의 개최이다. 각도 각계의 대표들을 서울에 소집하여 조선독립대회를 개최하고 선언문과 결의문을 채택한다. 가장 합법적인 방법이지만 가장 실현성이 없고 실효성이 없다는 판단에서 배제되었다.

다섯째, 독립청원서 제출이다. 그러나 이 방안은 일제로부터 냉담한 반응만 살 뿐이오 도리어 탄압만 더 강화될 소지가 있었다.

여섯째, 독립선언문의 발표이다. 개인이나 단체 명의보다 전민족의 이름으로 독립선언문을 가두와 기관요로에 배포하고, 철시단행, 기도회와 강연회 개최, 일본인 배척, 일화배격의 무언실행 등을 구상하였다.[5]

손병희는 여섯 째 방안을 두고 권동진·오세창·최린 등 측근들에게 구체적인 실행방법을 연구·검토하도록 지시하였다. 1919년 1월 상순경이다. 이 자리에서 손병희는 "장차 우리 면전에 전개될 시국은 참으로 중대한다. 우리들이 천재일우의 호기를 무위무능하게 놓쳐버릴 수는 없다."고 말하고 "내 이미 정한 바 있으니 여러분은 더욱 분발하여 대사를 그릇됨이 없이하라."[6]고 덧붙였다.

손병희는 거사를 앞두고 1919년 2월 28일 천도교 3세 교조의 지위를 「유시문諭示文」을 통해 대도주 박인호에게 넘겼다.

> 불망不佞이 오교의 교무를 좌하座下에게 전위함은 기위己爲
> 10년이라 변설할 필요가 없거니와 금일 세계 종족 평등의 대
> 기운 하에서 아 동양 종족의 공동행복과 평화를 위하여 종시
> 일언을 묵히 불능하므로 자에 정치방면에 일시 진함케 되었
> 기 여시일언如是一言을 신탁하노니 유惟 좌하는 간부 제인과
> 공히 교무에 대하여 익익면려하여 소물망동小勿妄動하고 아 5
> 만년 대종교大宗敎의 중책을 선호진행할지어다.[7]

손병희는 3·1구국선언을 주도하면서 동학의 3세 교조, 그리고 천도교를 창건한 교조로서의 지위를 후임자에게 이양하였다. "박인호 대도주에게 교단운영의 중책을 맡긴 것은 손병희 스스로가 죽음을 각오하고 3·1운동에 임하겠다는 결의를 나타낸 것이다. 박인호를 3·1운동의 민족대표에 포함시키지 않은 연유가 여기에 있었던 것이다."[8](박인호는 민족대표 33인에는 포함되지 않았으나 그 후 48인의 한 사람으로 체포되어 재판을 받았다.)

일본유학생·상하이 신한혁명당에서도 준비

손병희는 전민족의 이름으로 독립선언을 하기로 전략을 세웠다. 기미년 3·1혁명은 이렇게 하여 물꼬가 트였다. 천도교 내에서 지속적으로 추진되어 온 항일독립운동의 연장선이다. 이 무렵 재일본 한국유학생들도 긴밀하게 움직이고 있었다.

일본 유학생들은 1918년 12월 15일자 『저팬 에드버타이저The Japan Advertizer』가 '한국인, 독립 주장'이란 제하에 재미 한국인들이 독립운동에 대한 미국의 지원을 요청하는 청원서를 미국 정부에 제출하였다고 보도한 기사를 관심 있게 보았다. 또 12월 18일자의 '약소민족들 발언권 인정 요구'라는 기사에서 뉴욕에서 열린 세계 약소민족동맹회의 2차 연례총회가 파리강화회의 및 국제연맹에서 약소민족의 발언권을 인정하여야 한다고 주장한 내용, 한국 대표가 이에 포함된 사실을 알게 되었다.

『저팬 에드버타이저』는 고베에서 영국인이 발간하는 영자지여서 일본 정부의 통제를 받지 않고 이런 기사를 게재할 수 있었다. 한국 유학생들은 이 같은 국제정세를 자주독립을 이룰 절호의 기회로 받아들였다.

1917년 윌슨의 민족자결주의 선언으로 국제정세의 변화, 해삼위에서 망명 지사들의 「대한독립선언서」 발표, 그리고 상하이에서 활동한 독립지사들의 소식을 접한 재일 한국 유학생들은 민감한 반응을 보이면서 이를 주체적으로 해석하며 대책을 논의했다.

구한국 외교고문으로서 일제 침략에 협력한 스티븐스를 저격했던 전명운 의사의 독립선언서

　제1차 대전이 종결되면서 미국 대통령 윌슨은 자신의 특사 찰스 크레인Charles Crane을 중국에 파견하여 종전 후의 강화회의에 대한 미국의 입장을 설명하고, 중국도 대표를 파견하도록 권고하게 하였다. 1918년 11월 크레인이 상하이에 도착하자 중국 정부는 환영회를 개최하였다. 신한청년당 대표 여운형도 이 자리에 참석했다.

　크레인은 "지금 파리에서 개최되고 있는 세계평화회의는 각국 모두 중대한 사명을 다하는 것으로 그 영향력도 또한 큰 것이다. (…) 피압박 민족에 대해서는 그 해방을 강조함에 따라 피압박민족에게 있어서는 그 해방을 도모하는 데 최적의 기회이기 때문에 중국에서도 대표를 파견해 피압박 상황을 말하고 그 해방을 도모해야 한다"는 요지의 연설을 했다.

여운형은 강연을 듣고, 그의 숙소를 방문하여 한민족의 식민지 실정을 설명하고 한국민족 대표의 파견도 가능할 것인지의 여부를 물었다. 크레인으로부터 미국정부의 의사는 알 수 없으나 개인적으로는 지원하겠다는 응답을 얻었다.

여운형은 동지들과 상의 끝에 파리에 파견할 대표로 중국 톈진에 머물고 있는, 영어에 능숙한 김규식을 입당시킴과 동시에 이사장에 추대하여 신한청년당의 대표이며 한국 대표로 파견키로 하고, 경비는 여러 채널을 통해 마련하였다. 장덕수는 부산 백산상회 안희재로부터 2천 원, 김철은 손병희를 통해 천도교에서 3만 원, 김규식이 1천 원을 내놓는 등 모두 10만 원의 활동자금이 마련되어서 김규식의 파리행이 이루어졌다.

김규식은 1919년 2월 1일 프랑스 우편선 편으로 상하이를 출발하여 3월 13일 파리에 도착, 시내의 불라베라는 시인 부부의 집에 사무실을 차리고 타이피스트와 통역을 구하여 '한국공보관'을 설치하는 등 즉각 활동에 들어갔다.[9]

손병희는 상하이에서 조직한 신한청년당이 파리 평화회의에 특사를 파견한다는 밀사 김철을 만나 거사자금으로 준비한 거금 3만 원을 지원하였다. 또 도쿄에서 유학생들의 2·8독립선언 준비자금도 일부 지원하였다.

윤용구·박영효·한규설·윤치호 등 참여거부

손병희를 중심으로 하여 오세창·권동진·최린·이종일 등 핵심측근들은 독립선언을 위한 제반 준비를 서둘렀다. 타종교 지도자와 각계 인사들의 참여를 위해 1차로 선정한 대상은 윤용구·박영효·한규설·윤치호였다.

윤용구는 구한국 대신으로 합병 초에 일제로부터 작위를 받았으나 품성이 고결한 사람으로 알려지고, 박영효는 고종의 부마로서 개화운동의 선구자였다. 그 역시 일제로부터 작위를 받았지만 작위자를 참가시키는 것도 중요하다고 보아 선정하였다. 한규설은 을사늑약 체결 당시 참정대신으로 이를 반대한 인물이고, 윤치호는 105인 사건에 연루되어 옥고를 치루고 특히 미국인들 사이에 신임이 두터웠다. 하지만 이들은 이런저런 이유를 들어 한결같이 몸을 사리고 참여를 거부하였다.

손병희는 이완용을 끌어들이는 것이 운동에 효과적일 것으로 판단하고, 조카인 천도교인 이회구를 대동하고 은밀히 그의 집을 방문했으나 허사였다.

나는 2천만 동포에게 매국적이라는 이름을 들은 지 이미 오래입니다. 이제 새삼스러히 그런 운동에 가담할 수 없소이다. 이번 운동이 성공하여 독립이 되면 나를 때려 죽일 사람은 서울서도 먼 다른 동리 사람들을 기다릴 것 없이 우리 동네 이웃 사람들에게 맞아 죽을 것이외다. 손 선생의 이번 운

동이 성공하여 내가 그렇게 맞어 죽게된다면 다행한 일이 올시다.[10]

이완용은 민족 앞에 마지막 속죄할 기회조차 저버렸다. 손병희가 종교적인 신심에서 그에게 마지막 기회를 주었지만, 매국노는 끝내 참회를 하지 않았다. 그 대신 그는 이 일을 일제에 누설하지는 않았으나, 3·1혁명 과정에 몇 차례 신문에 이를 비방하는 글을 실었다.

민족 대표들이 1919년 3월 1일 종로에 있는 태화관에서 독립을 선언할 때 옆 방 제6호실에 "열혈청년 6인을 극비리에 잠복시켜 놓고, 이 거사 일체에 대한 사실史實을 기록케 한 일이 있다."[11] 6인 중 해방 후 유일한 생존자로서 『3·1운동 비사』를 간행한 이병헌은 이 책에서 3·1운동의 과정을 소상히 기록하였다. 다음은 손병희의 역할을 기술한 「준비시대」라는 항목이다.

경술 8월 29일 반만년 역사를 가지고 사랑하던 우리 민족의 문화·경제·윤리도덕·전통적 도의는 차차 쇠퇴하여지고 2천만 민족은 수난시대에 처하였다. 이 중의 매국노(소위 귀족)와 일본 관청에 직을 가진 사람 친일분자 외에는 한을 부르짖고 땅을 치며 울분에 쌓였으나 망국의 한을 호소할 곳 없었다.

이제 우리 민족이 오직 의지할 곳은 종교 신앙 밖에 없었다. 기독교·천주교·불교 그리고 유학이었고 우리나라에서 비로소 시창된 천도교가 있었다. 천도교는 동학의 후신이니 갑오 운동 때 외래세력을 배격하고 자주정신으로 살자는 표어로 척왜척양의 기치와 탐관오리를 제거, 인류평등을 부르짖고, 갑진·갑오개화운동은 국세가 위기에 처함을 알고 우리도 신문명을 알아야 되겠다고 우선 삭발하고 청년자제로 하여금 신교육을 받게 하였고 4대강령을 선포하였다.

1. 황실존중 독립정신 견고
2. 정부정치 개선
3. 인민의 생명재산 보호
4. 군정 재정 정비

천도교 제3세 교조 의암 손병희 선생은 일반 교인에게 우리 조국광복은 우리 민족의 일치단결에 있다하고 정신통일 규모 행동 일치하여 심신을 단련하여 자신의 신력身力을 얻고 만반을 준비하면 한울님은 우리에게 때를 주신다. (…)

서울시의 우이동에 봉황각을 건축하고 지방에서 교인 중 우수한 지도자를 선출하여 한울님께 기도하고 심신단련에 연성공부를 시키었다.

5년이란 장구한 시일에 제1차 세계대전은 종막을 고하고 파리에서 강화회의가 연다는 보도가 있자 무오년 10월에 손 선생은 그 문인 중요 간부 중 박인호·권동진·오세창·최린씨와 회합하여 독립선언에 대한 준비를 시작하였다.

교회의 모든 일은 제4대 교조 박인호 선생에게 일임하고 일반 교인에게 105일간 기도를 행하게 하였으니 한울님께 조국광복의 대원을 빌며 독립운동비로 어육주초魚肉酒草를 끊고 매야每夜 자정에 청수를 봉존하며 짚신 한 켤레씩을 삼아서 그 대금을 독립운동비로 충당하기로 하였다.

익년 1월 말까지 수합된 금액이 500만 원이나 되었다. 이때 기독교에서는 일본정부에 조선독립 청원을 하자는 의론이 전개되었으나 그 성과는 얻지 못하였다.

기미년 1월 상해에서는 천진에 있는 김규식을 파리강화회의에 보낸 후 연안의 조선인은 동 2월 28일 조선독립운동을 발의하였고 각지(중국 만주)에 산재한 망명객들은 서로 일맥상통의 연락을 하였고 국내에서는 우국지사들이 서로 동지를 규합하게 되었다.

선언서는 최남선 씨에 부탁하고 손병희 선생은 최린(당시 보성고등학교 교장)을 통하여 최남선 씨와 상통케 하여 평북 정주 오산고등보통학교 이승훈에게 김도태를 보내고 중앙고등보통학교 교장 송진우 씨와 동교 교감 현상윤 씨와 연락하였다.

이때 일본 유학생으로 이광수·서춘·최팔용·백관수·김도연 씨가 주동이 되어 2월 8일에 기독교회관에서 조선독립을 선포하였다. 유학생 중 송계백은 모자 속에 선포문을 가지고 와서 최린 씨와 송진우 씨에게 전하고 일본 동경에서 유학생들이 조선독립을 선포한다는 뜻을 말하였다.

손병희 선생은 독립선언서에 서명할 인물을 구상하여 천도교인 또는 기독교인, 불교인, 유림을 연락할 때 기독교인 측은 이승훈 씨가 담당하기로 하였다. 2월 24일 밤 재동 최린 선생 사택에서 천도교 측 대표 권동진·오세창·최린 씨가 회석하여 실행방법을 종료하였다.

이승훈 씨가 말하기를 기독교인을 연락하자면 경비가 5천 원이 소요된다고 하여 손병희 선생은 박인호(당시 대도주) 씨에게 자금을 명하여 최린 씨로 하여금 이승훈 씨에게 전달케 하였다.[12]

독립운동기금 100만 원 모으다

손병희는 민족적인 거사를 앞두고 기금을 준비하였다. 자금이 없으면 '운동'은 불가능하다. 특히 많은 사람을 동원하고 타종교의 협력을 위해서는 적지 않은 기금이 소요되었다. 그동안 손병희는 국내외의 독립운동에 많은 돈을 지원하였다.

여운형이 김규식을 파리 평화회의에 파견할 때 3만 원을 비롯하여 3·1혁명 준비과정에 기독교 측에 5천 원 등 독립운동 자금의 '뒷돈'은 대부분 천도교의 몫이었다. 손병희의 부인 주옥경의 증언이다.

또한 독립운동 자금의 조달이 기가 막히게 어려웠습니다. 3·1운동 거사 자금뿐만이 아니라 해외의 독립운동 자금도 주로 우리 천도교에서 나왔습니다. 부인들이 아랫배에 차고 오기도 하였고, 또는 허리띠에다 누벼오기도 하고, 아무튼 부인들의 활약이 이만저만 아니었습니다.

아마 그때 십원짜리 오원짜리 지폐가 있었지요. 그렇게 많은 돈을 거두어서 독립자금으로는 물쓰듯 했습니다마는, 우리는 한국 좁쌀도 먹지 못하고 호좁쌀을 먹었습니다. 감옥에 들어간 사람들의 차입비용 같은 것은 아무것도 아니었습니다. 아무튼 전부 천도교 돈에서 나왔습니다.

중국·만주에도 독립자금 조달할 때에는 안방 깊숙이 평양 반닫이가 있었습니다. 그 반닫이 안에다 간수하였습니다마는, 그 때는 혹시 왜놈들의 감시를 두려워해서 다른 곳에다 많이들 여러 곳으로 나누어서 보관했습니다.[13]

손병희는 '실사구시형' 지도자다. 혁명가적인 기질과 함께 경영가형의 지도력을 겸비하였다. 호언장담보다 철저히 준비하고 대책을 세웠다. 김옥균 등 개화파가 준비 없이 서둘렀다가 '3일 천하'로 끝난 갑신정변이나, 전봉준 등 동학의 남접세력이 의기義氣만을 믿고 거사했다가 막대한 희생을 치르고 좌절된 사력을 지켜보거나 함께 겪었기 때문이다.

3·1혁명을 준비하면서 손병희는 천도교 조직을 통해 거사자금을 마련하였다.

천도교는 독립운동자금 마련을 위해 3·1운동 전해인 1918년 4월 4일 부구총회部區總會에서 중앙대교당과 중앙총부 건물을 신축하기로 결의하였다. 이에 따라 각 연원을 통해 매 교호敎戶 당 10원 이상 씩의 건축특성금을 10월 28일 교조 수운 최제우의 탄신기념일까지 모금키로 했다. 모금이 시작되자 총독부는 기부행위금지법 위반이라는 이유로 한성은행에 3만 원, 상업은행에 3만 원, 한일은행에 6천 6백 원 등 모두 6만 6천 6백 원의 예금을 동결시켰다.

이러한 일제의 방해를 무릅쓰고 많은 교인들은 논밭과 황소 등을 팔아 성금을 냈는데, 일경의 감시를 피하기 위해 건축성금을 되돌려 받은 것처럼 위장하기도 하고 성금액수를 10분의 1로 줄여 기장記帳하기도 하였다.

이렇게 해서 교당 건축성금으로 약 1백만 원의 거액이 모아졌다. 그중 대교당과 중앙총부 청사 건축에 사용된 27만여 원을 제외한 대부분의 건축성금이 3·1운동을 비롯한 해외독립운동 군자금으로 사용되었다. 총부는 이 성금으로 이 해 가을에 경운동 88번지 일대의 대지 1,824평을 매입하여 12월 1일 교일 기념일(현도기념일)에 중앙대교당 기공식을 거행하였다.[14]

천도교는 이와 같은 교인들의 성금과 "남자들은 짚신을 삼고 여자들은 삯바느질 품삯을 모으고 모은 돈입니다. 사실 말씀이지 기미년 독립운동은 천도교 돈이 아니었으면 되지 않았을 것입니다."[15]

일제정보기관, 3·1혁명 '주동자 손병희' 지목

일제는 3·1혁명 주동자로 손병희를 지목하였다. 다음은 손병희의 3·1혁명 준비과정에 대한 일제정보기관의 보고서이다.

천도교 중앙총본부의 원로격인 권동진과 오세창은 1918년 12월 경부터 수 차례 서로 만나 세계 형세를 논하여 민족자결주의는 이제 세계적인 대세이며, 이미 폴란드는 국가부흥을 선언하였고 체코슬라바키아민족은 독립선언을 했고 그 밖에도 서양에서는 민족독립이 활발하게 창도되고 있으며 더욱이 이들 운동은 미국을 비롯하여 열강의 원조 또는 승인을 얻고 있으니, 지금이 조선독립을 기획하는 데 가장 좋은 기회라 하고, 항상 신문통신기사 등에 유의하고 있었다.

그러다가 1918년 12월 하순 경부터 위의 두 사람은 가끔 천도교가 경영하고 있는 경성보성고등보통학교 교장 최린과 회합하여 소견을 말하고, 독립운동의 가부에 대해서 그의 의견을 구했다.

최린 역시 이에 동의하고 그 실행방법으로 일본정부·귀족원·중의원·정당수령·조선총독에 대해서는 국권반환의 청원서를 제출하고, 미국 대통령과 파리강화회의에 대해서는 항구적인 평화를 기초로 하는 신세계가 막 건설되려고 하는 오늘날 유독 조선은 이 은혜에서 빠지고, 일본의 압박정치하에 있다는 것을 호소하여 그 동정에 의해 국권부흥의 원조를 구하는 한편 조선인 여론의 환기에 힘쓰고 세계 여러 강국으로 하여금 조선 일반인의 의사표시를 인정케 함에는 단지 천도교만의 힘으로는 불가하다.

뿐만 아니라 외국과의 교섭관계에서 보더라도 유력한 기독교도 단체와 협력하고, 나아가 귀족 및 고로古老의 일부를 가입시킴으로써 소리를 높여 대대적 운동을 개시하면, 조선독립을 얻는 것이 반드시 매우 어려운 일만은 아니다.

또 이 운동으로 당장 성과를 거두는 일은 불가능하다 하더라도, 조선독립의 기운을 촉진하는 데는 매우 큰 효과가 있을 것이라 하여, 위 3명은 이에 독립운동의 실행을 결의했다. 1919년 1월 25·26일 경 이들은 함께 천도교주 손병희를 방문하여 이 기획을 말했던 바, 손병희는 신명을 다해 조국을 위해 노력할 것을 맹세하여, 이에 천도교의 방침은 정해졌다. 이것이 1919년 소요(만세) 사건의 발단이다.

그리하여 기독교와 협동운동을 개시하는 것에 대해서는 결정했지만, 천도교도 중에는 기독교도와 교섭의 임무를 맡을 적당한 인물이 없었다. 이리하여 최린은, 기독교도와 친교가 있고 또 지조도 굳고 문필에 능하며 청년학생들 사이에서 가장 신망 있는 저술가 겸 출판업자인 최남선을 설득하여 이 거사에 찬동하게 하기로 하고 1월 28일 경 그를 찾아가 이 운동의 기획을 이야기했다.

그러자 최남선도 이에 찬동하며 스스로 기독교 측과의 교섭의무를 맡기를 흔쾌히 승낙했다. 그런데 그 후 천도교 측에서는 비밀이 누설될 것을 우려하여, 천도교 최고 간부에게도 절대로 이 사실을 숨겼다. 기독교 측과의 연맹이 성사되고 운동실행의 시기를 대략 결정하자, 손병희·권동진·오세창 3명은 2월 25일부터 같은 달 27일까지 3일 동안에 경성에 있는 최고 간부와 당시 경성에 와있던 지방 최고 간부인 천도교월보 과장 이종일·승례 권동진·도사 양한묵·김완규·홍기조·홍병희·나용환·박준승·나인협·임종환·장로 이종훈의 11명에게 이를 전달했다.[16]

14장

세계만방에 조선독립선언 발표

독립선언서 최남선이 광고지 뒷면에 쓰다

손병희의 주도 아래 독립선언을 위한 준비가 은밀히 추진되었다. 일제 무단통치의 공포분위기 속에서 민족의 자주독립 선언은 그들의 법률에 따르면 곧 내란죄의 죽음으로 가는 길목이다. 윤용구·한규설·박영효·윤치호 등 구한국 원로급이 하나같이 참여를 거부하자 준비팀은 "그 사람들은 이미 노후한 인물들이다. 독립운동은 민족적 제전이다. 신성한 제수祭需에는 늙은 소보다 어린 양이 좋다. 차라리 깨끗한 우리가 제물이 되면 어떠하냐"[1]는 의견에 따라 인선 기준을 바꾸기로 하였다.

기독교계에서 신망이 높은 이승훈이 참여하면서 기독교와 연대가 이루어지고, 기독교 측은 이승훈, 불교계는 한용운이 맡았다. 천도교 측은 손병희의 몫이었다. 손병희는 2월 25일~27일 사이에 임예환·나인협·홍기조·양한묵·권병덕·이종일·김완규·나용환·이종훈·홍기병 등의 동의를 받았다. 여기에 손병희·권동진·오세창·취린을 합하여 15인이 되었다.

서명자는 천도교 측 15인, 기독교 측 16인, 불교 측 2인으로 하여 33인의 민족대표가 선정되었다.

기독교 측은 2월 27일 이승훈의 주도로 박희도·이갑성·오화영·최성모·이필주·함태영·김창준·신석구·박동완 등 10인이 이필주의 집에 모여 독립선언서에 서명할 것에 합의하였다. 이들 중 함태영은 서명자들이 구속될 것에 대비, 가족들을 돌보기 위해 제외하고, 신흥식·양전백·이명룡·길선주·유여대·김병조·정춘수 등 7인을 다시 교섭하여 모두 16인의 민족대표가 선정되었다.

불교 측은 한용운이 2월 24일부터 각지의 승려들에게 독립선언 준비 사실을 극비리에 알리면서 서명에 참여할 것을 종용했으나 해인사의 백용성만이 서명했을 뿐이었다.

유림 측은 향리 성주에 있는 김창숙에게 전갈이 갔으나 마침 모친의 병환으로 2월 27일경 상경했을 때는 서명자가 이미 결정되고, 독립선언서가 인쇄에 들어감으로써 '천추의 한'을 남겼다. 김창숙은 이후 유림을 동원하여 「파리장서」 등 별도의 독립운동을 폈다.

독립선언의 준비를 맡은 최린 등은 선언서의 기초를 최남선에게 맡기기로 하였다. 1919년 2월 상순 최남선은 "일생애를 통하여 학자의 생활로서 관철하려고 이미 결심한 바 있으므로 독립운동 표면에는 나서고 싶지 않으나 독립선언 문건만은 내가 지어볼까 하는데 그 작성책임은 형(최린-필자)이 져야 한다"고

하면서 나의 의사를 물었다. 나는 육당의 충정과 처지에 동정하여 이를 승낙하고 속히 기초할 것을 부탁하였다.[2]

최남선은 일본 와세다대학에서 수학 중 동맹휴학으로 중퇴하고, 이광수 등과 사귀면서 서구문학 작품을 탐독했다. 귀국 후 도서출판 신문관을 창설, 잡지 『소년』 등을 발행하면서 근대문학의 개척자가 되었다. 당시 조선의 제1가는 문인·문필가로 문명을 날렸다. 독립선언서를 쓰게 된 배경이다.

그는 독립선언서를 쓰는 영광을 차지하고도 후일 변절하여 오명을 역사에 남겼다. 독립선언 준비에 크게 기여한 최린도 같은 길을 걸어 초심을 잃었다.

만해 한용운이 독립선언서를 최남선이 쓰기로 했다는 소식을 듣고 최린을 찾아가 독립운동에 직접 책임을 질 수 없다는 사람에게 독립선언서를 쓰게 할 수는 없다고, 자신이 집필할 것을 요구했으나 바뀌지 않았다. 한용운은 독립선언서 말미에 「공약 3장」을 추가하였다. 최남선은 독립선언서를 비롯하여 일본정부와 귀족원, 중의원 및 조선총독부에 보내는 통고서, 그리고 미국대통령 윌슨에게 보내는 청원서와 파리강화회의 열국 위원들에게 보내는 서한을 도맡아 집필하였다. 최남선의 기록이다.

내가 독립선언서를 쓴 때는 29세의 청년시절이었다. 나는 종이에 대하여 극히 애중하고 나삐 말하면 인색하다고 할 버릇이 있다. 그러므로 신문지와 함께 배달이 되는 광고용 전단지와 같은 것을 일일이 모아두고, 대소에 응해서 혹 한장 두

장씩을 내어 쓰는 것이 상사常事이었다.

독립선언서 이하 그에 부수되는 모든 문자도 이러한 광고지의 배후에 기초했던 것인데 일본정부에 통고하는 문자는 장문이므로 광고지 여러 장을 연철해 쓰고, 독립선언서도 4, 5매의 광고지를 풀로 붙여 초지草紙로 사용하였다.

그것을 항아리에 넣어서 지하에 묻어두었다가, 재옥 34개월 후에 나와서 내어보니까, 우수雨水가 침투해서 반은 썩고 반은 덩어리져서 문자를 변별할 수 없이 되었었다. 그나마도 1·4후퇴 후 전화에 없어지고 말았다.

문자의 기술과 같은 것은 대개 야간을 이용하고, 또 그중에서도 비밀을 요하는 것은 타인이 생각하지 못할 처소를 빌어 쓰기로 했다.

독립선언서 이하의 모든 문자는 신중에 신중을 기하고, 비밀에 비밀을 지킬 필요로부터 근린의 어느 일본인小擇 집 중학생의 공부방을 상당한 동안 차용하여 아무도 모르게 원만히 작성하였던 것이다.[3]

독립선언서 인쇄 중 나타난 악질형사

독립선언서의 인쇄는 천도교 인쇄소인 보성사에서 하기로 하였다. 이종일이 이 책임을 맡았다. 그런데 하마터면 '만사휴의 萬事休矣'가 될 뻔했다. 인쇄 도중에 악질 한인 총독부 형사가 낌

새를 맡고 인쇄소 안으로 들어왔다. 손병희의 부인 주옥경의 증언이다.

독립선언서를 인쇄하던 때에 천도교회에서 보성사 인쇄소와 보성소학교·중학교와 보성 전문학교를 다 경영했었습니다.

지금 수송동 불교 총무원 자리 그 운동장 맨 끝에 2층 건물로 된 보성사 인쇄소가 있었는데, 인쇄 시설은 지하실 같은 그 건물의 아래층에 있었습니다. 이종일 씨라는 분이 인쇄를 맡아서, 낮에는 다른 인쇄물을 취급하고 직공들을 일찍 돌려보낸 다음, 밤에는 사방 문을 걸어 잠그고 불빛이 새어 나가지 않도록 창문을 가리고 인쇄하였는데, 공교롭게도 신승희라고 하는 유명한 한국인 악질 형사에게 걸려 들게 되었습니다.

바로 이 신승희가 우리 보성사 주위를 순찰하다 보니, 밤중에 인쇄하는 소리가 달가닥거리는데, 사방 문에 불빛이 보이지 않으며, 다만 공기통으로 불빛이 새어 나오더라는 것입니다. 그래서 문을 두드리니 이종일 씨는 그만 기절할 지경이었습니다. 어디다 인쇄물을 감출 수도 없고 당장 악마 같은 그 형사는 문을 벗기라고 소리소리고, 어이구, 한울님 맙소서, 이젠 만사가 다 글렀다고 생각하면서, 하는 수 없이 문을 열어 주었다 합니다.

그랬더니 그 신승희가 들어와서 한 번 인쇄소 안을 훑어보자마자 모든 일이 탄로나고 말았었습니다. 그래서 이종일 씨는 그만 그 신승희의 발 밑에 엎드려, 제발 당신도 우리 나라 백성이면 독립을 원하는 마음은 같을 게 아니냐고. 하루만 기다리면 내일은 다 세상에 알려질 일이니 그저 오늘 하루만 못 본 것으로 해 달라고 애걸복걸했답니다.

그리고 여기 잠시만 기다리고 계시면 내 잠깐 우리 의암 선생을 뵙고 오겠다고 하고는 우리 집으로 달려오지 않았겠습니까.

이 말을 들은 그 양반은 즉시로 서슴지 않고 오천 원 뭉치를 이종일 씨에게 맡겼습니다. 그래서 신승희가 오천 원 먹고 눈을 감아주었습니다.[4]

3·1독립선언, 비폭력 택한 배경

3·1혁명을 기획·주도한 손병희는 시종 '비폭력'을 내세웠다. 천도교의 독립선언 3대원칙은 첫째, 독립운동은 대중화할 것. 둘째, 독립운동은 일원화할 것. 셋째, 독립운동의 방법은 비폭력으로 할 것이었다. 이 뜻은 최남선에게도 전달돼 독립선언서의 기본원칙으로 삼아 작성하였다.

독립운동사 연구 일각에서는 손병희의 '비폭력 방법'과 관련 '투항주의적' 등 여러 가지로 비판하는 경우도 있다. 하지만 당시 조선의 상황을 살피면 비폭력주의를 내세울 수밖에 없었음을 이해하게 된다.

당시 조선에는 조선 주둔 일본 정규군 2만3천여 명, 일제 헌병경찰 1만3천3백80명, 조선총독부 관리 2만1천 3백12명, 34만 명의 일본인 이주민 중 무장 일본이주민 2만3천3백 84명 등 약 8만1천76명이 있었다. 일제는 이밖에도 언제든지 한국에 증파할 수 있는 막강한 군사력을 보유하고 있었다.

일제는 조선을 완벽하게 통치하고자 전국 수천 개의 일본군 주둔소와 헌병·경찰관 주재소와 조선총독부 행정조직을 거미줄 같이 늘어놓아 총검으로 식민지 무단통치를 자행하고 있었다.[5]

일제는 1907년 9월 3일 이른바 「총포 및 화약류 단속법」을 제정하여 한국인의 총기 소지나 운반을 철저히 탄압하고, 병탄 이후에는 이 단속법을 더욱 강화하였다. 한국인은 철저히 무장 해제된 상태이어서 산짐승이 날뛰어도 이를 처치할 총기 하나도 없었다. 박은식은 이를 두고 "한국인은 일제의 탄압으로 '촌철寸鐵'도 갖지 못했다"고 지적하였다.

당시의 사회적 조건을 고려할 때 만일 3·1운동의 지도자들이 민중에게 폭력방법을 요청했다면 3·1운동은 민중들에 의해 자발적으로 파급되어 1,700만 명의 국민 중에서 2백2십만여 명이 봉기한 대중운동으로 발전하지 못했을 것이다. 파고다공원과 기타 요소에 일본군 몇 개 중대나 몇 개 대대만 투입해도 진압되는 소규모 무장 폭동으로 끝나고 말았을 것이 분명하다.[6]

거사일을 3월 1일로 결정한 데는 각별한 의미가 부여되었다.

첫째, 당시 고종황제의 국장을 2~3일 앞두고 각 지방에서 다수의 인사가 서울에 모였을뿐 아니라 고종황제를 일인들이 역신배逆臣輩를 사주하여 독살하였다는 말이 떠돌았기 때문에 인심은 극도로 격분하였다. 예로부터 천시지리인화天時地理人和는 사업을 성취하는 데 있어서 3대조건이라고 하는 말도 있거니와 이러한 시기야말로 가위천여可謂天與의 시기라고 할 것이다.

둘째, 이날은 조선민족에 영원한 기원이 될 날이다. 이 운동은 조선민족의 성스러운 과업으로서 타일에 이 시일과 이 운동을 합쳐서 부르게 된다면 그것이 곧 이 운동의 명사名詞가 되는 것이다. 이름이란 실체를 대표하는 말이므로 이름과 실체가 부합되어야 하는 법이다.

우리는 3월 1일을 요약하여 부르기를 三一이라 하고 여기에다 이 운동을 가해서 부르기를 3·1운동이라고 한다. 그리고 三一은 삼위일체의 철학적 용어로서 여러가지로 적용할 수 있는 말이다. 말하자면 3교단이 일체가 되어서 일으킨 의미도 되고, 영토·인민·주권의 3요건으로서 일국가가 성립된다는 의미로서도 삼위일체가 부합되는 것이다.[7]

"손병희 선생을 영도자로 맨 앞에 쓰자"

서명자가 확정되자 2월 27일 밤 최린의 집에는 기독교 측 대표 이승훈·이필주·함태영. 불교 측 대표 한용운, 그리고 개인

자격으로 최남선이 참석하여 회합했다. 이 자리의 주요 의제는 독립선언서의 날인 순서에 있었다.

기독교 측은 서명자의 순서를 연령순으로 하거나 가나다순으로 하자고 제의했다. 이에 최 린이 그렇게 되면 위계질서가 확고한 천도교 측에서 볼 때는 선생과 제자의 순위가 바뀌게 되므로 곤란한 지경에 빠진다고 지적했다.

장시간의 논의 결과 인물로 보거나 거사의 동기로 보아서도 손병희 선생을 영도자로 모셔 수위에 쓰고, 제2위는 기독교를 대표하는 길선주(장로교파) 목사를, 제3위에는 이필주(감리교파) 목사 그리고 불교 측을 대표하여 제4위에는 백용성(승려)을 쓰기로 합의했다. 그리하여 손병희·길선주·이필주·백용성의 순위가 결정되고 나머지 29인은 성명의 가나다순으로 배열하여 서명 날인하게 되었다.[8]

민족대표에 서명하지 않은 주요 인사는 앞에서 지적한 바 있는 함태영 외에 송진우와 현상윤 등이 있다. 이들은 3·1항쟁 거사 후의 계속적인 운동지도를 맡기 위해 서명에서 빠졌다. 그리고 최남선은 스스로 "학자로서 일생을 마치기"로 결심 했으므로 그대로 수용되었다.

독립선언서에 서명한 민족대표 33인은 다음과 같다. 괄호 안은 당시의 연령이다.

△ 천도교- 손병희(59)·권동진(59)·최 린(42)·오세창(56)·임예환(55)·권병덕(53)·이종일(62)·나용환(56)·나인협(49)·

민족대표 33인의 존영

홍기조(60)·김완규(44)·이종훈(65)·홍병기(51)·박준승(54)·양한묵(58)

△ 기독교- 이승훈(56)·박희도(42)·최성모(47)·신홍식(48)·양전백(51)·이명룡(47)·길선주(51)·이갑성(31)·김창준(31)·이필주(51)·오화영(40)·박동완(35)·정춘수(45)·신석구(45)·유여대(42)·김병조(44)

△ 불교- 한용운(41)·백용성(56)

33인의 민족대표와 함께 3·1운동을 주도한 인물의 명단은 다음과 같다.

△ 천도교- 박인호(66)·노헌용(53)·이경섭(45)·한병익(20)·김홍규(45)

△ 기독교- 함태영(48)·김지환(29)·안세환(33)·김세환(32)

△ 교육계- 송진우(31)·현상윤(28)

△ 문　인- 최남선(31)

△ 무　직- 임규(51)·김도태(29)·노정식(30)

△ 학　생- 강기덕(31)·김원벽(27)[9]

국치 9년 만에 자주독립 선언하다

민족대표 중 서울에 있던 20여 명은 2월 28일 손병희 집에서 극비리에 회합을 갖고 계획을 최종 점검했다.

이 자리에서 당초 파고다공원에서 하기로 한 독립선언서 발표 대신에 태화관으로 장소를 옮길 것을 결정했다. 흥분한 학생·시민과 일제 경찰의 충돌로 불상사가 생길 것을 우려한 때문이었다.

거사일을 3월 1일로 결정한 데는 또 다른 까닭이 있었다. 고종의 인산因山일인 3월 3일로 내정했다가, 인산일을 택하는 것은 전 황제에 대한 불경이라는 의견과 2일은 일요일이므로 기독교의 안식일이라 피하자는 의견이 나와 결국 거사일이 3월 1일로 결정되었다.

1919년 3월 1일 오후 2시 민족대표 33인 중 29명이 서울 인사동 태화관에 모였다. 역사적인 순간이었다. 국치 9년 만에 한민족이 세계만방에 자주독립을 선언하는 순간이다. 길선주·유여대·정춘수 3인은 지방에서 서울에 늦게 도착해서 이날 태화관 모임에는 참석하지 못했다. 그리고 김병조는 상하이로 건너가 불참하고 서명자 외에 함태영이 참석했다.

태화관은 중국음식점 명월관의 지점으로, 한때 이완용이 살았던 집을 수리하여 음식점으로 변용한 곳이다. 이곳은 이완용이 이토 히로부미와 을사늑약을 밀의하던 장소이며, 1907년 7월 17일 고종황제를 퇴위시키고 순종을 즉위케 한 음모. 그리고 매국노들의 합병조약의 준비도 바로 이 집에서 모의되었던 얄궂은 장소이다.

태화관의 비극적인 운명은 계속되어서 3·1 독립선언 후인 5

월 23일 새벽 원인 모를 화재로 모두 불타버렸다. 독립선언서를 인쇄한 보성사가 그해 6월 28일 밤 소실된 것과 함께 3·1 항쟁과 관련된 두 곳의 역사적인 장소가 일제의 흉계로 회진되고 만 것이다.

바로 이 태화관에서 민족대표들은 3월 1일 오후 2시 조선의 독립을 선언하고 일본경찰에게 통고하여 구속되었다. 태화관 별실에 모인 민족대표들은 이종일이 인쇄하여 가져온 「독립선언서」 1백여 장을 나눠보면서 간략히 행사를 진행했다.

「독립선언서」는 이미 민족대표들이 읽은 바 있으므로 낭독을 생략하기로 하고 한용운이 간단한 인사말을 하도록 했다. 한용운은 이 자리에서 "오늘 우리가 이렇게 모인 것은 조선의 독립을 선언하기 위한 것으로 자못 영광스러운 날이며, 우리는 민족대표로서 이와 같은 선언을 하게 되어 책임이 중하니, 금후 공동협심하여 조선독립을 기도하지 않으면 안 될 것이다."라는 요지의 선언식 인사말을 하고, '독립만세'를 삼창했다.

뒤이어 태화관 주인에게 경찰에 알리도록 하여 달려온 일본 헌병과 경찰 80여 명에 의해 29인의 민족대표들은 전원 연행되었다. 그들은 군중의 만세소리를 들으면서 자동차에 실려 끌려갔다.[10]

일경에 끌려간 민족대표들은 즉시 남산 왜성대의 경무총감부에 구금되었다. 지방에서 뒤늦게 상경한 길선주·유여대·정춘수 세 사람도 자진해서 경찰에 출두하여 이들과 합류했다. 33인의 민족대표 중 유일하게 김병조는 독립운동의 경위를 해외에 알리기 위하여 상하이로 망명하여 구속자에서 제외되었다.

구속된 민족대표들에게는 이날 밤부터 개별적으로 혹독한 취조가 시작되었다. 32인 이외에 3·1항쟁 준비과정에서 중요한 역할을 한 관련자들도 속속 구속되어 48명이 주동자로 취조를 받았다. 심한 고문도 가해졌다.

왜성대에서 1차 취조를 받은 민족대표들은 모두 서대문감옥으로 이송되었다. 이들은 악명 높은 서대문감옥에서 문초·고문·대질심문의 어려운 고비를 겪으며 4월 4일 경성지방법원의 예심에 회부되었다. 독립지사들에게 일제는 내란죄의 죄목을 걸어 국사법으로 몰아갔다.

15장

민족대표들 당당하게 재판 받아

기미년 3월 1일 10만 군중 시위

우리 근현대사에서 가장 중요한 사건의 하나인 기미년 3·1혁
명은 항일독립전쟁과 대한민국임시정부 수립 그리고 민주공화
제의 기원이라는 데에 지대한 의미가 부여된다. 여기에 한민족
이 봉건적 신민臣民의식에서 근대적 신민新民의식으로의 전환,
가부장적 굴레에 종속되었던 여성의 현실참여, 전통적 천민계
급의 자주정신이 확립되는 계기가 된다. 3·1거사는 민족해방을
목표로 계층·신분·성별·지역·종교를 초월하여 그야말로 범민
족적으로 전개된 장엄한 반식민지·반봉건 민족혁명이었다.

천도교는 동학의 창도 이래 '보국안민'과 '광제창생'의 기치
를 내걸었다. 백성이 학정에 시달릴 때 보국안민의 동학혁명으
로 봉기하고, 민족이 외적의 압제에 짓밟히자 광제창생의 3·1
혁명을 주도한 것은 교헌敎憲의 정신에 충실한 종교운동이자
곧 민족해방운동이었다.

생가에 위치한 3·1혁명의 영도자 손병희의 동상

1919년 3월 1일 하오 2시 서울 시내 중심 탑골공원에서부터 만세시위가 거세게 전개되었다. 탑골공원 팔각정 단상에는 대형 태극기가 걸리고, 2시 정각이 되어도 민족대표들이 나타나지 않자 경신학교 졸업생 정재용이 단상에 올라가 「독립선언서」를 낭독하자 군중들이 "조선독립만세"를 외쳤다. 이어서 공원에 모였던 2만여 군중이 거리로 쏟아져 나오고 고종의 인산

구경에 나온 시민 등 10만 군중이 종로 거리를 폭풍우처럼 휩쓸었다.

일제의 폭압통치를 끝장내고 조선의 자주독립을 외치는 거대한 해일이었다. 만세시위는 곧 3천리 방방곡곡으로 요원의 불길처럼 번져나갔다. 당시 천도교 보성사에서 비밀리에 발행한 『조선독립신문』 제2호는 이날의 상황을 리얼하게 보도한다.

> 탑동공원에 회재會在하였던 수만의 학생이 조선독립만세를 제창하면서 수무족답手舞足踏하면서 풍탕호용风湯湖湧의 세로 장안을 관중貫中하니 고목회사古木灰死가 아닌 우리 민족, 금서총조金魚寵鳥가 아닌 우리 민족으로 수誰가 감읍치 않으리오.[1]

파고다공원에서 나온 학생은 2열종대로 만세를 부르면서, 1대는 광교·남대문·남대문역·의주로를 돌아 프랑스영사관 앞으로 행진하고, 1대는 시청을 지나 대한문 앞 광장에 이르러 고종황제의 영전에서 대한독립만세를 높이 부르고 일장의 연설을 한 다음, 1대는 정동으로 들어가 미국영사관 앞으로 행진하고, 1대는 을지로 방면으로 가고, 1대는 소대는 종로에서 광화문통을 지나 경복궁방면으로 행진하고, 1대는 창덕궁 쪽으로 행진하였다.

3월 1일 같은 시각 평남 평양·진남포·안주와 평북의 의주·신천·정주, 함남의 원산에서 만세시위가 일어나고, 2일부터는 서울과 경기도 전역에서, 이어서 전국 각지에서 그리고 3월 6일 서간도 환인현을 시작으로 만주 각지와 노령, 미주지역 등 한인이 사는 세계 각지에서 만세시위가 일어났다.[2]

3월 1일부터 4월 30일까지 두 달간 조선총독부가 작성한 『3·1소요발생 일별 통계표』에 따르면, 3월 1일부터 20일까지 20일간 매일 평균 12개 처에서 일어났고, 3월 21일부터 4월 10일까지 20일간은 그 갑절인 매일 평균 25개 처에서 일어났는데, 그중에서 3월 31일부터 4월 3일까지 4일간이 최고조에 달하여 3월 31일에 39개 처, 4월 1일에 53개 처, 2일에는 40개 처, 3일에 39개 처에서 일어났다.[3]

백은식의 『한국독립운동지혈사』는 총독부의 통계와는 크게 다르다. 같은 기간 전국 집회회수 1,542회, 참여자 2,051,448명, 사망자 7,509명, 부상자 15,850명, 체포된 사람 46,306명, 불탄 교회당 47개, 불탄 민가 715채 등이다.

민족대표들 서대문감옥에 수감돼

일경에 끌려간 민족대표들은 즉시 남산 왜성대의 경무총감부에 구금되었다. 지방에서 뒤늦게 상경한 길선주·유여대·정춘수 세 사람도 자진해서 경찰에 출두하여 이들과 합류했다. 구속된 민족대표들에게는 이날 밤부터 개별적으로 가혹한 취조가 시작되었다. 32명 이외에 3·1항쟁 준비과정에서 중요한 역할을 한 관련자들도 속속 구속되어 48명이 주동자로 취조를 받았다. 심한 고문도 가해졌다.

왜성대에서 1차 취조를 받은 민족대표들은 모두 서대문감옥으로 이송되었다. 이들은 악명 높은 서대문감옥에서 문초·고문·대질 심문의 어려운 고비를 겪으며 4월 4일 경성지방법원의 예심에 회부되었다. 독립지사들에게 일제는 처음에는 내란죄의 죄목을 걸어 국사범으로 몰아갔다.

예심을 맡은 나가시마永島雄藏 판사는 4개월이나 재판을 끌었으며 이때 조성된 조서만도 14만여 장에 달했다. 나가시마 판사는 민족대표들에게 내란죄를 적용했다. 한국인 변호사 허헌이 동분서주하며 변론에 나섰으나 허사였다.

일본 검사와 판사는 한통속이 되어서 독립선언서의 공약 3장을 내란죄의 죄목으로 걸었다. "최후의 일인까지라 함은 조선사람이 폭동을 하든지 전쟁이 나든지 마지막 한 사람까지 궐기하라는 것이 아니냐."고 추궁했다. 이에 대해 민족대표들은 "합방 후에는 조선사람에게서 총기를 모두 빼앗은 까닭에 산에 맹수가 있어 피해가 많아도 이것을 구제하지 못하는 지경인데, 폭동을 일으킨다 함은 상식있는 사람으로서는 도저히 생각할 수 없는 일이다. 무력이 없는 사람이 무엇으로 싸울 수 있겠는가. 그래서 모든 국민이 스스로 독립의사를 발표하라는 뜻이었다"라고 진술하며 맞섰다.

3월 1일 「독립선언서」가 반포되자 일제 당국은 집필자를 찾느라고 혈안이 되었다. 최린은 당초의 약속대로 자기가 집필한 것이라고 우겼으나 일제당국은 이를 믿지 않았다.

당시 총독부 검열과에는 그동안 최남선의 많은 원고를 검열해온 아이바相揚淸라는 일인 전문가가 최남선의 문체인 것을 알아내고 그에게도 즉각 체포령이 내려졌다.

8월 상순 재판은 경성고등법원으로 이송되었다. 이 무렵 일제의 조선식민지 정책이 다소 바뀌고 있었다. 무력통치에서 소위 문화정책으로 기조가 바뀌게 된 것이다.

따라서 일본제국의회에서는 조선인의 감정을 유화시키기 위한 수단으로 민족대표들에게 '가벼운' 형벌을 내리도록 하는 여론이 제기되었다. 이런 여론을 좇아 고등법원은 그동안 적용한 내란죄 대신 보안법 및 출판법 사건이라고 단정하여 이 사건을 다시 경성지방법원으로 되돌려 보냈다.

이듬해인 1920년 7월 12일 오전 정동 소재 경성지방법원 특별법정에서 민족대표들에 대한 공판이 열렸다. 구속된 지 16개월 만에 열린 첫 공판이었다.

법정 주변에는 일제 경찰의 삼엄한 경비가 펼쳐졌다. 일제는 다시 만세운동이 일어날 것에 대비하여 물샐틈없는 경비망을 편 것이다. 3·1혁명의 산물로 갓 창간한 한 신문은 「조선독립운동의 일대사극史劇, 만인이 주목할 제1막이 개開하다」라는 제목의 기사에서 이날의 광경을 다음과 같이 기술했다.

(…) 이 공판의 결과는 조선 민중에게 어떤 느낌을 줄 것인가. 공판 당일의 이른 아침 어제 개던 일기는 무엇 때문에 다

시 흐리고 가는 비조차 오락가락하는데 지방법원 앞에서 전쟁을 하다시피 하여 간신히 방청권 한 장을 얻어 어떤 사람은 7시경부터 공판정에 들어온다. 순사와 간수의 호위한 중에 방청권의 검사는 서너 번씩 받고 법정 입구에서 엄중한 신체 수사를 당하여 조그만 바늘 끝이라도 쇠붙이만 있으면 모두 다 쪽지를 달아 보관하는 등, 경찰의 경계는 엄중을 지나 우스울 만큼 세밀했다.

붉은 테를 둘씩이나 두른 경부님들의 안경 속으로 노려뜨는 눈동자는 금시에 사람을 잡아먹을 듯이 살기가 등등한 즉… 이에 따라 붉은 테를 하나만 두른 일본인 순사님도 코 등어리가 우뚝하여 이리 왔다 저리갔다 하는 양은 참 무서웠다.[4]

민족대표에 대한 경성복심원(최종심)은 1919년 9월 20일 개정되어 10월 30일 선고가 내려졌다. 재판 과정에서 민족대표들은 모두 독방에 갇혀 심한 고문과 시멘트 바닥에서 추위, 더위에 시달려야 했다. 식사도 콩과 보리로 뭉친 5등식五等式 한 덩어리와 소금 국물이 전부였다.

이와 같은 옥고로 양한묵은 구속된 해 여름에 옥사하고, 박준승은 1921년 옥중에서 고문을 당해 사망하였다.

경성복심원이 내린 민족대표 48인의 형량은 다음과 같다.

△ 손병희·최린·권동진·오세창·이종일·이승훈·함태영·한

용운, 징역 3년.

△ 최남선·이갑성·김창준·오화영, 징역 2년 6월.

△ 임예환·나인협·홍기조·김완규·나용환·이종훈·홍병기·
박준승·권병덕·양천백·이명룡·박희도·최성모·신홍식·
이필주·박동완·신석구·유여대·강기덕·김원벽, 징역 2년

△ 이경섭·정춘수, 백용성·김홍규, 징역 1년 6월.

△ 박인호·노헌용·송진우·현상윤·정노식·김도태·길선주·
임규·안재환·김지환·김세환, 무죄

일제는 조선 민족대표들에게 중죄를 선고할 경우 언제 다시
폭발할지 모르는 민심에 휘발유를 끼얹는 겪이라는 내부의 민
심동향 분석과, 앞서 지적한 유화정책의 전환으로 비교적 가벼
운 형량을 선고했다. 또한 송진우·현상윤 등이 무죄를 선고받
은 것은 논의에 가담했더라도 실제 행동에 가담하지 않은 자를
처벌하는 조항이 당시 보안법이나 출판법에는 없었기 때문이
었다.

민족대표들의 수감생활과 공판에 임하는 자세는 의연하고 당
당했다. 옥중에서 가장 의연한 자세를 보인 사람은 한용운이었
다. 한용운은 일부 민족대표들이 한때 내란죄가 적용되어 사형
을 받게 될 것이라는 소문으로 공포에 질려 있을 때 "독립운동
을 하고도 살 줄 알았더냐!"라고 일갈하면서 민족대표답게 의
연할 것을 당부하면서 스스로 모범을 보였다.

한용운은 옥중투쟁의 3대 원칙으로 첫째, 변호사를 대지 말

것. 둘째, 사식을 먹지 말 것. 셋째, 보석을 신청하지 말 것을 내걸고 몸소 실천했다. 그리고 서대문감옥에서는 자술서를 쓰라는 검사의 지시를 받고 「조선독립의 서」를 써서 일제의 간담을 서늘하게 만들었다.

민심폭발 두려워 내란죄 적용 못해

일제는 총독부 지방법원 예심판사 나가시마의 주심으로 1919년 3월 1일 민족대표들을 구속한 후 연일 조서와 예심을 계속하였다. 손병희 이하 350여 명 중 우선 48인에 대해서는 동년 8월 1일 오후 예심을 종결하고 내란죄로 규정하여 일건 서류와 함께 고등법원으로 회부하여 고등법원에서 본심을 진행하였다.

상고심격인 고등법원의 공판은 보통 피고인들의 출정을 허하지 않고 변호사와 검사의 변론으로 서로 대결하였다. 그런데 당초 이 사건은 내란죄로 기소한 만큼 특별히 피고인들을 모두 출정시켰다. 여기서 결정한 「예심 종결서」는 다음과 같다.

우 피고 등에 대하여 출판법 및 보안법 위반 피고사건 예심을 한 바 피고 등은 대정 8년 2월부터 공모하여 제국영토의 한 부분되는 조선을 제국의 통치로부터 이탈시켜 그 지역으로써 한 독립국을 건설할 것을 목적으로 먼저 전 조선 인민에 대하여 평화의 교란을 선동하고 따라서 조헌朝憲을 문란할만

한 불온문서를 공포하여 각지에 조선독립운동을 개시케 하였
는데, 이 독립운동이 중간에 가서 폭동이 될 줄 미리 알면서
도 이런 각족의 폭동을 일어나게 함으로써 당초의 목적을 달
성하기를 기도하였는 바,

그 선언서에서 조선인은 자유인이요 조선은 독립국이니 전
조선민족은 영원히 서로 호응하여 최후 1인 최후 1각까지 독
립의 완성에 노력하지 않으면 아니된다는 취지의 문서를 다
수 인쇄하여 동년 3월 1일 이후 널리 이것을 조선각지에 배부
하고 경성을 중심으로 조선독립 시위운동을 일으켰으며,

또한 사람을 각 주요 도시에 보내어 피고 등의 기도를 선전
케 한 결과 미리 기약한 것과 같이 피고 등의 선전에 응하여
황해도 수안군, 평안북도 의주군 옥상면, 경기도 안성군 양성
면, 원곡면에서 조선독립을 목적으로 하는 폭동을 야기한 사
실 등,

이것은 형법 제77조에 해당한 범죄로서 조선총독부 재판소
령 제3조 3항에 의하여 고등법원의 특별권한에 속한 것으로
간주함으로써 형사소송법 제164조에 준하여 피고 등에 대한
본건은 관할을 이관함. (각 피고에 대하여 전에 발한 구류장은 이
것을 보존함)

대정 8년 8월 1일
경성지방법원 예심부
조선총독부 판사 영도웅장 永島雄藏[5]

유죄판결 '독립국가형성' 이유 들어

조선총독부의 어용기관인 경성지방법원은 구속한 48인에 대해 유죄판결을 하면서 그 '이유'를 다음과 같이 들었다. 다음은 손병희 관련 부문이다.

(…) 일한 병합의 결과로 조선이 독립을 잃었음을 평소부터 불만하던 천도교 성사 피고인 손병희와 동교의 유력한 자인 보성고등보통학교 교장 피고 최 린과 천도교 도사 피고 권동진과 동 피고 오세창은 금회의 강화회의에서 전란의 결과를 처리하는 동시에 영구평화를 위하여 세계개조를 도모하려면 월슨이 제창한 민족자결주의를 전란 중에 있던 구주 각지에 있는 민족뿐만 아니라 세계일반 민족에게도 또한 응용되어야 할 것인 바,

이 기회에 조선민족도 궐기하여 독립열망이 치열함을 표시함으로써 구주 각국의 주시를 야기하고 또 미국 대통령의 뜻을 움직임으로써 조선의 독립도 폴란드 민족의 독립과 같이 강화회의의 의제로 상정케하여 그 승인을 얻도록 하여야 한다는 것이었으며,

특히 그 당시 외국에 있는 조선사람 중에서 벌써 독립운동을 시도하기 위하여 불란서 파리에 건너간 자가 있다는 풍설과 동경에 있는 조선 유학생 중에서 독립운동을 하였다는 풍설이 자주 선내鮮內에 전파되고 또한 상해에 있는 조선사람

이 서선지방西鮮地方에 와서 독립운동을 선전한 자도 있으므로 해서 이런 것이 동기가 되어 경성 기타 각 지역에서도 인심이 점차로 동요되며 독립운동 기세를 발휘할 징조를 보이게 되자,

이 때가 좋은 기회라 사료하고 동년 1월 하순 손병희의 주소에서 여러 번 회합하여 모의한 결과 조선으로서 제국의 기반을 벗어나 한 독립국을 형성하기를 기도하고,

그 수단으로서는 먼저 동지를 규합하여 조선민족 대표자로서 손병희 등의 이름으로 조선독립을 선언하고 또 선언서를 비밀히 인쇄해서 조선전도에 발포하여 민중을 선도하고 조선독립의 시위운동을 일으킴으로써,

조선민족이 어떠한 독립을 열망하는 가를 표시하는 한편 제국정부와 귀·중 양원, 조선총독부와 강화회의 열국대표에게 조선독립에 관한 의견서를 제출하고 또 미국 대통령 윌슨에게는 조선독립에 관하여 진력협조할 것을 원하는 뜻의 서한을 제출할 것을 정하였다.

또 그 계획의 실행에 대하여서는 최 린이가 담당케 되었는데 동년 2월 상순경 최 린은 중앙학교 교장 피고 송진우와 사제관계가 있는 동교교사 피고 현상윤과 역사전공자 피고 최남선을 최 린의 주소에서 회합케하고 전기의 계획을 말한 바 3인이 이것을 찬동하므로 그 후 3일을 지나서 4인은 밤에 다시 경성부 계동 중앙학교내 거실에서 회합하여 숙의하였다.

그 결과 박영효·윤용구·한규설·김윤식 등 구 한국시대의

요로에 있던 지명인사와 또 기독교도들을 교섭하여 동지를 얻고 또 손병희 이하 천도교도 중 주요한 자가 조선민족 대표가 되어 그 명의로써 독립선언을 하고 또 그 명의로써 독립선언서와 의견서 및 청원서를 작성하기로 하여 그 서면의 기초는 최남선이가 담당하기로 하였다.

또 한국 구시대의 인물에 대한 교섭은 최린·최남선·송진우 3인이 담당하고 또 기독교 측에 대한 교섭은 최남선이가 담당하기로 하여 그후 최린·최남선은 윤용구 등에 대하여 교섭을 하였다가 결국 동의를 얻지 못하였으나 최남선은 다시 기독교인의 동의를 구하고자 먼저 그 지기인 평안북도 정주군 기독교 장로파 장로 이승훈이라고도 하는 이인환에게 교섭을 하기 위해 동월 7월경 현상윤으로 하여금 이인환이가 설립한 오산학교, 경영의 일로 동인의 경성으로 올 것을 재촉하라고 하였다. (…)[6]

민족대표 중 옥사자와 변절자 생겨

민족이 가장 어려울 때 신명을 바쳐 독립선언서에 서명하고 가혹한 취조와 옥고를 치룬 민족대표들은 석방(혹은 무죄 방면)된 후 각기 생활인으로 돌아갔다. 대부분이 병고에 시달리면서도 직접 독립운동에 나선 사람도 있고 종교, 문화, 언론운동 등 사회운동에 헌신하기도 했다. 양한묵은 옥고로 구속된 여름에 옥사하고 박준승은 1921년 옥중에서 고문으로 순국하였다. 손병희는 극심한 옥고에 시달리다가 병보석으로 석방되었으나 얼마 후 서거하였다. 자세한 이야기는 뒤에서 보충하겠다.

그러나 민족대표라는 '꼬리표' 때문에 이들은 언제나 일제의 끈질긴 추적과 감시의 대상이 되어야 했으며 그만큼 유혹과 회유 또한 심했다.

이런 상황에서도 민족대표들은 죽을 때까지 신념을 지키며 독립운동의 사표가 된 이들이 많지만 개중에는 친일로 훼절하여 초지를 잃은 배신자도 생겨났다.

해방 50주년인 1995년 8월 독립기념관은 3·1독립선언 민족대표 33인 중 친일행각으로 논란을 빚어온 박희도·정춘수 2명을 변절한 친일파로 규정, 전시물에 친일행각을 기록했다고 밝혔다. 또 최린의 약력에 친일행위를 기록했다.

독립기념관은 YMCA 회원부 간사였던 박희도의 경우, "함흥 감옥에서 2년간 옥고를 치르고 난 뒤 일본의 끊임없는 회유와 강압으로 친일로 돌아섰다."라고 기록했다. 감리교 목사 출신인 정춘수는 "1938년 흥업구락부 사건으로 구금되었다가 전향 성명서를 내고 풀려나 친일행각을 계속하다가 광복을 맞았다."라고 밝혔다. 정춘수의 친일행각으로 1996년 3월 그의 고향 공원에 세워졌던 동상이 시민, 학생들에 의해 철거되기도 했다.

이들 외에도 33인 중에는 중추원 참의, 국민총력조선연맹 이사 등을 지내며 훼절한 최린과, 일제의 밀정 노릇을 한 이 모 씨가 있었다고 독립운동계와 학계의 일각에서 논란되고 있지만 아직 정확한 증거가 제시되지 못한 상태이다.

소수이지만 이들의 훼절은 1919년 3·1항쟁 민족대표의 숭고한 정신에 오점을 남긴 처사로 부끄러운 일이다. 해방 후 반민특위 법정에 선 최린은 "독립운동을 선포한 피고가 왜 일제에 협력했는가?"라는 재판장 서순영의 추궁을 받고 "3·1운동 이후 줄곧 주목과 위협, 유혹을 받아왔다. 물리치지 못한 것이 죄스럽고 부끄러울 뿐이다."라고 울먹이며 답변한 바 있다.

이로써 민족대표들이 얼마나 견디기 어려운 협박과 회유의 대상이었던가를 살필 수 있다. 「독립선언서」를 비롯하여 3·1항쟁의 각종 문건을 작성하여 '조선의 제퍼슨'이 될 법했던 최남선은 징역 2년 6월을 선고받고 일제 당국의 배려에 의해서 1921년 10월 가출옥했다.

이후 일제의 지원으로 잡지 『동명東明』, 일간 『시대일본』 등 친일언론인으로 모습을 바꾸다가 이어 총독부 조선사편수회위원, 만주건국대 교수 등을 지내며 '친일학자'로 변신하여 3·1항쟁 과정에서 독특한 위치를 차지한 최남선의 존재와 명예에 먹칠을 하고 항일민족사에 큰 오점을 남겼다.[7]

16장

총독부
재판정에 서다

국권회복, 조선독립 위해 거사했다

손병희는 1919년 3월 1일 명월관 지점 태화관의 독립선언서 발표장에 참여했다가 일경에 피검되어 경무총감부에서 조사를 받고 재판에 넘겨져 4월 10일부터 경성지방법원 예심부에서 재판을 받았다. 경찰신문조서와 예심·고등법원의 신문조서를 싣는다. 중복 부문은 삭제하였다.

손병희선생 취조서

경찰신문조서

문 본적. 주소. 출생지. 신분. 직업. 성명. 연령은?

답 본적 경성부 가회동 170번지. 주소는 본적지와 동일.

  출생지 충북 청주군 청주읍. 무직.

  손병희. 59세.

문 선언서는 누가 기안했는가?

답 선언서의 기안은 최 린이 잘 알고 있고 나는 인쇄가 다 된 후인 오후 8시경 최 린이가 한장을 가지고 와서 비로소 보았다.

문 어떤 목적으로 이 선언서를 인쇄하여 일반에게 배포했나?

답 목적은 선언서에 있는 바와 같이 국권을 회복하여 조선독립을 계획한 것이다.

문 33인이 국권을 회복할 목적을 세운데 이르기까지의 동기는 무엇인가?

답 근래 동경에서 유학생들이 조선독립에 대하여 정부에 의견서를 제출하고 또 경성의 학생들도 독립운동을 한다는 이야기가 떠돌아 학생의 신분으로 함부로 일으켜서는 성과를 거둘 수 없다고 생각하여 올 1월 권동진·오세창·최 린 등을 집으로 불러 동지가 규합되면 우리가 조선독립운동을 하자고 말했다. 그후 10일쯤 지나서 세 사람이 내게 와서 동지가 꽤 많고 특히 그 가운데는 기독교도 있다고 말하여 그것이 동기가 되어 국권을 회복할 목적으로 오늘까지 진행해 온 것이다.

문 그러면 국권회복의 목적을 세워 선언서를 인쇄하고 오늘 파고다공원에서 일반 군중에게 선언서를 배포하고 명월관 지점에서 화합하기까지 전부 당신들의 발언으로 된 것인가?

답 그렇다.

문 그러면 국권회복을 목적으로 활동하는데 그 비용은 무
엇으로 지출하려고 했는가?

답 그것은 전부 동지들이 부담하기로 했다.

문 오늘 무엇 때문에 명월관 지점에 모였는가?

답 오늘은 나의 동지가 파고다 공원에서 모이자고 했으나
동지들에게 들으니 학생들이 공원에서 회합한다고 하
여 학생들과 같이 회합하면 어떤 일이 있을지 몰라 장
소를 변경하여 명월관 지점에서 모였고 그 회합에서
이미 선언서를 베포하고 또 일본 정부에 의견서를 내
고 축배를 든 것이다.

피고인 손 병 희

대정 8년 3월 1일

경무총감부에서

경 부 하촌중영 下村重英

순사부 이 정 선

대정 8년 3월 7일

피고인 손 병 희

경무총감부에서

검 사 하촌정영 河村静永

서 기 송본병시 松本兵市

문 천도교에서는 피고가 주로 운동에 착수했는가?

답 그렇다. 내가 동지를 모을 때부터 기독교와 합세하여
   결행했다.

문 피고들은 독립운동을 이전부터 계획하고 있었는가?

답 그런 계획은 없었으나 올 1월 20일 최 린·오세창·권동
   진 등이 모여서 의논했다. 그런데 나는 힘만 있으면 언
   제든지 독립할 생각을 이전부터 가지고 있었다.

문 피고는 이승훈에게 운동비로서 5천 원과 임규가 내
   각에 청원서를 가지고 갈 비용으로 2백 원을 지출했
   는가?

답 최 린이 와서 비용이 필요하니 2백 원만 달라고 하여
   나는 사재 중에서 2백 원을 주었고 또 권동진이 와서
   이승훈이 운동비로 시골서 돈을 모집하려면 시일이 걸
   릴 것이니 5천 원을 빌려달라고 하여 천도교 금융관장
   노헌용에게 뒤에 내가 갚을 것이니 천도교 공금 중에
   서라도 주라고 하여 노헌용으로부터 권동진이 받은 것
   으로 생각한다.

문 피고는 어째서 독립이 된다고 생각하는가?

답 지금 파리에서 열리는 강화회의에 일본은 5대국의 일
   원으로 참석하고 있다. 그 회의에는 민족평화 등의 권
   리를 줄 것을 의제로 하고 있는데 일본은 당연히 조선
   의 안녕질서를 유지하기 위해 조선의 독립을 승인할

것이라고 생각했다.

문 피고는 앞으로도 독립운동을 할 것인가?

답 기회만 있으면 독립운동을 하려는 내 뜻을 관철하려고
생각하고 있다. 평화적인 방법으로 독립운동을 할 것
이다.

대정 8년 4월 10일

경성지방법원 예심부에서

예심판사 영도웅장永島雄藏

서 기 기촌인병위磯村仁兵衛

독립운동하고자 일어났다

고등법원조서

문 피고가 천도교주를 그만 둔 후에도 천도교 신자는 피
고를 선생이라 부르고 사실상 피고가 천도교주로서 지
휘 명령을 하고 있지 아니한가?

답 명령을 하고 있지는 않지만 40년 간 천도교와 관계하
고 있기 때문에 나는 매달 그 교로부터 5백 원의 부조
를 받고 있어 그 돈으로 생활하고 있다.

문 천도교는 어떤 수입으로 포교비 유지비를 쓰고 있는가?

답 천도교에서는 10여 년 전부터 신도들이 성미를 납부했

는데 그 2분의 1은 지방 각 교구의 유지비로 하고 2분의 1은 중앙 총부에 송부하여 온 돈인데 합하면 매월 5,6천 원 가량 되므로 모든 경영에 그 돈을 지불하고 있다.

문 천도교에 들어오는 돈의 보관과 지출은 금융관장이 맡고 있는가?

답 지출은 교주와 협의한 후에 하고 있다.

문 피고의 학력은?

답 어려서 향리에서 배우고 그 후는 독학을 했을 뿐 별로 학력은 없다. 명치 33년부터 39년까지 일본에 가서 있을 때 학생이 70명이나 있음을 알고 그들을 가르치고 있었다.

문 그 학생 중에 최 린·최남선 등이 있었는가?

답 있었다.

문 도쿄에서 오세창·권동진을 만나서 천도교의 취지를 말하고 가입시켰는가?

답 그렇다.

문 피고는 동학당과 관계한 일이 있는가?

답 천도교라고 부르기 시작한 것은 병오년부터였고 그 전은 동학이라고 했다. 나는 동학이라고 할 때 가입하고 있었다.

문 동학당이 청일전쟁 당시 폭동을 일으킬 때 피고도 가담했는가?

답 그렇다. 나는 그때 두목으로 있었다.

문 무슨 이유로 그 당시 그런 폭동을 일으켰는가?

답 그 당시 정부에 탐관오리가 있어 무고한 백성을 벌하고 재산을 빼앗고 부녀자를 빼앗는 일이 있었기 때문에 새로운 정부를 수립하고 악정을 개선할 목적으로 창의를 일으켰다.(주 : 척양척왜 인류평등의 창의였음.)

문 피고는 무슨 신문을 보고 있는가?

답 『경성일보』『매일신보』『조선신문』 대판에서 발간하는 신문을 전부 구독하고 있다.

문 피고에게 독립운동에 관한 의견을 얘기한 사람은 누구인가?

답 올 1월 20일쯤 권동진·최 린·오세창이 와서 의견을 말했다.

문 그러면 그들이 자진하여 피고에게 와서 의견을 말했는가. 피고가 그들을 불러서 자신들의 생각을 전하고 의견을 물었는가?

답 권동진·오세창·최 린은 매일 나에게 와서 자연스럽게 의견을 예기하게 되었다. 1월 20일도 전과 같이 나에게 왔을 때 신문을 보면 민족자결에 관한 기사가 있으니 이때 조선에서도 일본 정부에 권고하고 독립을 민족자결로 하는 것이 당연하다고 합의를 본 것이다.

문 쌍방의 주권자가 조약으로 합병한 조선을 독립시켜야 할 이유는 없다고 생각하는데 어떤가?

답 나는 어려서부터 천도교를 믿었기 때문에 국가나 민족
   관념이 늘 자리잡고 있었다. 그런데 합병 후 조선인은
   항상 압박을 받고 있다. 이때에 민족자결을 제창한 고
   로 지금 독립운동을 하기 위해 일어나게 되었다.

문 피고는 권동진·오세창·최 린·양한묵·나용환·김완규·
   홍기조·나인협·박준승·권병덕 등 천도교 측 대표자들
   에게 조선독립운동을 할 것을 권유한 적이 있는가?

답 그렇다. 각각의 날짜는 기억할 수 없으나 강요하지는
   않았고 내가 말을 하자 모두 자진해서 독립운동을 할
   것을 결의했다.

문 피고는 천도교 대도주에게 올 2월 28일 오전에 독립운
   동계획을 말한 일이 있는가?

답 날짜는 기억할 수 없으나 박인호에게 그대는 천도교를
   주관하고 있으므로 천도교의 일은 전부 그대에게 맡겼
   으니 안심하고 있으라. 우리는 선조들이 4천 년을 두
   고 내려오며 이 조선에 분묘를 두고 있으니 이때 그냥
   있을 수가 없어 국가를 위해 일하고자 하니 그대는 어
   디까지든지 종교를 위하여 힘써달라고 하는 의미로서
   서면을 써서 주었다.

문 기독교로부터 운동비를 지출해 달라고 피고에게 의뢰
   한 사실이 있다는 데 그런가?

답 그렇다. 권동진이 말하자 승낙하고 금융관장 노헌용에
   게 명하여, 금융관장은 최 린에게 주었고 최린은 기독

교에 5천 원을 전달했다.

문 권동진에게 그 말을 듣고 피고는 5천 원을 지출하라고
한 것이 아닌가?

답 어떻게 했는지 기억이 없으나 박인호에게 기독교 측
의 독립운동에 필요한데 기독교 측 사람이 시골로부터
돈을 부쳐오려면 시일이 걸릴 것이니 5천 원을 융통해
주라고 하고 그 지출에 대해서는 뒤에 내가 책임진다
는 것을 써주었다.

문 천도교에 보관한 돈을 종교 목적 이외에 독립운동에
사용하는 것은 불법이라고 생각하지 않는가?

답 그 돈은 천도교에서 운동비로 지출한 것이 아니고 박
인호가 전부터 내가 관계한 것을 거부하지 못하고 지
출했다. 더욱이 그 돈을 변상할 것이라고 틀림없이 생
각하고 있다.

문 독립선언서는 어떤 취지로 할 것을 협의했는가?

답 그런 협의를 한 일은 없고 선언서와 건의서는 일본정
부 및 의회에 보낼 것과 미국 대통령, 각국 대표자에게
청원서를 보낼 것은 내가 생각하고 있었다.

문 최린은 2월 10일 선언서 및 미국 대통령과 각국 대표
에게 보낼 청원서를 최남선에게 기초하게 한 후 2월
중순경 피고에게 가지고 왔으므로 이튿날 반환하겠다
고 하여 받은 일이 있는가?

답 선언서와 일본정부 및 의회에 보낼 건의서를 최남선에

게 기초케 했다는 말은 들었으나 그 원고를 보자고는 하지 않았는데 최 린으로부터 가져온 일체 서류를 아 이가 가지고 온 일이 있다.

문 그 선언서는 천도교의 인새소 보성사에서 이종일이 인수하여 인쇄하고 경성과 조선 각지에 배포할 것과 3월 1일에 배포할 것을 부탁했는가?

답 보성사에서 인쇄한다는 것은 들었으나 그것을 각 지방에 배포하고 경성에도 같은 날 발표한다는 것은 듣지 못했다. 또 기독교 측에서는 지방 8개소에 경성과 같이 발표한다고 말하는 것을 들었다.

문 2월 27일 천도교 측 사람이 모여 일본정부와 조선총독부에 제출할 문서에 조인한 일이 있는가?

답 그렇다. 그때 나는 인장을 누구에게 주어 보냈기 때문에 어떻게 조인했는지 모른다.

문 독립선언서는 2월 27일 인쇄가 다 되었다는 것을 알았는가?

답 그것은 모르나 2월 28일까지는 될 예정이란 것을 들었고 3월 1일 명월관 지점에서 비로소 그 인쇄한 선언서를 보았다.

문 피고는 올 2월 21일 윤익선을 만나 그에게서 독립운동 계획을 듣고 그 계획을 말한 일이 있는가?

답 그렇다. 28일 아침 그 말을 했는데 대표자는 이미 정해졌으니 무리해서 가입하지 말라고 했다.

문 피고는 올 2월 25일경 김상규에게 천도교 보관금 중 6
만 원을 빌려준 일이 있는가?

답 그렇다 3만 원씩 두 번 6만 원을 주었는데 그것은 이
강공 부무관의 외사촌 장인근과 김상규가 좋은 교의가
있으므로 장인근의 아우 장수근이 안동현에서 좁쌀 매
매를 하면 이익이 있다 해서 만주 좁쌀을 조선으로 수
입하여 궁민을 구제할 생각으로 김상규에게 융통했는
데 그 일은 천도교 사업으로 했다.

문 그 6만 원은 독립운동에 사용할 목적으로 상해 임시
정부수립 자금과 이강공이 해외에 갈 준비금으로 썼
는가?

답 그렇지 않다.

문 지금 그 돈에서 수천 원을 가지고 동경에 가서 운동하
고 있지는 않은가?

답 김상규는 내게 숨기는 일이 없으므로 그런 사실을 없
을 줄로 안다.

문 뇌관과 산탄은 왜 가지고 있는가?

답 나는 수렵 면허를 받았기 때문에 가지고 있었다.

문 김윤식이 독립운동을 하려는 뜻을 품고 있다는 것을
들은 적이 있는가?

답 최 린이 나에게 김윤식이라는 사람이 이 계획에 가입
하려면 어찌해야 되느냐고 하는 말은 들었다.

피 고 인 손 병 희

대정 8년 8월 21일

고등법원에서

예심판사 남상장楠常藏

서 기 궁본열차宮本悅次

'최후 일인 최후 일각까지' 독립의사를

고등법원조서

문 선언서를 보니 조선 민족에 대해 최후 일인 최후 일각
까지 정당한 의사를 발표한다고 했는데 이것은 어디까
지나 독립의사를 발표할 것을 권하고 민족 전체에 분
기를 재촉하는 것이 아닌가?

답 그렇다. 선언서는 그렇게 되었다. 조선 민족은 최후 일
인 최후 일각까지 어디까지나 독립의사를 발표하라는
뜻이다.

문 처음부터 이런 의사를 가지고 기초했는가?

답 그렇다. 우리도 단결하여 독립의사를 발표하니 너희들
도 최후의 일각까지 독립의사를 발표하라는 뜻으로 기
초한 것이다.

문 이 취지에 의하면 최후 일인까지 어디까지나 반항하라

는 것이니 이런 선언서를 피고 등의 명의로 발표하면 보는 사람은 어떤 태도로 나올까 하는 것을 피고는 예상하고 있었는가?

답 지금 지방법원 예심결정서를 보면 우리들이 선언서를 발표했기 때문에 각처에서 폭동이 일어났다고 써 있으나 나는 이런 일이 있으리라고 예기치 못했다. 이런 선언서를 발표하는 것을 지식 정도가 얕은 사람들이 오해해서 되지 않을 일을 할까 봐 조심하고 있었다.

문 파고다공원에서 발표할 것을 명월관 지점으로 변경한 것이라든지 대도주에게 천도교도들이 폭동을 일으킬까 봐 주의를 준 것이라든가 선언서에 기재된 글에 질서를 지키라고 쓴 것을 보면 피고는 그 당시부터 이미 폭동이 있을 것을 예기하고 있지 않았는가?

답 그렇다. 결국 선언서를 본 결과 폭동을 일으키고 소요를 일으킬지 몰라서 조심하라고 한 것이 틀림없다.

문 이런 것을 다 알고 있었지? (이때 압수증 제330호와 제678호를 보임)

답 그런 문서를 각 방면 곧 강화회의나 일본 정부에 송부한 것은 잘 알고 있지만 문서를 본 일은 없고 이 일에 대해서는 전에 지방법원에서 진술한 것과 같다.

문 이것은 무엇인가? (이때 압수증 제459호를 보임.)

답 그것은 내가 박인호에게 보낸 서면문서와 같이 유시한 것이다.

대정 8년 11월 1일

고등법원에서

예심판사 남상장楠常藏

서 기 환산수丸山壽

문 피고는 1월 중순경 박영효를 찾아가서 박영효·윤치호·
피고 세 사람이 연명하여 국민대회를 개최할 허가를
얻으려고 정부에 청원할 터이니 찬성해 달라고 한 일
이 있는가?

답 그런 일은 말한 일이 없고 방문했을 때 일본에서 조선
유학생이 조선독립운동을 시작하고 있다는 말을 듣고
조선에서도 나와 박영효·윤치호 등 세 사람이 합하여
조선독입운동을 할 목적으로 먼저 박영효를 찾아가 의
견을 물었으나 대답이 없었고, 송병준에게도 조선 자
치제 실시를 말했다.

문 박영효는 찬성을 안 했는데 송병준은 뭐라고 하던가?

답 송병준에게 좋은 기회를 만나면 자치제 시행운동을 하
자고 했다. 2월 1일 아침 송병준이 독립운동을 하려면
조심해서 하고 될 수 있으면 탈퇴하라고 측근인 박형
채를 보내서 전달했다.

문 피고가 올 1월 하순 권동진·최 린 등과 같이 독립운동
에 대하여 협의 계획했다는 것은, 첫째 동지를 모집할
것, 둘째 독립선언서를 발표할 것, 셋째 일본정부 및

총독부에 의견서를 보낼 것, 넷째 미국 대통령에게 건
의서를 보낼 것 등이 아닌가?

답 그때 그런 것을 결정했다.

문 동지를 모집할 계획을 실행하는 것은 전부 최 린에게
맡겼는가?

답 그렇다.

문 최 린은 처음 송진우·최남선·현상윤 등과 계획할 때
구한국의 원로들인 박영효·김윤식·윤용구·한규설 등
의 의사를 타진하기로 했는데 이들이 거부하자 이승훈
에게 교섭하여 기독교와 함께 독립운동을 하려고 한
것이 틀림없는가?

답 최 린은 송진우와 협의하고 있는 것을 알고 있었고 그
후 최 린이 기독교 측과 함께 독립운동을 하려 한다는
말을 듣고 그것은 잘될 것이라고 생각했다.

피고인 손 병 희

17장

임시정부
대통령 추대,
서대문감옥에서
옥고

두 개의 임시정부, '손병희 대통령' 추대

손병희가 재판을 받으며 힘겨운 옥고를 치르고 있을 때 민중들은 국내외를 가리지 않고 독립만세 시위를 이어 갔다. 이와 더불어 몇 곳에서 임시정부 수립문제가 제기되었다.

서울과 해외에서 각각 수립을 선포한 두 곳의 임시정부는 손병희를 수반으로 하는 각료 명단을 발표하였다. 한국사회에서 당시에는 생소했던 '대통령' 칭호나 '민국民國' 용어 등 대단히 선진적인 내용을 담고 있다.

손병희와 민족대표들이 내란죄로 몰려 투옥되고 재판을 받게 되면서, 그리고 일제의 극심한 탄압으로 국내의 임시정부 수립 운동이 좌절되고, 상하이 프랑스 조계에서 대한민국 임시정부가 수립되었다. 따라서 손병희의 '대통령 추대' 움직임은 현실적으로 더 이상 진행되기 어려웠다.

손병희는 일제 재판정에서 판사가 "조선이 독립하면 어떤 정체로 할 생각이었는가?"라는 질문에 "민주정체로 할 생각이었다. 그것은 나뿐 아니라 일반적으로 그런 생각인 것으로 안다." 라고 단호히 진술하였다. 3·1혁명 준비과정에서 '독립 이후'의 정체에 관한 논의 여부는 밝혀지지 않고 있다. 그러나 여러 자료에 따르면 천도교 수뇌부에서는 이 문제가 은밀히 논의되었던 것 같다.

1919년 3월 3일자로 천도교 직영인 보성사에서 비밀리에 발행한 『조선독립신문』 제2호에는 '가정부假政府'를 세운다는 기사가 보도되었다.

> 가정부 조직설, 일간 국민대회를 개開하고 가정부를 조직하며 가대통령을 선거하였다더라. 안심 안심 불구不久에 호소식이 유有하리라.[1]

같은 신문은 또 3월 5일자 (제3호)에서는 보다 구체적인 내용을 실었다.

> 13도 각 대표자를 선정하여 3월 6일 오전 11시 경성 종로에서 조선독립인대회를 개최할 것이므로 신성한 아我 형제자매는 일제히 회합하라.[2]

3·1독립만세운동이 시작된 직후에 천도교 측이 발행한 지하신문에서 가정부(임시정부)를 조직하고 가대통령(대통령)을 '선

거'한다는 뉴스는 시위에 따른 즉흥적인 기사로만 보기 어렵다. 제1차 세계대전 후 유럽의 정세를 파악해 온 천도교인들 사이에서는 1910년대 말에 군주제 아닌 국민국가 수립 운동이 전개되었다고 한다.

> 일부 천도교인들은 손병희와 협의한 뒤 1910년대 말에 벌써 군주제가 아닌 민간정부의 국민국가 형태를 구성해야 새로운 시대 환경에 적응할 수 있음을 역설한 바 있었다. 이종일은 3·1혁명 이후 4월 1일을 기해 비밀리에 기호지방에 '대한민간정부'라는 임시정부를 구성할 것을 결의하고 대통령에 손병희, 부통령에 오세창 등을 선임해 두었다.[3]

적어도 기미년 3·1혁명 과정에서 조선민중은 종파·지역을 초월하여 손병희를 민족의 최고지도자로 인식하고 있었음을 보여준다.

『묵암 비망록』에 따르면 천도교에서는 3·1혁명이 성공하면 한인들로 구성된 '대한민간정부'를 구성하고 본부를 천도교중앙총본부에 두기로 계획하면서 구체적 조각 명단까지 구상했던 것으로 나타난다.

> 대통령: 손병희
> 부통령: 오세창
> 국무총리: 이승만

내무장관: 이동녕, 외무부장관: 김윤식, 학무부장관: 안창
호, 재무부장관: 권동진, 군무부장관: 노백린, 법무부장관: 이
시영, 교통부장관: 박용만, 노동부장관: 문창범, 의정부장관:
김규식, 총무부장관: 최린.[4]

1919년 3월 17일 서북간도와 연해주에 있던 독립운동가들이
'대한국민의회'를 수립하고, 21일에는 정부 조직을 발표하였다.
이 내용은 미주 대한인국민회 기관지 『신한민보』 1919년 4월 5
일자에 실렸다.

대통령: 손병희
부통령: 박영효
국무총리: 이승만
탁지총장: 윤현진, 군무총장: 이동휘, 내무총장: 안창호, 산
업총장: 남형우, 참모총장: 유동열, 강화대사: 김규식.[5]

'대한민간정부'와 '대한국민의회'가 각각 임시정부 수립을
발표하면서 손병희를 대통령으로 추대하였다. 손병희 등 민족
대표들이 수감된 후인 1919년 4월 3일 조직된 '한성정부'는 달
랐다.

집정관총재: 이승만
국무총리: 이동휘

외무부총장: 박용만, 군사부총장: 노백린, 재무부총장 이시영, 내무부총장: 이동녕, 법무부총장: 신규식, 학무부총장: 김규식, 교통부총장: 문창범, 노동국총판: 안창호, 참모총장: 유동열.[6]

1919년 4월 11일 상하이 대한민국 임시정부 의정원의원은 국무원명단을 발표했다.

국무총리: 이승만
내무총장: 안창호, 외무총장: 김규식, 재무총장: 최재형, 교통총장: 문창범,
군무총장: 이동휘, 법무총장: 이시영.[7]

'대한민간정부'와 '노령임시정부'안을 비교해 보면, 여러 면에서 공통된 특징을 갖고 있음을 알 수 있다. 첫째는 정부 형태(대통령제)와 정부 수반(손병희)이 같다는 점이다. 이점은 매우 중요한 의미를 갖고 있다. 왜냐하면 3·1독립선언 후 국내외의 민족운동 세력이 임시정부 수립 문제를 논의할 때 이 두 가지 문제가 가장 큰 쟁점이었기 때문이다.

둘째는 대통령 이외에도 부통령이라는 직제를 두고 여기에 국내 인물을 각각(오세창과 박영효) 선정했다는 점이다. 그런데 박영효는 손병희가 일본에 체류할 때부터 서로 교류가 있었을 뿐 아니라 천도교 측에서도 3·1운동을 추진할 때 맨 먼저 접촉

했던 인물 가운데 한 사람이었다.

셋째는 국무총리로, 미국에서 활동하고 있던 이승만을 선임했다는 점이다. 국내에서 임시정부가 실질적인 활동을 전개할수 없었던 여건을 고려할 때, 국무총리를 현실적으로 가장 비중이 큰 자리였다.[8]

서울 시내 살포전단에 '손병희 정도령'

3·1만세시위가 한창이던 1919년 4월 9일 국내에서는 처음으로 서울에서 임시정부 수립을 알리는 전단이 살포되었다. 총독부 경찰에 압수된 문건은 네 가지 종류가 있다. 「조선민국 임시정부 조직포고문」과 '별책' 형식으로 된 「조선민국임시정부 창립장정」, 그리고 「도령부령都領府令 제1호」, 「도령부령 제2호」이다.

「도령부령」에 명시된 정부의 각료 인선 내용은 다음과 같다.

도령부: 정도령正都領 손병희, 부도령 이승만

내각: 내각총무경 이승만, 외무경: 민찬호, 내무경: 김윤식,

군무경: 노백린, 재무경: 이상, 학무경: 안창호, 법무경: 윤익선,

식산무경: 오세창, 교통무경: 조용은(조소앙)

만국평화회의에 참열할 민국외교위원: 이승만·민찬호.[9]

임시정부의 수반을 굳이 '정도령正都領'이라 한 것은 『청감록』의 '정도령鄭道令'과 음이 같도록 하여 불안한 민심을 수습하고 여론을 인도하는 데 미칠 수 있는 영향력을 고려한 것으로 해석하는 견해가 있다.[10]

손병희를 정도령으로 추대한 「조선민국 임시정부」의 창립장정 8개 조의 성격을 요약하면 2인의 도령을 통해 통할하는 민주적 정부형태인 국민국가를 지향해 나가려 하고 있었다.

이때의 임시정부는 도령부都領府와 내각의 양원체제였다. 30명 규모의 입법위원을 구성하여 민국의 약법을 제정하려는 계획을 알 수 있었다. 각원은 내각총무경 이승만을 위시하여 9명인 바 그중 천도교인은 법무경 윤익선, 식산부장 오세창 등 요직이 들어 있었다. 손병희까지 합하면 천도교인은 10명의 각 원 중 3명이 되는 셈이었다.[11]

3·1만세 시위에 천도교는 조직적으로 참여하고, 천도교 간부들은 "이 운동이 성공만 하면 교조 손병희가 자동적으로 대통령에 취임하게 된다."[12]면서 참여를 독려하였다. 1919년 3월 하순 이후 각지의 만세시위는 천도교인들이 주도한 경우가 많았다.

천도교는 중앙집권적인 교단조직을 가지고 있어서 중앙본부의 지시에 따라 3·1운동에 참여 했는데, 지역에 따라서는 중앙의 계획이 철저히 전달되지 못해 초기에는 관망적인 자세를 보인 곳도 많았기 때문이다. 그러나 3월 10일 교조 최제우 순도기념일 행사를 이용하여 시위를 일으킨 지역도 있었고, 3월 중순 이후에는 이미 교조 손병희가 체포되었다는 소식을 듣고 교조, 간부의 예에 따르려는 생각에서 ,또 기독교도에 뒤질 수 없다는 생각에서도 천도교 측의 활동이 대단히 활발해졌다.

한편 천도교의 중앙집권적인 성격은 일본군의 탄압에 대한 강인한 저항을 유발하기도 했는데, 천도교도 중심의 영원 시위에서와 같이 헌병의 해산 명령을 받고도 중앙총부의 명령이라 하여 시위를 계속한 경우도 있었다.[13]

3·1혁명 과정에서 천도교는 그 조직력을 과시하였다. 당시 천도교 교인은 3백만 명, 손병희는 법정에서 성금을 내는 교인은 1백만 명이라고 진술한 바 있다. 천도교인 수백만 명은 타 종교인들과는 생성발전 과정이 달랐다.

동학의 보국안민·광제창생·척왜척양의 정신은 그대로 천도교에 이어지고, '척왜'의 대상인 일제가 국권을 갈취하자, 손병희가 3·1독립운동을 주도한 사실이 알려지면서 천도교인들은 조직적으로 만세시위에 참여하게 된 것이다. 1919년 4월 30일까지 기소된 자로서 3·1운동 관련 기소자 종교별 통계는 다음과 같다. (전국 통계만 인용하였다.)

3·1운동 관련 기소자 종교별 통계[14]

종교	전국	
불교	72	1.1(%)
유교	11	0.2

종교	전국	
천도교	1,156	18.0
시천교	2	0.0
감리파	290	4.5
장로파	1,154	18.0
조합파	3	0.0
불명·기타	96	1.5
소계	1,543	24.0
천주교	18	0.3
기타	1	0.0
무종교	2,659	41.4
미상	955	14.9
합계	6,417	100.0

서대문감옥 수감, 위장병 앓아

손병희와 민족대표들은 서대문감옥에 수감되어 재판을 받았다. 서울 서대문구 현저동 101번지에 감옥이 설치된 것은 일제 통감부 시대인 1908년 10월 21일, 경성감옥이란 명칭으로 세워졌다. 일제는 조선을 침략하면서 전국에 대형 감옥을 짓고 의병을 붙잡아 투옥하였다. 한국 병탄 후인 1912년 총독부는 마포에 경성감옥을 새로 지으면서 경성감옥은 서대문감옥으로 개칭되고, 1923년 조선총독부가 서대문형무소로 명칭을 바꾸었다.

안산 봉수대에서 바라본 서대문형무소

조선총독부에서 행형과장과 서대문형무소 소장 등을 지낸 나카하시가 집필하고 총독부 치형협회治刑協會에서 발간한 『조선구시朝鮮舊時의 형정刑政』(1937년)은 경성감옥의 신축이전 경위를 다음과 같이 기술하고 있다.

환산 마루야마丸山 경무고문警務顧問은 장차 사회의 변화에 따라 범죄인이 크게 증가하게 될 것을 예측하고 경비 약 5만 원을 들여 인왕산 금계동에 감옥의 신축에 착수하였다. 건물의 설계는 본국(일본)에서 전옥을 지낸 사천왕수마四天王數馬

가 맡았다.

이 신축감옥은 전부 목조로 하였고 주벽은 전면의 일부만 벽돌로 하고 그 외는 모두 아연판을 붙인 판자로 하여 허술한 점이 있었지만 청사 및 부속건물 80평, 감방 및 부속건물 480평에 건축구조는 감방의 순경·시찰·환기 및 방풍을 고려하여 T자형으로 하고 외초外哨와 순찰로를 설치하여 계호상 편리하도록 하였다.

그러나 감방은 주간에는 어둡고 매우 침침하여 이 점만은 결점이었다. 하지만 공장·목욕실 그외 필요한 설비를 갖추었으며 수용능력은 500명 정도였다.

이와 같이 신감옥이 설치되어 있었지만 당시 군대해산병이 폭도화하여 성城(서울) 외는 어수선하였고 신제新帝(순종) 즉위 후 정무가 혼잡하였지만 사법기관(일제헌병. 경찰기관 등-필자)을 창설하고 이에 따라 송도 감옥은 더욱 수용난을 겪게 되어 이곳(종로감옥)은 구치감으로 하여 미결수만 수용하고 기결수는 모두 신감옥으로 옮겨서 수용인원을 조정하였다.[15]

독립지사들은 왜성대에서 취조를 받다가 곧 일본군 헌병사령부(필동의 전합참본부 자리) 구치감으로 옮겨 조사를 받고 5월 6일 모두 서대문감옥으로 이감돼 각각 한 평의 독방에 수감되었다.

3·1항쟁 직후 서대문감옥의 간수를 지낸 바 있는 권영준의 『형정반세기』에 따르면 당시 서대문감옥의 맨 구석 동棟 북쪽

첫 방에 이명룡이, 다음 방에 이갑성·함태영·최남선 등이 수감되었고, 맞은편에 손병희·오세창·권동진이 나란히 한 방씩 차지하여 수감되었다. 독립지사들이 서대문감옥에 수감되었을 때는 계속되는 서울과 전국 각지의 만세운동으로 하루에도 수십 명씩 민간인, 학생들이 잡혀 들어와 감방마다 아침저녁으로 만세소리가 끊이지 않았다. 민족대표들은 의연하게 수감생활을 하며 감옥 안에서도 시민, 학생들에 민족적 자존을 보여주었다.

『형정반세기』를 인용해 보자.

아침저녁 점검 때는 무릎을 꿇고 인사를 하는 것이 감방규칙인데도 어느 누구 한 사람 인사는커녕 무릎조차 꿇지 않았다. 불교대표로 승려학교장이었던 한용운은 평소 정좌를 하고 참선을 하다가도 점검 때면 평좌로 간수부장을 빤히 쳐올려다 보곤했다. 물론 이들에게는 일본인 간수들만 배치되었는데, 함태영은 자기 담당 간수를 볼 때마다 "너희들 잘못이 아니다. 우리는 조선사람이기 때문에 잃어버린 나라를 찾으려는 것뿐이었다"라고 타이르곤 했다.

그 간수는 그 뒤에 어떻게 설득되었는지 비번 때 바깥에 다녀와서는 사회 움직임이라든지 여러 가지 새 소식을 적어주는 등 편의를 보아주었다. 또 사식을 차입할 때 밥 속에 쪽지를 넣어도 걸리지 않는 방법도 가르쳐주었다고 한다.

당시 감옥에서 주는 콩밥은 어찌나 돌이 많이 섞였던지

이갑성 등 4, 5명은 밥을 먹다가 다쳐 한동안 고생을 해야 했다.[16]

일제는 민족지도자들을 가혹하게 탄압했다. 아무리 종교지도자들이라도 장기간의 독방 수감과 열악한 급식, 수감자끼리도 만날 수 없는 외로움, 가족면회는 물론 사식 차입도 금지된 상태에서 견디기가 쉽지 않았다. 천도교 측 민족대표 양한묵이 수감된 지 두 달여 만인 5월 16일 옥사하기에 이르렀다.

손병희는 독방에서 천도교의 수련방법에 따라 주문呪文을 염송念誦하는 것을 주요 일과로 삼았다. 그런데 평소 위장병이 있어 위장약을 상복하고 있던 손병희는 감옥의 급식이 맞지 않아 음식을 제대로 먹을 수 없었기 때문에 상당히 고통스러워했다. 이로 인해 위장병이 악화되는 것을 우려한 부인 주옥경朱鈺卿은 정무총감에게 사식 차입을 여러 차례 호소하였다. 그러자 검찰신문이 끝난 후 5월에 들어 노령자와 병약자에 대한 사식 차입이 허가되었다. 얼마 후 48인 전원에 대한 사식 차입도 허가되었다.[17]

부인의 힘든 옥바라지

주옥경은 아침저녁으로 음식을 만들어 가회동 자택에서 서대문감옥까지 다니며 병약해진 남편에게 차입했다. 교통이 불

주옥경 여사의 모습

편하던 당시에 매일 두 차례 씩 감옥을 오가는 일이 쉽지 않았
다. 얼마 후부터 감옥 근처에 방을 얻어 남편의 옥바라지를 하
였다.

옥중의 손병희는 여름이 지나고 늦은 가을께부터 건강이 크
게 악화되었다.

고등법원 예심이 아직도 진행 중이던 1919년 11월 30일 오후
사식을 차입하기 위해 서대문감옥에 간 주옥경에게 손병희가
위독하니 보석을 신청하라고 통보했다. 알고 봤더니 이미 이틀
전인 11월 28일에 손병희가 뇌일혈로 졸도하여 병감病監에 있
었던 것이다. 평소 위장병만 걱정했던 주옥경으로서는 청천벽
력 같은 소식이었다. 주옥경은 시내로 한참 달려가서 교회와 가

최시영 여성회장의 예방을 받고 담소하는 주옥경 종법사의 모습

족에게 전화를 걸어 보석수속을 서두르게 하였다.

그런데 공교롭게도 그날이 일요일이었다. 할 수 없이 다음날인 12월 1일에 재판소에 가서 병보석 허가신청을 하였다. 그런데 병에 차도가 있으니 병보석을 허가할 수 없다는 것이다. 그래서 가족들의 면회라도 허가해달라고 요청하였으나 그것마저 며칠 후에나 가능하다고 했다.[18]

독립지사들은 일제의 취조과정에서 혹독한 고문을 받았다. 손병희도 예외가 아니었다. 이종일의 「옥파 비망록」이다.

손 의암의 환후는 여전하다. 이게 무슨 일일까. 속히 완쾌되어야 우리 민중을 이끌텐데. 작년에 비하면 조금 차도는 있는 것 같다. 일인들은 처음에는 우리 대표들에게 융숭하게 대우하는 것 같았으나 날이 갈수록 더욱 더 포악해지고 있다.

도덕의 시대에 이 같은 혹형이 무슨 말인가. 손 의암 역시 고문을 당했기 때문에 건강이 극도로 악화된 것이다. 손 의암에게 가해진 고문은 겉으로 보기에는 예사 같으나 실은 무서운 정신적 타격을 주는 고문이었다.

그네들이 우리 민족을 위해 베풀었다는 소위 문화정치라는 것은 이 같은 외형적인 착취방법이었다.[19]

손병희와 민족대표들이 재판을 받을 때 총독부기관지 『매일신보』 기자로서 취재했던 유광열은 손병희와 관련 몇 가지 '비화'를 전한다.

사실심리 중에는 천도교와 예수교(기독교-필자)가 합작할 때에 예수교에서 각지의 교회나 선교, 기타 유력한 예수교인과의 연락자금으로 5천 원의 자금을 천도교에서 얻어 간 것이 계속 심문되었다.

이 5천 원을 가져갈 때에 예수교도인 모씨가 3천 원을 달라니까 손병희는 3천 원으로 부족할 터이니 5천 원을 가져가라고 하여 손병희의 큰 면목이 여실하게 드러났다.[20]

심문 중에도 '형형한 안광 법정압도'

손병희는 극심한 취조와 재판, 열악한 감옥 급식으로 건강을
해치고 병고에 시달렸다. 그런 상태에서 재판을 받게 되었다.
유광열 기자의 취재기록이다.

복심법원에서 다시 공판이 진행되었는데 손병희가 출정하
던 날은 인상적이었다. 침대에 누운 대로 출정하여 심문을 받
았다. 재판장은 멀리 갑오년 동학란 때부터 풍운을 일으키던
과거 역사를 차례로 물었다.

드러누워서 대답하니까 단상에서 잘 들리지 않는지 우리
말을 아는 일본인 통역은 피고석까지 내려와서 말을 받아 통
역하였다.

일대의 풍운아인 그는 일본이 한국을 병탄한 것도 사기이
며, 또한 동양평화와 한국의 독립을 약속한 일본이 한국을 병
탄한 것은 한국에 대한 배신이라는 것을 말하였다.

재판장도 경의를 표함인지 때때로 손 선생이라는 이례의
용어를 쓰기도 하였다. 그는 병중이라 목소리는 가늘었으나
몇 10분 동안 심문 받는 중에도 그 형형한 안광은 법정을 압
도하는 듯 하였다.[21]

일제의 식민지 행형行刑체제는 세계적으로도 악명이 높았다.
특히 한국의 독립운동가들에게는 더욱 가혹하고 무자비했다.

감옥의 규칙이나 행형법규에는 수감자가 병을 앓게 되면 감옥 의사의 치료를 받고 병감으로 옮기도록 돼 있었다. 그럼에도 독립운동가들에게는 이를 지키지 않았다.

자신들의 식민통치에 위험인물로 낙인되면 병자가 죽음에 이르도록 방치했다. 그리고 사망 직전에야 병보석으로 풀어주었다. 독립운동가가 감옥에서 죽기라도 하면 민심이 폭발할까 두려워서였다. 손병희는 그들에게 '국사법 제1호'였다. 부인 주옥경의 회상이다.

입옥한 지 10개월 째 되는 12월 1일(11월 30일, 필자 주)에 감옥 측에서 자진하여 통지하기를 손씨의 병이 위중하니 곧 보석수속을 하라는 통지였습니다.

이 얼마나 청천벽력입니까. 가족은 물론 전 교회에서 어쩔 줄을 모르고 망지소조罔知所措하여 곧 의사를 대동하고 감옥으로 가서 면회를 신청하니 특례라는 생색으로 허가되어 병감으로 들어가보니 아주 혼수상태로 정신이 없었습니다. 의사가 진찰한 후 맥은 아직 있다고 하여 약 15분간을 서 있는 동안 별안간 소리를 질러 섬어譫語로 "내가 감옥에서 죽는단 말이냐"하고 용을 써서 '독립만세'를 부르짖고 다시 늘어져서 의식이 끊어진 것 같았습니다. 소위 전옥과 부장 간수. 악귀 같은 것들의 성화에 물러나오는 그 심정을 어찌 붓과 말로 형언할 수 있으리오.[22]

손병희의 병세는 오른쪽 반신불수 상태로 수족을 거의 쓰지 못할 정도로 악화되었다. 그런데도 서대문감옥 당국은 기자들에게 손병희의 증세가 뇌연화증腦軟化症이라면서 차도가 호전되고 있다고 허위발표를 일삼았다.

해가 바뀌어 1920년 3월 1일 3·1민족혁명 1주년이 되는 날, 손병희는 이날 서대문감옥에서 아픈 몸을 추스르며 하루 종일 정좌하여 주문을 묵송하였다. 그의 뇌리에는 1년 전 태화관 민족대표들의 모습과 왜경에 끌려 갈 때 연도에서 독립만세를 외치던 동포들의 모습이 아른거렸을 것이다.

새봄이 되고 날씨가 풀리면서 손병희의 건강은 다소 회복되었다. 옥중에서 59주년 탄신을 맞은 4월 8일, 천도교는 1,500여 명이 중앙대교당에 모여 탄신경축예식을 갖고 쾌유를 기원하였다. 그리고 공판에 대비하여 일본인 2인과 한국인 변호사 최진 등 3인을 변호인으로 선임하였다. 5월 들어 간호사의 부축을 받아 지팡이를 짚고 면회장까지 걸어 나올 수 있을 정도로 회복되었다.[23]

건강을 회복해가던 손병희는 6월 12일 다시 뇌일혈이 재발하여 병감에서 쓰러졌다. 가족과 교인들이 서대문감옥으로 달려가고, 변호사를 통해 보석신청을 했다. 신문에서 손병희의 위독 상태를 연일 보도하는 등 국민의 관심이 높았는데도 총독부 판사는 보석신청을 9일 만에 기각하고 말았다. 부인 주옥경이 정무총감을 찾아가 호소하였으나 '캄캄절벽'이었다.

7월 12일 민족대표들에 대한 경성지방법원 제1심 공판이 열렸다. 손병희는 재발된 뇌일혈로 출정하지 못하여 따로 분리하여 심리하기로 하였다. 변호인단은 8월 26일 다시 복심법원에 보석신청서를 제출하였으나 이번에도 허가하지 않았다. 담당검사가 보석거부 의견서를 제출했기 때문이다.

18장

병보석 석방,
62세로 서거

상춘원 주거제한 병보석

총독부는 손병희의 건강이 악화될 대로 악화된 다음에야 병
보석으로 풀어주었다. 그것도 상춘원에 주거를 제한하였다. 상
춘원은 동대문 밖에 있는 박영효의 별장을 1915년 천도교가 매
입하여 상춘원常春園이라 이름을 짓고, 손병희는 천도교의 주요
행사를 이곳에서 치렀다.

손병희의 병세는 매우 위독하였다. 온 몸이 부어서 손가락
은 떡가래처럼 굵어져 있었고, 오른손을 조금 움직이는 것 외
에는 온 몸을 움직일 수 없었다. 뿐만 아니라 의식도 희미하
고 어쩌다 한 마디 하는 이야기마저 매우 어눌해서 알아듣기
어려웠다. 그래서 간병 담당자 외에는 일절 면회를 금지했다.
그런 상황에서도 일제는 경관들을 파견하여 상춘원을 포위하
다시피 감시하였다.[1]

동묘역 쪽에서 신설동으로 걷다 보면 나오는 상춘원터 표석

이 무렵의 상황을 주옥경은 다음과 같이 증언한다.

(…) 그와 같은 중태로 병감病監에서 1년을 지내시고 그 잔인
한 왜적의 야욕을 다 채워 시체가 다 되어 다시는 희망이 없
을 때에야 보석 출감케 하였습니다. 시체가 다된 분을 내어
놓으면서도 온 집안을 경관으로 둘러싸고, 안사랑에 파수를
세우고, 지정한 의사와 간호할 가족 외에는 출입을 금하고,
우리 집을 사사로운 감옥으로 취급하여 가족은 죄인과 같이
외출을 못하였습니다.

그때의 차마 겪지 못할 치욕과 압박 당한 일은 지금도 피가
끓고 살이 떨립니다. 출감시에는 간신히 숨길만 붙었을 뿐 온
몸이 집채처럼 붓고, 전신은 조금도 굴신屈伸을 못하여 손가

312

락 하나를 움직이지 못하고, 말을 전연 못하고, 눈은 떠 있어도 가족을 알아보지 못하였습니다.[2]

손병희의 병세는 부인과 가족, 천도교인들의 지극한 간호와 기원으로 한 때는 호전되었다가 다시 악화되기를 반복하였다. 1921년 2월에는 동맥경화증과 변삭증便數症에 당뇨병·늑막염까지 합병증세가 나타났다. 손발이 붓고 말이 어눌하며 불면증으로 시달렸다.[3]

이런 상태가 두어 달 지속되다가 4월 8일 회갑 무렵에는 용태가 다소 호전되었다. 교인 4천여 명이 상춘원에 모여 회갑축하식을 갖고 쾌유를 기원하였다.

상하이임시정부 회갑연 열어

손병희의 회갑축하연은 상하이에서도 열렸다. 임시정부 요인들이 주최한 회갑연이다. 손병희를 중심으로 민족대표 33인이 선포한 기미 3·1독립선언은 1919년 4월 11일 상하이에서 대한민국임시정부를 수립함으로써 국치 9년 만에 국권 회복을 위한 민주공화제 정부가 탄생하였다. 기사 내용이다.

작 8일은 즉 천도교 교주로서 아울러 독립선언의 33대표 중 1인인 의암 선생 손병희 씨의 61회 탄신일로 신숙·남형우·

최동오·이민창 제씨의 주최로 성대한 축하회를 대동여사大東
旅社 대루大樓에서 거행하다. (…)

식장의 정면에는 '의암성사 61탄신기념' 이라 서한 금자홍
단金字紅緞을 횡부하고 그 직선으로 '성수무강聖壽無疆'이라
수놓은 흑자홍연을 걸었으며 궁을弓乙을 형성한 천도교 기가
걸렸고 그 측면에는 웅장한 태극기가 걸려 있어서 엄위를 방
하였다.

내빈으로는 정부 각 총장 이하 직원 제씨와 의정원의장 이
하 의원 제씨와 기타 이 전국무총리 외 각계의 인사 등 무려
80여 인이 참석하였다.

이동휘 전국무총리의 축사를 남형우 교통총장이 대독하였
다. 이동휘 씨 축사 대요는 다음과 같다.

금일 선생을 위하야 축수할 이유가 첫째는, 그가 시대의 불
리로 인하야 종당 실패는 하였으나 왕공호족의 발호와 압박
을 제어하고 자유평등을 형유하기 위하여 갑오혁명을 기함
이오,

둘째는 금일의 적인 그 시대의 일인日人을 이용하야 국사를
도모하려 하다가 일진회의 오국誤國 함을 보고 맹성하야 서로
더불어 분리하야 자국의 정신을 보유하는 용단을 취함이오,

셋째는 재작년 3월 1일에 각종 각파로부터 대동일치하는
단취團取로써 독립을 선언함이라 하고. (…)[4]

손병희는 멀리 상하이 임시정부 요인들의 축수와 천도교인·국민의 기원에 기운을 받아서인지, 1922년 봄에는 상당한 차도를 보이며 의식도 거의 정상을 회복하는 듯하였다. 교단 간부들과 교회의 일을 논의하거나 시국에 관해 의견을 나누었다.

그러나 5월에 뜻밖의 일로 손병희의 병세가 갑자기 악화되었다. 5월 10일 주치의가 외출한 사이에 한의사 박찬수가 수은제水銀劑로 된 훈약薰藥을 잘못 사용함으로써 고열과 팔 다리의 통증, 대소변 불순, 호흡 곤란, 맥박의 불규칙 등 여러 가지 수은중독 증상이 일어났다. 온갖 방법을 동원한 끝에 15일 오전에 약간 안정을 찾는 듯했으나 이날 오후 심장마비 증세가 발생한 데 이어 16일에는 혼수상태에 빠졌다.[5]

'나는 독립 못 봐도' 62세로 서거

손병희의 병세는 하루가 다르게 악화되었다. 5월 17일에는 폐렴이 돌발하고 18일에는 열이 나면서 맥박이 약해지고 혼수상태에 빠졌다. 유광열 기자의 취재기록이다.

그가 장서하던 며칠 전부터 하늘은 흐리고 구슬픈 봄비가 오락가락 하였었다. 나는 그의 병상을 위문하기 위하여 동대문 밖 상춘원에 누운 그의 병석을 찾은 일이 있었다.

그는 임종이 가까운 까닭인지 숨이 찬 듯이 괴로워하였다.

그러나 그는 거인답게 몸을 구부리거나 의지하려 하지 않았다. 그 거구巨軀를 딱 버티고 우뚝 앉은 모습은 최후까지 위엄을 지키려는 듯이 보였다. 그는 눈을 위엄스럽게 뜨고 우리들을 바라보면서.

"나는 이 나라의 독립을 보지 못하고 간다. 그러나 너희들은 실망하지 말고 노력하여라. 일본인들의 도량으로는 도저히 우리나라를 오랫동안 먹지는 못할 것이다. 나는 못 보아도 너희들은 보게 되리라. 신념을 잃지 말고 힘차고 줄기차게만 나가라"고 유언으로 격려하였다.

그가 최후의 숨을 마시는 상춘원에 봄비가 시름없이 내리는 새벽녘이었다. 그의 임종에는 가족 이외에 고족高足들이 늘어앉아서 그 최후를 지키었다. 날이 훤히 밝을 때 환각인지 불여귀不如歸 우는 소리가 들리었다고 임종에 앉았던 한 제자는 말하였다. 우리말 신문에서는 각각 호외를 내어서 이 거인巨人이 한을 마시고 길이 간 것을 시민에게 알리었다.[6]

손병희는 1922년 5월 19일 잠시 혼수상태에서 깨어나 물을 찾아 마시고는 대도주 춘암 박인호와 간병인·신도들을 둘러보며 말하였다.

"나를 좀 일으켜 주게. 내 보여줄 것이 있네.…춘암. 내 어깨를 좀 보시오. 손으로 좀 만져보시오. 어떻소? 보통 사람의 어깨와…."

316

"좀 두드러진 것 같습니다."

"그럴 것이오. 춘암도 잘 알지만은 내가 20년 가까이 해월 신사를 모시면서 가마 앞채를 혼자 메었소. 나도 사람인지라 힘인들 왜 들지 않았겠소. 꾹 참고 말 한 번 한 적이 없소. 아직 굳은살이 풀리지 않았을 것이오."

손병희의 얼굴에는 추연한 빛이 감돌았고 그의 눈은 허공을 응시한 채 스승과 함께 보낸 옛일을 회상하는 듯 하였다.

"여러분들 수고했소이다. 나는 이제 갈 시간이 얼마 남지 않은 듯하오. 우리 교회에서는 오심즉여심吾心卽汝心이라……. 뒷 일은 청년들에게 부탁하오."[7]

손병희는 이 말을 유언처럼 남기면서 이날 새벽 3시, 가족과 천도교중앙총부의 임직원, 개벽사 간부 등 많은 교인들이 지켜보는 가운데 눈을 감았다. 62세의 파란만장한 생애를 접을 때 상춘원 우거진 나무 가지에서는 한 시대의 영웅, 경세가의 죽음을 애도하듯이 까치 한 마리가 날아와 구슬피 울고 있었다.

다음날 새벽 손병희의 서거를 알리는 신문 호외가 뿌려지고 각 신문마다 크게 보도하였다. 서거 다음날 한 신문은 사설에서 다음과 같이 손병희를 평가했다.

(…) 필부匹夫로 생生하여 필부로 사死하니 선생에게는 하등의 영작榮爵이 무無하며, 민중으로 반려하여 민중으로 고락하니 선생에게는 하등의 권위가 무하며, 간난艱難으로 시始하여

유물전시관(의암기념관) 내에 있는 석상. 정부에서는 손병희의
공훈을 기리기 위해 1962년 대한민국장을 추서했다.

간난으로 종終하니 선생에게는 하등의 부력富力이 무하도다.
(…) 다만 그 탁연卓然한 지기志氣는 산악山嶽이 특립特立하여
광명光明한 심사心事는 천일天日이 병조竝照할 뿐이다.
　요컨대 선생은 억강부약의 특질을 가진 군중의 대자大者이
며 극단으로 정력을 발휘하는 비범한 인물이라 하겠도다.

오호라, 산山은 오히려 축築할 수 있으며 하河는 오히려 천
穿할 수 있으나 비범한 인물에 지포하여는 실로 천여天與의 보
寶이니 조선민중에게 백만으로 수數하는 결합단체가 있는 것
이 일대 기적이며 이를 통솔 지휘할만한 인물이 존재한 것도
용이치 아니하나니 금今에 조선이 선생을 실失하게 된 것은
막대한 결함이라 하겠도다.[8]

손병희의 서거 소식을 들은 상하이임시정부는 기관지 『독립
신문』에서 "반만년 대조선의 독립을 세계에 선언하신 손병희
선생이 별세하셨다"고 하면서 다음과 같이 애도하였다.

2천만 배달민족을 대표하여 반만년 대조선의 독립을 세계
에 선언한 손병희 선생이 마침내 별세하였다. 선생은 한반도
의 기적이요 세계의 위인이니 실로 선생은 우리 민족의 관면
冠冕이요 영예라 할 것이다.[9]

총독부, 장례식도 방해 봉황각 구내에 안장

3·1혁명 당시 총독부기관지 『매일신보』 기자로서 손병희를
지켜봤던 유광열은 뒷날 회고록에서 "손병희의 독립운동 추진
은 실로 멀리 10여 년 전 천도교를 세우던 때부터 시작된다"면
서 그의 네 가지 기여를 제시했다.

첫째로는 거국적인 민중운동을 일으키기 위하여 백만 교도를 10년을 하루 같이 한번 명령만 하면 동원되도록 훈련을 한 것이요,

둘째로는 교당을 짓는다는 표면 이유로 그때 돈 백만 원(지금 돈으로 여러 10억)의 운동자금을 준비하여 놓은 것이요,

셋째로는 구왕조 한국의 거인이었던 내장원경 이용익이 세운 보성법률상업(고려대 전신), 보성중학, 보성소학 등 여러 학교를 이용익이 망명한 후 인수하여 계속 경영하면서 인재를 양성하여 온 것이요,

넷째는 문화기관으로 보성사를 경영한 것이다.

보성사는 이용익이가 체계있는 교육기관과 함께 문화기관으로 서적을 많이 출판하여야 국민의 문화를 향상시킬 수 있다고 인쇄기계를 사가지고 와서 설립한 인쇄소이니, 이것은 최남선이 1906년에 인쇄기계를 사가지고 귀국하여 신문관을 설립한 것보다도 몇 해 앞선 것이다.

이 여러가지 일을 하는 중에 보성사는 특히 날마다 적자가 나고 또 일본의 압박이 심하던 그때로는 유용한 서적을 간행할 수 없다고 본 부하들 중에는 폐지하자는 말도 있었으나 손병희는 말하기를 "국가에서 군대를 양성하는 것은 반드시 그때에 직접 쓰는 것이 아니라 하루 아침 일이 있을 때에 쓰게 되는 것이니 후일에 혹 쓸 때가 있을는지 모른다"하면서 그대로 둔 것이 3·1운동 때에 독립선언서를 밤을 새워 박은 곳이 바로 이 보성사이었던 것을 생각할 때에 그의 원대한 포부와

선견지명에 놀라지 않을 수 없다.[10]

손병희의 마지막 가는 길도 순탄하지 않았다. 일제는 그가 형 집행정지자로 석방된 죄수의 신분이기 때문에 영결식을 성대하게 치를 수 없다는 것이다. 영결식장에 다수의 시민이 모이면 만세시위라도 벌어질까 두려웠던 것이다.

장지의 마련도 쉽지 않았다. 유족과 천도교에서 예정한 청량리, 서대문 밖, 자하문 밖 등이 총독부에 의해 거부되자 결국 국권회복을 위해 마련했던 교회 소유의 봉황각 구내로 정하고, 장례일은 6월 5일로 결정하였다.

영결식에 모인 수많은 사람들

상여 뒤를 따르는 행렬. 학생들과 교인, 일반 조객 등의 발길이 뒤따르고 있다.

　장례식은 박인호를 주상主喪, 권동진을 위원장으로 하는 천도
교장으로, 총독부의 방해에도 불구하고 성대하게 거행되었다.
영결식은 손병희가 생전에 많은 관심을 보였던 경운동에 신축
된 대교당에서 열렸다. 이 건물은 3·1혁명으로 공사가 중단되

었다가 1921년 2월에 완공되었으나 손병희는 투옥과 환후로 준공된 대교당을 보지 못한 채 눈을 감았다.

영결식이 끝나고 고인의 상여는 장례위원을 선두로 보성고등전문학교·동덕여학교 학생과 교직원 1천5백여 명이 뒤따르고, 270여 개의 만장이 나부끼는 가운데 교인과 일반 조객 등 5천여 명의 발길이 끝없이 행렬을 이루었다. 장례행렬은 삼선평(삼선교)에서 학생·일반조객들의 고별식을 가진 후 하오 5시에 장지에서 하관식을 마쳤다. 하관식을 마칠 즈음 그가 운명하던 날 밤처럼 하염없이 비가 내렸다.

손병희의 장례행사에 각계 인사의 조문·만장 중 몇 개를 소개한다.

〈감화력이 풍부한 선생의 관용성〉
- 불교선학원장 한용운

〈선생의 상喪은 거세擧世의 동감同感〉
- 기독교청년회고문 이상재

〈민중의 사이에 약동하는 선생의 정령〉
- 삼장역회장 백상규

〈선생은 민중의 일대 위인〉
- 동아일보사장 송진우

〈유일무이한 인물〉
- 불교총무원 사무부장 조영태

〈진작 몰랐던 것이 한입니다〉
- 매일신보사 편집국 급사 이길득

〈기관차의 파장과 같습니다〉
- 경성전기회사 전차보조감독 박창성

〈선생님 대신에 우리가〉
- 학생 이요한(11세)

〈하느님도 무심하십니다〉
- 안동병문安洞屛門 구루마꾼 조문백.[11]

19장

기념사업회
발족과 그의 잔상

해방 후 김구 첫 순방지 의암 묘소

1945년 8월 15일 마침내 해방의 날이 왔다. 1910년 8월 29일 국치일로부터 정확히 34년 11개월 보름만이고, 1905년 을사늑약으로부터 치면 40년이다. 일제의 압박이 시작된 1876년 강화도조약으로부터는 69년, 1919년 기미독립선언에서는 26년, 손병희 선생 사후 23년 만이다.

경술국치 소식에 원통하고 분개하여 자결하였던 금산군수 홍범식의 아들 홍명희는 8·15의 감격을 〈눈물섞인 노래〉라 지어 소리 높여 외쳤다.

아이도 뛰며 만세
어른도 뛰며 만세
개짖는 소리 닭우는 소리까지
만세 만세

산천도 빛이 나고

해까지도 새빛이 난 듯

유난히 명랑하다.¹

8·15해방은 수많은 애국선열들의 피값과 더불어 미국과 소련 등 연합국의 승리로 쟁취한 선물이었다. 무엇보다 기미년 3·1혁명으로 세워진 대한민국임시정부와 국내외 독립운동가들의 항일투쟁이 있었기에 가능하였다.

위당 정인보는 8·15의 감격을 담아 〈광복절 노래〉를 지었다.

흙 다시 만져보자 바닷물도 춤을 춘다

기어이 보시려던 어른님 벗님 어찌하리

이날이 사십 년 뜨거운 피 엉긴 자취니

길이길이 지키세 길이길이 지키세.²

자력으로 쟁취하지 못한 8·15는 해방과 분단이라는 이중성을 안고 다가왔다. 손병희와 독립운동가들이 꿈꾸던 온전한 자주독립국가가 되지 못한 채, 미·소가 분할 점령하는 비극이 초래했다. 이날까지 그가 살았으면 다시 '척왜척양'의 기치를 들었을까.

8·15광복을 맞아 동년 11월 23일 환국한 대한민국 임시정부 주석 백범 김구는 27년 망명기간의 독립운동으로 피로해진 여독을 풀 여가도 없이 11월 28일 순국지사 순방 첫 번째로 손병

희 선생의 묘소를 찾았다. 「김구 선배 묘전墓前에 환국보고」라
는 제목으로 실린 한 신문의 보도기사이다.

지난 23일 삼천만 우리 겨레의 환호 가운데 역사적 환국을
한 대한민국 임시정부 주석 김구 선생 일행은 그동안 건국설
계에 바쁜 일정을 보내고 있는 도중 28일은 아침 9시를 지나
김구 선생·김규식 박사·리시영·류동열·엄항섭 씨 등은 각각
자동차에 분승하고 우이동을 향하여 우리 민족해방의 선구자
의암 손병희 선생 묘소를 참배하였다.

김 주석 일행은 천도교 김기전 씨의 안내로 우이동으로 행
할 제 우이동 어구는 부락민의 정성으로 세운 환영 아치와 빗
자루 흔적도 선연히 남은 정결한 도로였다.

11시경 묘소 입구에서 일행은 8순의 노령에 달한 오세창·
권동진 양 지사와 천도교를 대표한 정광조 씨, 손 의암 선생
의 미망인 주옥경 여사와 부락민 다수가 맞이하는 가운데
몸소 엄숙한 걸음을 옮기었다. 민족의 대선구자 의암 선생
은 처음 맞이하는 큰 손님이 찾아온 줄을 지하에서 알으시
는지.

물어도 말이 없는 크나큰 묘였다. 일행은 묘전에 일렬로
차려선 후 김구 선생은 묘전에 삼가 화환을 받들어 올린 후
물러서서 일행 동이 경건한 배례를 하여 선생의 위대한 과거
를 추모하고 오늘의 해방을 말없이 보고하는 거룩한 장면이
었다.

참묘를 마친 일행은 봉황각에서 간단한 다과의 예를 받고 12시경 우이동을 떠나 망우리 고개 지하에서 고요히 잠들어 계신 조선의 지사 도산 안창호 씨 묘소를 묘참한 후 오후 1시경 돌아왔다.[3]

동상 세우고 추모가 제정

1948년 남북에 각각 정체를 달리하는 두 개의 정부가 수립되고 이어서 1950년 6·25 동족상쟁이 일어나는 등 한반도는 해방의 기쁨도 잠시일 뿐, 다시 국제권력정치의 먹잇감이 되었다.

전쟁이 끝나고 어느 정도 사회 안정이 이루어진 1959년 3월 3·1독립선언 40주년을 계기로 '의암손병희선생기념사업회'가 창립되었다. 창립총회에는 부인 주옥경 여사 등 의암의 유족들도 참석하여 회장에 조동식 씨가 선임되었다. 기념사업회 임원진에는 친일경력자가 다수 포함되어 세간의 빈축을 사기도 하였다.

기념사업회는 1959년 1월 8일 우이동 선생의 묘소에서 묘비 제막식을 가졌다. 비문은 노산 이은상이 지었다. 이날 행사에는 박종화 작사, 나운영 작곡의 〈의암 손병희선생 추모가〉가 울려퍼졌다.

의암 손병희의 장례식. 수많은 시민이 애도하고 있다.

1. 너그러운 얼굴 별빛같은 눈
   눈앞에 아직도 계신 듯 하이
   넓고 큰 포부와 불굴의 정신
   하늘이 한국에 보내신 위인
   태산고악 같은 지도자셨네.

2. 서른 넷 청년에 불의를 치는
   선봉이 되시어 제폭구민
   인민을 구하는 영도자 되고
   장년 40세 겨레를 위해
   천만인 교도의 대도주 되셨네.

3. 아 불을 질렀네 민족자결의

　성화를 들었네 3·1 대항전

　삼십삼인의 대표자 되어

　왜옥에 병들어 몸을 바치다

　오오 민족의 꽃 손의암 선생.[4]

우이동 묘소에 묘비 세워

노산 이은상이 쓴 우이동 묘소의 비문이다.

의암선생 묘소 비문

　어허! 일생을 풍운속에 던진 채 대의는 산같이 우뚝하고, 큰 뜻이 역사를 움직여 이름을 백세에 드리운 이가 여기 고요히 누워 계시니, 이는 민족의 스승이요 천도교 3세교조인 의암 손병희 선생이시다.

　일찍 단기 4194년 4월 초파일 청주에서 나시니 본관은 밀양, 부친은 의조요 모친은 최씨며 어려서부터 남달리 뛰어났었다.

　22세에 동학에 들어 제2세교조 해월 최시형 선생의 교도를 받고 즈윽이 창생을 건지려는 큰 포부를 기르더니 갑오년 34세에 미쳐 부패한 정치를 바로 잡으려고 혁명의 기발을 들었으나 불행히 실패에 돌아가고 다시 2세교조의 순교에 따라

법통을 받은 채,

　본연히 뜻한 바 있어 일본으로 건너 가 동양 대세를 살피면서 청년자제들을 불러다 유학케 함으로 뒷날을 대비하던 중, 노일전쟁이 일어남을 계기하여 국민정신을 일깨우려고 진보회를 결성했으나 어두워가는 국운을 따라 동지 중에 배신하는 자 없지 않아 곧 정치와 교단을 분리하여 동학의 이름을 천도교로 고쳐 선포하는 한편,

　본국으로 돌아와 혹은 보성·동덕 여러 학교를 세워 인재들 양성하고 또 혹은 우이동에 수도원을 열어 투사 연성에 힘을 기울였다.

　그러나 50세로서 국치의 날을 만나자 솟아오르는 통분의 정을 속 깊이 간직한 채 매양 동지들에게 독립정신을 고취하면서 때를 기다리더니 와신상담 10년 째 되는 4252년 미국 대통령 윌슨의 세계평화를 위한 민족 자결 제창에 호응하여 무저항 비폭력 그러나 불굴 불퇴전의 원칙을 세우고 각계 대표 33인을 결속하여 드디어 그들의 선구 아래 3월 1일로서 독립을 선언하는 국민 전체의 피 묻은 만세운동이 일어나 역사 민족의 면목을 세계에 떨쳤던 바

　선생은 그로 인하여 일본치하의 법정에서 3년형의 판결을 받고 복역하다가 병으로 보석되어 마침내 4255년 5월 19일 62세로서 환원하신 뒤, 무릇 23년이 지나 조국이 광복되고 또 다시 13년이 지나 오늘 여기 선생의 무덤 앞에 한덩이 돌을 세우고 그의 일생 행적을 새김에 미쳐 삼가 노래를 바치노

니 대의의 횃불을 높이 드심이여 겨레의 갈 길을 비춰시도다.
큰 뜻을 천추에 드리우심이여 조국의 역사와 함께 가도다.

단기 4292년 개천절

후학 이은상은 글을 짓고, 김중현은 글씨를 쓰고, 손재형은
제자하고, 의암선생기념사업회의 주관 아래 김상근의 성금으
로 삼가 이 비를 세우다.

기념사업회는 3·1혁명의 성지인 탑골공원에 손병희 선생 동
상을 세우기로 결정하고 서거 44주년인 1966년 5월 19일 동상
제막식을 거행하였다. 동상은 문정화가 조각하고 동상건립문은
이은상이 짓고, 김충현은 글씨를 쓰고 손재형이 제작하였다. 비
용은 국민의 성금이었다.

동상건립문

여기는 민족의 얼이 깃든 곳이다. 민족의 피가 끓는 곳이다.
민족의 횃불이 들린 곳, 민족의 함성이 울린 곳이다.
자유와 정의의 샘터요, 미덥고 든든한 민족혼의 고향이다.
의암 손병희 선생의 일생을 통하여 가장 빛나는 행적은 3·1
운동을 선구했던 일이요. 또 그날 만세를 처음 외쳤던 곳이
여기라,
이 터에 그의 동상을 세워 우리들의 자손만대에 그 뜻과 사
실을 전하려 한다.[5]

이곳에 세워진 동상은 본상 높이 11척이다.

3·1혁명 당시의 모습으로 독립선언문을 왼손에 들고 바른손은 가슴에 얹어 '인내천人乃天'을 상징하는 입상을 청동으로 만들었다.

또한 기념사업회는 의암 선생 탄생 100주년인 1961년 4월 청주 고향마을에 유허비를 세우기로 하고, 국민성금을 모아 이듬해 5월 19일 조지훈의 글과 배길기의 글씨로 〈의암선생 유허비〉를 세웠다. 정부는 1962년 대한민국건국훈장 대한민국장을 추서했다.

의암선생 유허비문

백성을 도탄속에서 건지고 민족의 정기를 존망의 위기에서 붙드는 것은 그 나라 그 백성된 이의 저마다 이를 수 없는 소망이라 할지라도 몸을 온전히 구국의 대의 앞의 앞장서서 마침으로써 겨레의 잠자는 혼을 일깨워 이끌기란 비상한 사람이 아니고는 능히 할 수 없는 일이다. 근조선의 국운이 기울기 시작한 비상한 때에 몸을 민중운동의 지도자로 역사상에 큰 자취를 남긴 비상한 인물이 있으니 이는 의암 손병희 선생이시다. 선생은 4194년 초8일 청원군 북이면 대주리에서 나셨다. 천품이 영매호방하여 어려서부터 중망을 지녔으나 부패한 사회에 쓰일 곳이 없는 몸이라 강개한 세월을 한갓 낭인생활로 울화를 풀따름이더니 4215년 10월 5일에 선생은 분연이 뜻을 세우고 동학에 입도하셨다.

의암 손병희선생 유허비

　이는 근세조선의 대사상가요 동학의 창도자인 최수운 선생의 보국안민 포덕천하의 교지에 깊이 공명하셨기 때문이다. 때에 선생의 나이 스물두살이었다. 선생은 동학도에 드신 그 날부터 방종하던 생활을 청산하고 문닫고 들어앉아 매일 동학의 주문을 3만 독하고 짚신 두 켤레 삼는 것을 일과로 하여 정진하며 한 달에 여섯 번 청주 장에 걸어가 짚신을 팔아 생계를 이으시기를 3년을 마치고 나서 때마침 친히 선생을 찾아오신 동학 제2세교조 최해월 신사에게서 동학의 도통을 받으셨다.

　선생은 4227년 갑오동학의거에 최해월의 친명을 받아 보은 장내에서 진을 갖추고 남하하여 전봉준과 합세하였으니 북접통령으로 동학군을 지휘하여 탐관오리를 베어 제폭구민의 기치를 세우고 척양척왜를 표방하여 민족자주의 대의를 밝히셨다.

선생은 4230년 서른 일곱 살 되던 해에 동학의 제3세 대도주가 되시고 이듬해에 최해월 신사가 순교하자 그 교통을 이으셨으나 휘몰아치는 동아의 풍운 앞에 날로 기울어가는 조국의 운명을 좌시할 수 없어 큰 뜻을 품으시고 이름을 이상헌이라 변칭하여 망명의 길에 오르니 때는 4234년이었다.

중국 상해에 들러 국제정세를 살피시고 몸을 도리켜 일본 동경에 머무를 때 러일전쟁이 터지자 선생은 국내의 교중두목과 일본에 망명중인 여러 인사와 손을 잡고 진보회를 조직하여 일대 민중운동을 일으켜 독립정신을 고무하셨다.

때에 일부 반동분자가 발기한 일진회가 일본의 앞잡이로 을사조약을 찬성하는 흉서를 발표하자 선생은 크게 분개하여 권동진 오세창 양한묵 제공과 같이 급히 귀국하여 동학당으로 매국노가 된 일진회의 주동분자 이용구 송병준 등 70여 명을 출교시키고 동학을 고쳐 천도교라 개칭하여 정통 제3세도주라 일컬으니 선생의 수하에 모이는 자 백만을 헤아리고 교도의 중망을 한 몸에 받으셨다.

4241년에는 대도주의 자리를 박인호에게 전수하시고 경향 각지에 학교를 경영하여 육영사업으로 항일투쟁의 힘을 길러 조직과 훈련을 굳게함으로써 시기가 무르익기를 기다리시더니 때마침 1차대전 이후 민족자결주의 조류가 일세를 휩쓸자 국내외의 여러 지사와 더불어 전민족적인 독립운동을 전개할 것을 결의하고 그 지도자로 추대되시었다. 4252년 2월 27일에 선생을 필두로한 33인의 이름으로 독립선언서를 작성하여 동년 3월 1일 정오 탑골공원에서 이를 선포하니 우리 조선이 독립국임과 조선인의 자주민임을 세계만방에 알리는 독립만세 소리가 전국의 방방곡곡에서 요원의 불길처럼 일어나 천지를 흔들고 이로써 우리의 임시정부가 상해에 서게되었다.

선생을 비롯한 33인의 민족대표는 왜경에게 붙들리어 서대문감옥에서 가진 고초를 당하던 중 선생은 모진 병환을 얻어 보석되니 서울 상춘원에서 요양하시다가 4255년 5월 19일 드디어 환원하셨다. 향년이 예순 둘이요 서울 북한산밑 우이동에 묻히셨다.

아아! 선생의 민족을 위한 일대의 서원은 중도에 꺾이고 말았으나 갑오혁명에 선봉이 되고 갑진개화에 횃불을 들었으며 기미독립의 진두에서 이 민족을 이끄신 그 맥맥한 정기는 날이 갈수록 빛을 더하고 있다.

이 터전은 선생이 태어나신 옛터요 조국을 위한 불타는 정성을 가꾸시던 고장이다. 풍우당년의 크나큰 감개는 아직도 백성의 마음에 생생히 살아 있거니와 선생이 드리우신 그 높은 정신을 길이 천추에 전하고자 이 비를 세운다.

단기 4294년 4월 8일 선생 탄생 백주년 기념일에 즈음하여 조지훈의 글과 배길기의 글씨를 받고 널리 성금을 모아 그 이 듬해 4295년 5월 19일에 세우다.

고인의 유시 3편

손병희는 여러 편의 한시를 남겼다. 여기서는 세 편을 골랐다. 한글 번역본을 싣는다.

우금偶吟

마음은 태산같고 뜻은 빈 듯
밤중에 머뭇거리니 달은 창에 밝아라.
맑은 밤에 거닐고 거니나 사념은 둘이 아니거니
흰 날을 당하고 당하니 법은 둘이 없어라.

법 걸음으로 오르며 나아가니, 빈 것을 형용하기 어려우나
다만 이에 오만년 종을 울리는 것이니라.
신령이 같고 같으니 마음이 한 주머니요,
성인의 도가 나아가고 나아가니 산이 천봉이러라.

큰 한울로부터 내가 사바에 내리니
떨어지는 곳에 점점이 보배로운 거울을 이루었다.

338

흰 달이 빈 데 오르니 위 아래가 비고
마음의 거울이 비추움을 머금으니 조각조각 달이어라.

빈 골에 봄을 전한 지 이제 몇 해런가.
꽃이 봄 하늘에 피었으나 가지도 나지 않았어라.
모양은 빈 데 의지한 듯 낱낱이 한울이니
향기는 바람을 좇아 온 것이 아니나 곳곳에 신선일레라.

많은 바람에 손이 비이니 문득 어두움을 깨닫고
자비로운 눈이 살았으니 한울이 한 마을이라.
달이 푸른 바다에 드니 도무지 자취가 없고
구름이 푸른 한울에 흩어지니 오는 것이 흔적 있으라.

깨달은 마음이 빈 데 통하니 머리도 꼬리도 없고
펴는 법이 가가 없으니 거두는 것이 꽃이 아니어라.
누가 이 아이를 시키어 듣고 또 알게 하나
만지 만능이 내 스스로 말미암음인저.

달이 푸른 강 속에 비치니
뒤집어진 한울에 틈이 밝고
고기가 흰 달빛을 삼키니
배 가운데 한울 땅이 밝아라.[6]

내원암 시 內院庵 詩

마음을 지킨 지 삼십 년 이래에,
길이 다른 한울과 또 빈 것 있음을 보았노라.
가벼운 바람이 문득 티끌 머리에 일어나니
의심 없이 좌우의 한울을 보리로다.

비고 빈 것이 본래 빈 것이 아니라.
마음이 비고 고요한 지경이니,
만일 마음으로 얻지 아니하면,
한 티끌이라도 가히 형용치 못하리라.

마음 위의 윗 한울이 없고
성품 한울도 또한 흔적이 없나니라.
만일 천도를 외이려는 이는
마음 지키기를 성품과 세상으로 하라.⁷

백 오일 기도

기도 백 오일에
흰 눈이 큰 들에 깊으니,
찬 바람이 불어 사람 하나 없는데
홀로 즐기며 만년을 찾노라.
한울이 있으니 한울의 한울이 있고
내가 있으니 나의 한울이 있도다.
한울이 없으면 한울의 한울도 없고
내가 없으면 나의 한울도 없나니라.[8]

손병희 선생 생가기념관 석상 앞에 선 저자

민족사에 남긴 업적과 유향

의암 손병희는 우리 민족사에 큰 족적을 남겨 후대에까지 그 영향이 미치고 있다. 혁명가이자 경세가였던 그에 대한 후세의 평가로 이 책을 마무리하려고 한다.

새인간·새사회·새문화 창조철학

손병희 선생의 이 같은 업적을 더욱 빛내주는 운동은 교육 문화운동이었다.

선생의 항일독립운동은 동시에 두 가지 이념이 들어 있었다. 하나는 민족운동이요 다른 하나는 근대화운동이었다.

전자를 동학운동이라 하면 후자는 서학운동이었다. 민족문화인 동학을 보존 발전시키면서 동시에 서구문화를 수용하여 새로운 인간 새로운 사회 그리고 새로운 문화를 창조하는 것이 선생의 철학이요 목적이었다. 이 목적을 선생 자신의 교육운동과 선생 제자들의 신문화운동을 통해 이루고자 하였다.

선생의 소망은 아직도 미해결인 채 과제로 남아있다. 선생의 진정한 뜻이 무엇인가를 다시 생각하고 그것을 내일의 목표로 삼는 일이 우리에게 주어진 과제라 생각한다.[1]

대한민국 법통성의 본체

의암 손병희 성사는 대한민국임시정부를 태동시켜 민주공화 정치를 꽃피고 결실하게 하였으므로 그에게 우리나라의 법통성이 영원히 존재해 있다고 평가된다. 의암은 곧 오늘날 대한민국의 법통성의 본체인 것이다. 논어에 보면 "지혜로운 사람은 헷갈리지 않고 어진 사람은 걱정하지 않으며 용기 있는 사람은 두려워하지 않는다."라고 하였다. 의암이 바로 그런 인물인 것이다.[2]

통찰력·포용력·과단성의 영도자

그의 정치적 행적에 관하여는 동학혁명에 적극가담론, 갑진 혁신운동의 독자적 발안, 3·1운동의 영도적 지위를 간취할 수 있다. 다만 갑오의 폭력주의에서 갑진의 개혁주의로, 기미의 비폭력 비타협주의로의 노선전환은 천도교의 전환과정에서 나타난 현실파악의 각도가 보다 실질적이며 구체적인데 말미암은 것이다. 그것은 곧 전민족의 지향하는 바와 천도교 이념 구현과의 일치를 의미하는 것이기도 하다.

교육사업·사회사업 면에서의 업적은 그가 베푼 구체적인 각 육영사업, 출판사업의 성과에서 평가할 수 있다. 각급 학교에의 보조금 지급과 직접 운영, 유학생의 알선, 감옥소 수인에의 교화사업, 폐쇄적 여성지위의 향상을 위한 여권신장 계몽운동 등을 열거할 수 있다.

이밖에 특기할 것은 갑진혁신운동의 일환으로 전개한 신생활운동이다. 일시에 16만 명을 삭발케 한 1904년의 단발령과 검은 두루마기 착용여행책, 옷고름 대신 단추달기 운동, 반상서얼을 가리지 않고 서로 상종하기, 풍락서예를 통한 수심과 이의 보급 등 당시로는 용단이 필요한 신생활운동을 교도 사이에서부터 여행토록 한 것이다.

현실을 통찰하는 형안과 관대한 포용력, 과단성은 천도교 영도자로서의 충분한 자품을 갖게 하여 천도교의 현실적 노선을 설정하는 데 그릇됨이 없게 하였으며 동시에 민족종교로서의 천도교의 의의를 그 안에 발견케 하였다.[3]

3·1운동 10년 준비한 용의주도함

(손병희) 3·1운동의 10년 준비를 알아차리지 못한 왜경은 그 분풀이로 천도교의 재산을 빼앗아 가는 강도로 표변하는 듯 하였다. 그리하여 이 때부터 왜경들은 이 압수한 자금들을 써가며 이른바 고등경찰을 양성하는 데 주력하여 제2의 3·1운동을 미연에 방지하려고 광분하게 되니, 일본 고등경찰의 치밀하고 악랄한 수법은 그 유례가 없는 잔혹한 것이었다.

그러나 손병희는 이 운동의 기본태세가 정비되었을 때부터는 유흥과 향락을 가장하여 쌍두마차를 타고 서울장안을 질주했고 한강 선유船遊와 요정 연회로 소일하니 사회의 비난이 따르고 왜경의 주목도 완화되었다. 그러나 이러한 데서 우리는 그의 용의주도한 면모를 엿볼 수 있는 것이다.[4]

이승만 분열의 리더십, 의암 통합의 리더십

이승만과 손병희의 리더십의 차이는 한마디로 분열의 리더십과 통합의 리더십의 차이라고 해도 과언이 아니다. 이승만은 가는 곳마다 조직을 분열시켰다. 이승만은 어떤 조직이든 자신이 중심이 되지 않으면 그 조직 자체를 분열시키거나 파괴했다. 반면 손병희는 심지어 다른 종교인들까지도 독립운동의 성전聖戰에 동참하게 했다.

지금 천도교와 개신교가 어떤 행사를 공동으로 개최한다는 것을 생각하기조차 어렵다. 그만큼 해방 후 민족의 정신세계가 타락한 것이다. 그러나 그 당시라고 손병희 선생이 없었다면 천도교와 개신교가 합동으로 독립을 '선언'할 수 있었을까? 당초 개신교계에서 계획했던 것은 독립 '청원'이었다.

선언과 청원은 큰 차이가 있다. 청원은 상대방에게 요구하는 객체의 수단이라면, 선언은 스스로 우뚝 서는 주체의 포효인 것이다.[5]

일본 속의 의암 손병희를 찾아서

임형진

(천도교종학대학원 원장)

2016년 10월 6일부터 9일까지 3박 4일의 일정으로 의암 손병희 선생의 일본 체류지를 찾아 다녀왔다. 일본 속에 있는 의암을 찾는 이유는 100년도 훨씬 전의 이야기이지만 그의 흔적 속에서 당시 그가 꿈꿔왔던 이상을 조금이라도 추적하고 그것이 오늘 우리에게 주는 의미는 무엇일까를 생각해 보고자함에 있었다. 물론 그 흔적이 제대로 남아 있을 리는 만무했다. 그러나 오늘 우리가 의암의 정신을 잇고자 한다면 적어도 그 당시의 의암의 심정과 마음으로 들어가 봐야 했다. 그러기 위해서 일본에 남아 있는, 아니 남아 있을 의암의 흔적을 찾아 나섰다.

의암 손병희 선생은 1901년 3월부터 1906년 1월 귀국 시까지 5년 가까운 시간을 일본에 있었다. 의암의 일본 체류 목적은 국제 정세를 조망하고 나아가 신생 대한제국의 앞날을 구상하기 위한 것이었다. 물론 현실적으로 동학혁명의 좌절과 그에 따른 수배령을 피하고자 하는 고육책도 있었다. 국외적 상황은 더욱 악화일로였다. 대한제국을 선포했지만 여전히 일본과 러시아 등 외세에 의해 모든 국가적 이권이 강탈당하는 등 도저히 정성적인 나라라고 보기 어려운 지경이었다. 이런 시국에 다른 지도자와 달리 국제정세의 중요성을 간파한 의암은 눈을 해외로 돌리었다. 국제정세의 파악을 통해서 대한제국은 물론 동학의 나아갈 바를 모색하고자 한 것이다. 1901년 3월 드디어 의암은 국내를 벗어났다. 최종 행선지는 미국이었지만 당시 국내에서는 미국으로 직접 가는 배가 없기에 우선 일본으로 출발했다.

오사카에서 찾은 의암

의암의 일본 흔적을 찾아 나선 일행은 김삼웅 선생님과 손윤 의암손병희기념사업회 이사장님 그리고 필자까지 3명이었다. 일행은 의암의 일본 입항과 체류 코스를 중심으로 일정을 잡았다. 10월 6일 오사카의 간사이공항에 내린 우리는 가장 먼저 오사카大阪 항을 찾았다.

의암이 오사카 항구에 도착한 정확한 일자는 확인되지 않는다. 그의 일본행 루트는 부산에서 출발해 나가사키에서 하루를 묵고 다음날 시모노세키를 경유해 오사카에 도착했다. 동행자는 측근인 이용구과 동생 손병흠이었다. 의암이 2일 걸려서 간 현장을 우리는 단지 몇 시간 만에 도달했다. 격세지감이다.

그런데 의암이 도착한 오사카 항구는 없어진 상태였다. 그저 과거 부두였음을 알리는 부서진 항구의 잔재만이 일부 남아 있을 뿐이고 현재는 공원이 되어 있었다. 오늘의 오사카 항구는 옛 항구의 건너편 쪽에 넓게 자리하고 있어 큰 배들이 수시로 왕래하고 있었다. 이곳 옛 항구는 오사카 주민들의 낚시터와 작은 미니 공연장 등이 조성되어 있지만 별로 사람의 발길이 없는 곳이다. 외진 곳에 위치해서인지 쓸쓸한 모습마저 들 정도로 한산했다. 다만 길게 늘어선 옛 어시장의 낡은 건물이 옛날에는 이곳이 꽤나 번성했던 항구였던 것을 가늠하게 한다. 말없이 항구에서 드넓은 태평양을 바라다보는 김삼웅 선생님의 표정에서 의암의 고뇌를 읽었다고 하면 지나칠까? 개화기 시대의 국내 지식인들이 수없이 넘나들었을 오사카 항구에서.

옛 오사카 항구. 현재는 터만 남아 있다.

미국으로 향하려 했던 의암에게 당장의 문제는 여비였다. 대한제국을 탈출하다시피 나온 의암의 수중에는 돈이 얼마 없었기에 미국행 배편을 구하기는 쉽지 않았다. 그래서 의암은 동행했던 손병흠과 이용구를 국내로 돌려보내서 경비를 마련해 오게 했지만 이 마저도 여의치 않았다. 결국 의암은 오사카에 눌러 앉을 수밖에 없었다. 지금의 김 선생님처럼 드넓은 태평양을 한없이 바라다보면서 말이다.

오사카 항에 도착한 의암이 처음으로 묶은 오사카시 북구 상복도 2정목大阪市 北區 上福島 2丁目은 아마도 여관이었을 것이다. 그러나 차츰 일본 생활에 정착하면서는 정착할 수 있는 거주 처를 구해야 했다. 그래서 의암이 처음으로 마련한 오사카의 주택이 오사카시 북구 당도리정堂島裏町 3정목 11번지이었다. 이곳은 의암이 고베와 나라 그리고 교토 등을 오갈 때 마치 본부처럼 사용한 주택이었다. 의암이 이곳을 완전히 떠난 것은 1904년 6월 30일 도쿄로 이주하면서였기에 어쩌면 일본에서 가장 오래 묶은 장소이기도 하다. 더욱이 오사카의 이 주택은 의암이 떠난 뒤에도 일본으로 오는 모든 동학과 천도교인들의 거주지로 사용되었다. 후일 일본으로 오는 유학생의 체류지도 역시 이곳이었다. 즉 일본의 동학 전초기지였다.

오사카의 두 번째 답사지로 찾은 곳이 바로 그 현장이었다. 그러나 100년도 더 된 번지수를 가지고 찾는다는 것에는 많은 문제가 있었다. 일본이 아무리 옛것을 잘 보존하고 지켜 왔다고 하더라도 100년 전 번지수를 지금도 사용할 리는 만무했다. 사실 의암의 일본 체류지를 찾는 작업은 2년 전부터 시작되었다. 필자도 참여한 사업으로 주관은 천도교단이었다.

2년 전 맨땅에 헤딩하는 자세로 무작정 번지수를 들고 확인하고 다니다가 무리임을 깨달았다. 그래서 일본 국회도서관에 가서 고지도를 찾았다. 100여 년 전의 고지도는 귀했지만 그나마 가장 오래된 지도를 찾아서 복사하고 그것을 가지고 찾아 나섰다. 그 결과 상당 부분 의암의 일본 내 체류지를 확인할 수 있었다. 이곳 오사카 의암의 주택도 그런 과정을 거쳐서 찾아 낸 현장이었다.

다만 당시의 주택가가 지금은 오사카의 중심지가 되었고 통신회사인 NTT 고베지부의 대형 건물이 들어서 있었다. 번지수는 건물의 한가운데였다. 다행인 것은 대형건물의 중간층이 약간의 공터로 남아 있다는 점이었다. 2년 전 이곳을 함께 답사했던 일본 모모야마학원대桃山學院大의 아오노靑野正明 교수는 그나마 이곳이 지켜질 수 있었던 것은 NTT가 과거에는 공사였기에 민간업자들처럼 빽빽이 건물을 세우지 않았기 때문이라고 했다.

의암의 오사카 번지수는 건물 가운데 테니스장 주변이었다. 새로운 건물이 안 들어 선 것만으로도 얼마나 다행인지 모른다. 하여간 이 현장에서 의암의 오사카 정착생활은 시작되었다. 그리고 이후에도 수많은 조선인들이 일본 오사카로 들어오면 반드시 거쳐 갔던 장소가 되었다. 아무런 표지석도, 아무런 흔적도 남아 있지 않지만 왠지 어떻게 해서든 조선을 개화시키고 근대화를 이룩해야 한다는 당시 조선인들의 의지와 숨결이 들리는 듯했다.

이밖에도 오사카에는 의암의 흔적이 남아있는 곳이 여러 군데 더 있었다. 지금은 오사카의 중심이자 상징과도 같은 존재가 되어버린 오사카 역梅田驛은 의암이 가까운 고베시, 나라시 그리고 교토 등지를 다닐 때 이용했던 역전이었다. 뒷날 도쿄로 완전 이주할 때도 이 역을 이용하였다. 100여 년이 지난 지금의 오사카 역은 그야말로 상전벽해이다. 철도 노선만 7개에 이를 정도로 번화한 곳이 되었다. 일행은 오사카 역을 한 바퀴 둘러보았다.

이밖에도 대삼정류장大森停留場은 조희연 등 개화파 지식들과 자주 교류했던 정류장이었다고 하는데 정확한 위치를 찾지는 못했다. 다만 오사카에 오면 반드시 들려야 하는 항일유적지가 바로 텐노지 공원이다. 1919년 3월 19일 국내에서 전개된 3·1운동의 소식을 들은 이곳 오사카 지역의 재일유학생들이 모여 만세 시위를 계획하였다가 23명이 체포된 현장이기 때문이다. 당시 주동자는 뒷날 유명 소설가가 된 횡보 염상섭이었다. 일행은 오사카를 떠나기 전에 텐노지 공원에 들러 100년 전 항일의지를 불태웠던 선조들에 감사의 묵념을 드렸다.

고베시와 교토에서

오사카에서 약 2시간 거리인 고베神戸시는 당시 중국으로 가는 배들이 정착한 항구였다. 현재도 고베 항은 대형 배들의 입항은 물론 거대한 조형물들로 가득 차 고베시의 명물이 되어 있다. 의암이 고베시에 온 것은 중국 상하이에서 돌아 온 1902년 8월 29일이었다. 의암은 오사카에 정착한 뒤 그해 5월경에 상해에 가서 손문과 교류하였고 이듬해 8월에 다시 일본으로 올 때 바로 이곳 고베 항으로 들어 온 것이다. 기록에는 1902년 8월 29일 손병희, 손병흠, 민기호 등 3명 여관 후등승장後藤勝藏에 투숙했다고 한다. 후등승장 여관의 주소는 해안통海岸通 3정목三町目이었다.

항구 가까이에 있는 후등승장 여관은 현재 미쓰비시의 게스트 하우스로 쓰이는 것 같았다. 영어로 'Parkhouse'로 표시되어 있는 현장은 그나마 번지수가 제대로 맞는 곳이었다. 주변은 아담한 공원과 갖가지 조형물들로 꾸며져 있어 일본 재벌기업의 숙소다웠다. 마침 그 번지수의 앞에는 박영효가 1882년 8

후등승장 여관 터. 의암이 머물던 여관이다. 지금은 미쓰비시사의 숙소로 변해 있다.

월 9일 메이지마루明治丸호를 타고 일본으로 가는 동안에 태극기를 그려서 그것을 게양한 현장인 니시무라西村 여관의 장소였다.

니시무라 여관은 현재도 '서촌사진연구소'라는 간판이 걸려 있다. 김삼웅 선생님은 안의 사람과 만나서 대화를 하고 싶어 하셨다. 그러나 사람이 없는지 아무리 신호를 보내도 인기척이 없었다. 할 수 없이 일행은 그 앞에서 사진 하나 찍는 것으로 만족해야 했다. 우리나라 태극기가 세계 최초로 게양된 현장임에도 아무런 표식도 되어 있지 않는 니시무라 여관은 보는 이의 마음을 아프게 한다. 일본 내에 있는 우리의 대표적 장소인 것 같은데 말이다. 무거운 마음을 안고 교토로 향했다.

일본인들의 마음의 고향인 교토京都는 일본 최고의 수도였다. 현재의 도쿄東京로 수도가 이전되기 전까지 일본은 대대로 교토가 수도였다. 그래서 이곳 주민들의 자부심도 대단하다고 할 수 있다. 이곳 교토에도 의암의 흔적은 곳곳에 남아 있었다.

교토대학의 후문 쪽에는 근위중학교가 있다. 입구에는 작은 돌비석이 하나 있는데 그 비석에는 "京都府立京都第一中學校"라고 적혀 있어서 이곳이 과거 교토제일중학교임을 확인시키고 있다. 이곳은 의암이 잠시 국내에 체류하는 동안 동학교도들의 자제 24명을 선발해 1902년 3월에 유학을 보냈는데 그 학생들이 일본어 강습을 받았던 학교였다. 두 번째 유학생 선발은 1904년 3월에 이루어졌는데 그때는 40명으로 동학교도들의 자제뿐 아니라 전국에서 선발한 인재들로 구성되어 있었다. 의암의 동량지재 선발 기준에는 동학도들에 국한한 것이 아니었다. 그의 도량이 얼마나 컸는지를 가늠케 하는 사례이다.

당시 이곳을 거쳐 간 최동희, 정광조, 이인숙, 방정환 그리고 이광수 등은 이후 일본 내의 명문대학에 입학해서 천도교의 중요한 일꾼으로 자리 잡았을 뿐 아니라 일제하 조선의 개화 혁신에 혁혁한 공을 세우게 되는 이야기는 너무나 유명하다. 현재는 근위중학교로 바뀐 이곳의 교정에는 지금도 조국 근대화를 위한 기치를 높이 들고 외쳤던 당시 유학생들의 함성이 들리는 듯했다.

당시 교토는 일본 내 최대의 도시였고 교육 시설도 가장 잘 갖추어진 곳이었다. 특히 일왕의 궁궐이 도쿄로 이주한 뒤에 시민들은 교육시설에 집중 투자하였다고 한다. 이런 곳으로 국내 학생들을 유학시킨 의암의 뜻은 잘 교육된 이들에게 장차 조국의 미래가 달려 있다는 지도자의 본능이 아니었을까. 왜 그런 생각에 이르는가 하면 1903년 6월에는 의암은 이곳으로 이사를 했다. 그것도 이 학교의 근처인 성호원聖護院으로 말이다.

성호원은 일본 근대의 문을 연 명치明治왕이 잠시 동안 궁궐을 나와서 어린 시절을 보낸 곳으로 일본 내에서는 성지중의 하나이다. 또 이곳은 일찍부터 일본 신도, 불교, 도교 등 일본 종교의 밀집지이기도 하다. 이곳에서 의암은 이웃인 오카자키岡崎에도 거주하다가 1904년 6월에 도쿄로 이주하게 된다. 그러나 애석하게도 성호원이나 오카자키의 번지수가 없어서 의암이 어디에서 머물렀는지는 알 수가 없다. 다만 확실한 것은 이곳에

체류하는 동안 의암은 유학생들을 격려하고 고무시켰을 것이라
는 점이다.

일본의 중심 도쿄 그리고 의암

이른 아침 교토 역을 통해서 신간선을 탔다. 최고시속 600㎞
이상을 주파한다는 일본의 고속철도인 신간선은 이른 시간임에
도 사람들로 붐볐다. 도쿄로 향하는 기차가 5분~10분 간격으로
자주 있음에도 불구하고 많은 사람들이 타고 내린다. 분주한 일
본의 일상을 느끼며 도쿄로 향했다. 2시간여 만에 도쿄에 도착
했다. 가장 먼저 의암의 도쿄 체류지를 찾았다.

1904년 2월 도쿄에 처음으로 온 의암은 일본을 떠나게 되는
1906년 1월까지 도쿄에서 지냈다. 도쿄에서의 의암의 주소지는
여러 곳이었다. 동경 지구芝區 겸방정兼房町 14번지(1904년 3월
3일 김승운과 함께 여관 서촌옥西村屋 투숙, 3월 15일 교토로 돌아감),
동경 지구 금평정琴平町 13번지(1904년 6월 30일 도쿄로 이주하여
신농옥信濃屋 투숙) 그리고 마포구 아선방정麻布區 我善坊町 24번
지는 1904년 7월 16일 권동진의 주선으로 마련된 주택으로 의
암이 오랫동안 체류한 곳이었다. 이 집에서 의암은 갑진개화혁
신운동과 러일전쟁이 발발하자 동학교도 40여 명을 불러 국내
의 민회운동을 통하여 개화운동에 매진할 것을 지시했다. 무엇
보다도 의암은 이곳에서 동학을 천도교로 대고천하 하는 천명
을 발표했다. 동학을 천도교로 개명한 것은 동학시대를 마감하
고 본격적으로 근대적 종교인 천도교 시대를 열었다는 의미를

가지고 있었다.

애석하게도 현재까지 찾을 수 있는 의암의 도쿄 체류지는 아선방정 24번지뿐이었다. 그것도 24번지의 일대가 넓다 보니 어느 곳이 의암이 머물렀던 주택이었는지 구분이 되질 않는다. 그 번지수에는 현재 커다란 맨션아파트와 단독주택이 밀집해 있었다. 다행인 것은 현재 주소가 아직도 아선방정이라는 점이다. 주택가 골목길에 위치한 의암의 체류지. 이곳에서 의암은 대한제국의 개화혁신은 물론 자주적 독립국가의 이상을 꿈꾸었다.

10월의 가을비가 내리는 도쿄의 거리는 서울 거리 이상으로 분주했다. 그러나 아무런 표식도 되어 있지 않은 구한말 구국의 지도자이자 경세가인 의암 손병희의 체류지가 일행의 마음을 스산하게 했다. 비는 멈추었지만 도쿄의 날씨는 여전히 쓸쓸했다. 의암에 의해서 유학 온 학생들이 주로 입학한 와세다대학과 근처의 유학생 비밀 모임장소였던 학권정鶴卷町과 당시 학생들의 리더였던 최동희의 하숙집, 야스쿠니신사 근처의 유학생 기숙사인 소석천小石川, 천도교청년회 동경지회 창립지인 묘카타니역茗荷谷驛 그리고 의암이 수시로 산책하면서 주요 인사들과 교류하였던 우에노上野 공원 등지를 찾았다. 우에노 공원에는 일본 개화파의 선봉이자 정한론의 주장자였던 사이고 다카모리西鄕隆盛의 동상이 있다. 일본의 개화를 성공시킨 사이고 다카모리와 조선의 개화를 위한 진력을 다했던 의암의 노력이 교차되는 우에노 공원에 어둠이 내린다.

도쿄의 마지막 일정은 2·8독립선언의 현장인 동경 YMCA와

히비야 공원, 김지섭 의사와 이봉창 의사의 의거지 그리고 일본 국립해양대학 내에 전시되어 있는 메이지마루明治丸호였다. 모두 우리 역사와 매우 밀접한 관계가 있는 현장이다. 그러나 동경 YMCA를 제외하고는 어느 것 하나 제대로 알려주는 안내판을 고사하고 그 흔한 설명 책자 하나 없었다. 하물며 100년도 훨씬 전에 이곳에서 조국의 개화와 근대화를 통한 자주독립국가를 염원하며 그를 준비했던 의암 손병희에 대한 흔적을 찾기는 불가능했다. 그래도 한국으로 돌아오는 마음은 결코 무겁거나 어둡지 않았다. 철저하게 신분을 숨기고 도쿄의 거리를 최고급 승용차로 질주하며 결코 꺾이지 않는 조선인의 기개를 보여준 의암. 우린 자랑스러운 그의 후손들이기 때문이다.

주

1장 격변기에 서자로 출생

1 한국독립운동사연구소 기획, 성주현 지음, 『손병희』, 16쪽, 역사공간, 2012.

2 『고종실록』 임진년(1892) 윤 6월 초 5일자.

3 이이화, 『허균의 생각』, 24쪽, 여강출판사, 1991.

4 의암손병희선생기념사업회 간, 『의암손병희선생전기』, 1967. 성주현, 앞의 책. 인용 발췌.

2장 암담한 시대, 동학에 입도하다

1 이이화, 『발굴 동학농민전쟁 인물 열전』, 204쪽, 한겨레신문사, 1994.

2 김구 지음, 도진순 주해, 『백범일지』, 42쪽, 돌베개, 1997.

3 임형진, 「동학혁명과 수운의 민족주의」, 『동학연구』 제9·10집, 10쪽, 한국동학학회, 2001.

4 한국독립운동사연구소 기획, 성주현 지음, 『손병희』, 48쪽, 역사공간, 2012.

5 신일철, 「동학」, 『한국민족문화대백과사전(7)』, 346쪽, 한국정신문화연구원, 1994.

6 의암손병희선생기념사업회 간, 『의암손병희선생전기』, 78쪽, 1967.

7 위와 같음.

8 위의 책, 83~84쪽.

9 김구 지음, 도진순 주해, 앞의 책, 45~46쪽.

10 『의암손병희선생전기』와 성주현, 앞의 책. 종합.

11 성주현, 앞의 책. 종합.

3장 동학의 조직과 교조신원운동

1 길천문태랑(吉川文太郞), 『조선제종교(朝鮮諸宗敎)』, 322쪽, 조선흥문회, 1922.

2 위와 같음.

3 동학민족통일회 엮음, 「머리말」(임형진), 『민족통일운동의 역사와 사상』, 2005.

4 『고종실록』, 1863년 12월 20일자.

5 신복룡, 『개정판 동학사상과 갑오농민혁명』, 124쪽, 선인, 2006.

6 표영삼, 「접포조직과 남북접」, 『동학연구』 제4집, 103쪽, 한국동학학회, 1999.

7 표영삼, 「접·포조직과 남·북접의 실상」, 『동아시아 문화연구』 25권, 148~149쪽, 한양대학교 동아시아문화연구소, 1994.

8 위의 책, 150쪽.

9 표영삼, 「접포조직과 남북접」, 106~107쪽.

10 김구 지음, 도진순 주해, 『백범일지』, 46~47쪽, 돌베개, 1997.

11 한국독립운동사연구소 기획, 성주현 지음, 『손병희』, 58~59쪽, 역사공간, 2012.

12 김용덕, 「동학군의 조직에 대하여」, 『한국사상』 12, 240쪽, 1974.

13 김의환, 「이필제의 난」, 『민족문화대백과사전 (18)』, 328~329쪽.

14 표영삼, 『동학의 발자취』, 364쪽, 천도교종학대학원, 2003.

15 오지영, 『동학사』, 70~71쪽.

16 신복룡, 『동학사상과 갑오농민혁명』, 128쪽.

17 위의 책, 130~131쪽.

18 오지영, 『동학사』, 78~80쪽. 발췌.

19 『천도교회사 초고(草稿)』, 표영삼, 앞의 책, 409~410쪽. 재인용.

20 표영삼, 『동학의 발자취』, 410~411쪽. 재인용.

21 의암손병희선생기념사업회 간, 『의암손병희선생전기』, 90~91쪽, 1967.

4장 동학, 농민혁명으로 불타올라

1 김삼웅, 『녹두 전봉준 평전』, 158~162쪽, 종합, 시대의창, 2007.

2 위의 책, 260~261쪽. 재인용.

3 신복룡, 「전봉준의 생애에 관한 몇 가지 쟁점」, 『갑오동학농민혁명의 쟁점』, 228~229쪽, 집문당, 1994.

4 『도쿄 아사히(朝日)신문』, 1895년 3월 6일치.

5 위와 같음.

6 이이화, 『이이화 역사인물이야기』, 262~263쪽, 역사비평사, 1992.

7 김삼웅, 앞의 책, 180~181쪽.

8 오지영, 『동학사』, 238쪽.

9 표영삼, 「접포조직과 남북접」, 『동학연구』 제4집, 116쪽, 한국동학학회, 1999.

10 『주한일본공사관기록』 6, 24쪽, 국사편찬위원회 간행(국역).

11 우윤, 『전봉준과 갑오농민전쟁』, 238쪽, 창작과비평사, 1993.

12 『시천교역사』 하권. 여기서는 우윤의 위의 책, 239쪽, 재인용.

13 오지영, 앞의 책, 242~243쪽.

5장 동학농민혁명의 지도자

1 『천도교백년약사』 (上), 250쪽, 천도교중앙총본부, 1981.

2 오지영, 『동학사』, 243~245쪽. 『동학혁명백주년기념논총』 (상), 동학혁명100주년 기념사업회, 549쪽.

3 이돈화, 『천도교창건사』 제2편, 65쪽, 천도교중앙종리원, 1933.

4 위의 책, 66쪽.

5 김삼웅, 『녹두 전봉준 평전』, 190~191쪽, 시대의창, 2007.

6 오지영, 앞의 책, 165쪽.

7 이돈화, 위의 책, 66~67쪽.

8 한국독립운동사연구소 기획, 성주현 지음, 『손병희』, 104쪽, 역사공간, 2012.

9 오지영, 앞의 책, 222쪽.

10 위의 책, 224쪽.

6장 동학 3세 교조로 승통

1 김삼웅, 『녹두 전봉준 평전』, 485쪽, 시대의창, 2007. 재인용.

2 오지영, 『동학사』, 270~271쪽.

3 위의 책, 337~338쪽.

4 윤석산, 「해월 최시형의 서소문 옥중 생활과 처형과정」, 『동학학보』 제38권, 69~70 쪽, 동학학회, 2016.

5 윤석산, 위의 책, 81쪽.

6 의암손병희선생기념사업회 간, 『의암손병희선생전기』, 132~133쪽, 1967.

7 B. 윔스 지음, 홍정식 역, 『동학백년사』, 108~109쪽, 서문당, 1979.

8 한국독립운동사연구소 기획, 성주현 지음, 『손병희』, 109~110쪽, 역사공간, 2012.

9 『황성신문』, 1904년 4월 12일치.

7장 일본 망명기의 활동

1 의암손병희선생기념사업회 간, 『의암손병희선생전기』, 160쪽.

2 김정인, 「일제강점기 천도교단의 민족운동연구」, 22쪽, 서울대학교 박사학위논문, 2002.

3 위의 논문, 23쪽.

4 조항래, 「갑진혁신운동의 전말」, 『동학』 제1집, 147쪽, 동학선양회, 1990.

5 의암손병희선생기념사업회 간, 앞의 책, 181쪽.

6 위의 책, 165쪽.

7 위의 책, 184쪽.

8 위의 책, 191쪽.

9 조항래, 앞의 책, 148쪽.

10 이현종, 「갑진개화혁신운동의 전말」, 『동학사상논총』 제1집, 113쪽, 천도교중앙총부, 1982.

11 이현종, 위의 책, 114쪽.

12 『대한매일신보』, 1904년 9월 13일치.

13 한국독립운동사연구소 기획, 성주현 지음, 『손병희』, 149쪽, 역사공간, 2012. 재인용.

14 위와 같음.

15 백세명, 「갑진혁신운동과 동학」, 『한국사상총서』 3, 408쪽, 한국사상연구회, 1973.

16 성주현, 앞의 책, 120쪽. 재인용.

17 백세명, 앞의 책, 412쪽.

18 최린, 『여암문집(如菴文集)』 하권, 165쪽, 여암문집편찬위원회, 1971.

8장 망명지에서 「삼전론」 쓰다

1 손병희, 「삼전론」, 『근대한국명논설집』, 42~43쪽, 동아일보사, 1979.

9장 망명지의 고투, 천도교 창건

1 의암손병희선생기념사업회 간, 『의암손병희선생전기』, 167~169쪽. 발췌.
2 성주현, 「의암성사(손병희)의 해외망명과 활동」(미간행 원고).
3 위와 같음.
4 김정인, 「일제강점기 천도교단의 민족운동연구」, 25쪽, 서울대학교 박사학위논문, 2002.
5 이현종, 「갑진개화혁신운동의 전말」, 『동학사상논총』 제1집, 117쪽, 천도교중앙총부, 1982.
6 백세명, 「갑진혁신운동과 동학」, 『한국사상총서』 3, 한국사상연구회, 1973.
7 백세명, 위의 책, 414~415쪽.
8 한국독립운동사연구소 기획, 성주현 지음, 『손병희』, 168쪽, 역사공간, 2012.
9 이돈화, 『천도교창건사』, 제3편, 66~67쪽, 천도교중앙종리원, 1933.
10 위의 책, 89쪽.
11 김정인, 앞의 논문, 30쪽.
12 성주현, 「의암성사(손병희)의 해외망명과 활동」(미간행 원고), 169쪽.
13 『제국신문』, 1906년 1월 31일치.

10장 배신자의 처분과 천도교 기반 구축

1 천도교중앙총부, 『천도교 교령집』, 14~16쪽, 1983.
2 조규태, 「일제의 한국강점과 동학계열의 변화」, 『한국사연구』 114호, 198쪽, 한국사연구회, 2001.
3 의암손병희선생기념사업회 간, 『의암손병희선생전기』, 211쪽.
4 조지훈, 「지조론」, 『새벽』 1960년 3월호, 24쪽.
5 조항래, 「갑진혁신운동의 전말」, 『동학』 제1집, 155~156쪽, 동학선양회, 1990.

6 백세명, 「갑진혁신운동과 동학」, 『한국사상총서』 3, 416쪽, 한국사상연구회, 1973.

7 김정인, 「일제강점기 천도교단의 민족운동연구」, 40쪽, 서울대학교 박사학위논문, 2002.

8 『만세보』, 1906년 9월 24일치.

9 정진석, 『한국언론사』, 200~201쪽, 나남, 1995.

10 의암손병희선생기념사업회 간, 『의암손병희선생전기』, 230~231쪽.

11장 일제강점기 초기의 저항활동

1 량치차오(梁啓超), 『조선의 망국을 기록하다』, 17쪽, 글항아리, 2014.

2 김정인, 「일제강점기 천도교단의 민족운동연구」, 41쪽, 서울대학교 박사학위논문, 2002.

3 『의암 손병희선생 자서전』, 265~267쪽.

4 박은식, 『한국독립운동지혈사』, 126쪽, 서문당, 1975.

5 최린, 『여암문집(如菴文集)』 하권, 175~176쪽, 여암문집편찬위원회, 1971.

6 조규태, 『천도교의 민족운동 연구』, 52~54쪽, 종합, 선인, 2006.

7 김정인, 앞의 논문, 59쪽.

8 정혜정, 「의암 손병희의 심성론과 한울 이해: 불교적 심성론을 중심으로」, 『의암 손병희와 3·1운동』, 66~84쪽, 모시는사람들, 2008. 발췌.

9 임형진, 『동학의 정치사상』, 182쪽, 모시는사람들, 2002. 재인용.

10 위의 책, 185쪽.

11 위의 책. 186~187쪽, 재인용.

12 이돈화, 『천도교창건사』 제3편 의암성사, 66쪽, 천도교중앙종리원, 1933.

12장 일제 무단통치기의 민족운동

1 「묵암, 이종일 선생 비망록 (3)」, 이현희 역, 『한국사상』 18집, 349~367쪽, 발췌, 한국사상연구회, 1981.

13장 천도교단의 줄기찬 항일투쟁

1 의암손병희선생기념사업회 간, 『의암 손병희선생 전기』, 321쪽.

2 권대웅, 『1910년대 국내독립운동』, 219~220쪽, 독립기념관한국독립운동사연구소, 2008.

3 위의 책, 221쪽.

4 의암손병희선생기념사업회 간, 앞의 책, 322쪽.

5 위의 책, 322~324쪽. 발췌.

6 위의 책, 325쪽.

7 이돈화, 『천도교창건사』 제3편, 75쪽, 천도교중앙종리원, 1933.

8 김응조, 「손병희와 서대문형무소」, 서대문형무소역사관 개관 7주년기념 학술심포지엄 발표 논문, 2005년 11월 4일.

9 김삼웅, 『몽양 여운형 평전』, 105·107쪽, 채륜, 2015. 발췌.

10 의암손병희선생기념사업회 간, 『의암손병희선생전기』, 329쪽.

11 이병헌, 「서문」, 『3·1운동비사』, 시사시보사출판국, 1959.

12 위의 책, 42~44쪽.

13 주옥경, 「독립선언 반세기의 회고」, 『신인간』 1969년 3월호.

14 『천도교월보』 통권 제100호, 1918년 12월호.

15 주옥경, 앞의 책.

16 류시중 외 2인 역주, 안동독립운동기념관 자료총서 『(국역)고등 경찰요사』, 53~54쪽, 선인, 2010.(1934년 조선총독부 경북경찰부 자료)

14장 세계만방에 조선독립선언 발표

1 최린, 『여암문집(如菴文集)』 하권, 186쪽, 여암문집편찬위원회, 1971.

2 위의 책, 192쪽.

3 최남선, 「내가 쓴 독립선언서」, 『새벽』 1955년 3월호, 새벽사.

4 주옥경, 『독립선언 반세기의 회고』, 『신인간』, 1969년 3월호.

5 신용하, 「3·1운동은 누가 왜 어떻게 일으켰는가」, 『신동아』 1989년 3월호.

6 위와 같음.

7 최린, 앞의 책, 193~194쪽.

8   위의 책, 195~196쪽.

9   김삼웅, 『33인의 약속』, 26쪽, 산하, 1997.

10 위의 책, 21~22쪽.

15장 민족대표들 당당하게 재판 받아

1   『조선독립신문』은 보성사 사장 이종일의 지시에 따라 발행되었다. 당시 발행인은
    윤익선이며, 3월 1일 제1호가 발행되었다.

2   신석호, 「개설 3·1운동의 전개」, 『3·1운동 50주년기념논집』, 169쪽.

3   위의 책, 170쪽. 재인용.

4   『동아일보』, 1920년 7월 13일치.

5   이병헌, 『3·1운동비사』, 756~757쪽, 시사시보사출판국, 1959. 재인용

6   위의 책, 760~762쪽. 재인용.

7   김삼웅, 『33인의 약속』, 28~29쪽, 산하, 1997.

17장 임시정부 대통령 추대, 서대문감옥에서 옥고

1   국사편찬위원회 편, 『한국독립운동사』 자료 5(3·1운동 편, 1), 1~2쪽, 탐구당, 1975.

2   위와 같음.

3   이현희, 『대한민국 임시정부사』, 54~56쪽, 집문당, 1983.

4   윤병석, 『증보 3·1운동사』, 54~56쪽, 국학자료원, 2004.

5   김원용, 『재미한인 오십년사』, 451~452쪽, 1959.

6   위의 책, 98~99쪽.

7   위의 책, 100쪽.

8   고정휴, 「3·1운동과 천도교단의 임시정부 수립 구상」, 『의암 손병희와 3·1운동』,
    303~304쪽, 모시는사람들, 2008.

9   위의 책, 307쪽.

10 독립운동사편찬위원회, 『독립운동사』 4, 임시정부사, 148쪽, 1972.

11 이현희, 『3·1독립운동과 임시정부의 법통성』, 49쪽, 동방도서, 1987.

12 조선총독부, 『조선소요사건상황』(자료집) 6, 519쪽.

13 이윤상, 「평안도 지방의 3·1운동」, 『3·1민족해방운동연구』, 280쪽, 청년사, 1989.

14 위의 책, 278쪽.

15 김삼웅, 『서대문형무소 근현대사』, 26쪽, 나남, 2000. 재인용.

16 위와 같음. 재인용.

17 김응조, 서대문형무소역사관 개관 7주년기념 학술심포지엄 발표 논문, 11쪽, 2005
년 11월 4일.

18 위의 논문, 142쪽.

19 이종일, 「옥파 비망록」, 1920년 1월 15일치.

20 유광열, 『기자 반세기』, 143쪽, 서문당, 1969.

21 위의 책, 144쪽.

22 주옥경, 「회고 부군(夫君)」, 『대조(大朝)』, 1946년 7월호. 여기서는 김응조, 앞의 논
문, 15쪽. 재인용.

23 김응조, 서대문형무소역사관 개관 7주년기념 학술심포지엄 발표 논문, 23쪽, 2005
년 11월 4일.

18장 병보석 석방, 62세로 서거

1 앞의 논문, 23쪽.

2 주옥경, 「회고 부군」. 여기서는 김응조의 논문 「손병희와 서대문형무소」, 24쪽. 재
인용.

3 『동아일보』, 1921년 2월 29일치.

4 『독립신문』(상해임시정부 발행), 1921년 4월 9일치.

5 김응조, 앞의 논문, 25쪽.

6 유광열, 『기자 반세기』, 169~170쪽, 서문당, 1969.

7 성주현, 「의암성사(손병희)의 해외망명과 활동」(미간행 원고), 238쪽.

8 『동아일보』, 1992년 5월 20일치, 사설 발췌.

9 「고 손병희 선생을 조(弔) 하노라」, 『독립신문』, 1922년 5월 27일치.

10 유광열, 앞의 책, 83~84쪽.

11 의암손병희선생기념사업회 간, 『의암손병희선생전기』, 433~434쪽. 발췌.

19장 기념사업회 발족과 그의 잔상

1   김삼웅, 『해방후 정치사 100장면』, 14쪽, 가람기획, 1994.

2   김삼웅, 『위당 정인보 평전』, 369쪽, 채륜, 2016.

3   『중앙신문』, 1945년 11월 29일치.

4   의암손병희선생기념사업회 간, 『의암손병희선생전기』, 500쪽.

5   탑골공원 손병희 선생 동상.

6   『나라사랑』 제7집(의암 손병희선생 특집호), 96~97쪽, 외솔회, 1972.

7   위의 책, 91~96쪽.

8   위의 책, 98쪽.

닫는 말

1   박성수, 「3·1운동과 손병희」, 『3·1운동과 민족대표 손병희 선생』, 천도교중앙총부
    주관 학술회의, 2009년 9월 29일, 발표논문.

2   이현희, 「의암·손병희와 3·1운동」, 『의암 손병희선생의 생애와 사상』, 천도교중앙
    총회, 2009년 5월 22일, 발표논문.

3   박현서, 「손병희」, 『근대한국인물 100인선』, 106쪽, 동아일보사, 1979.

4   유광열, 「자주정신과 민족혼의 발로 손병희」, 『근대의 인물(2)』, 57쪽, 양우당,
    1985.

5   손윤, 「국부 손병희」(이덕일 추천사), 『긴급명령, 국부 손병희를 살려내라』, 10쪽,
    에디터, 2003.